印度朝圣之旅·**恒河十二圣地**

（中国台湾）**陈师兰 林许文二**／著

海南出版社
HAINAN PUBLISHING HOUSE

版权所有　不得翻印

版权合同登记号：图字：30 –2011 –031 号

图书在版编目（CIP）数据

印度朝圣之旅·恒河十二圣地 / 陈师兰，林许文二著.
—海口：海南出版社，2012. 3
ISBN 978 – 7 –5443 –4130 –1

Ⅰ. ①印… Ⅱ. ①陈…②林… Ⅲ. ①旅游指南 – 印度
Ⅳ. ①K935. 19

中国版本图书馆 CIP 数据核字（2011）第 257134 号

印度朝圣之旅·恒河十二圣地

作　　者：[中国台湾] 陈师兰　林许文二
责任编辑：黄宪萍
特约编辑：刘　铮　王　琳　张　奇
装帧设计：第三工作室·嵇倩女
责任印制：杨　程
印刷装订：北京冶金大业印刷有限公司
读者服务：杨秀美
海南出版社　出版发行
地址：海口市金盘开发区建设三横路 2 号
邮编：570216
电话：0898 –66812776
E –mail：hnbook@263. net
经销：全国新华书店经销
出版日期：2012 年 3 月第 1 版　2012 年 3 月第 1 次印刷
开　　本：787mm ×1092mm　1/16
印　　张：18. 75
字　　数：232 千
书　　号：ISBN 978 – 7 –5443 –4130 –1
定　　价：60. 00 元

好评推荐

印度，是佛陀的祖国，从这部书可以认识佛陀的圣德和慈悲。

—— 国际佛光会世界总会总会长　星云大师

印度，虚空中的文明古国，梦幻的国度充满着神秘色彩，你想了解印度的教育、文化、饮食与民俗风情吗？想知道印度圣地的过去与现况吗？想认识觉悟的圣者——佛陀的一生吗？千年的印度古国等你来一窥它的风貌。

《印度朝圣之旅·恒河十二圣地》是探索印度的工具书，是前往印度旅行者必备的参考书。俗语云"饭可以少吃、话可以少说"，这本书不能少看，因为书里有让人意想不到的丰富内容，或许你想要的答案就在其中。

—— 佛光山宗长　心培和尚

如何才能拉近两千五百年时空距离，使我们得以重新聆听并体验古圣人的教诲——佛陀说"苦"及"苦的解脱"？在此我推荐林许文二和陈师兰精心合著的《印度朝圣之旅·恒河十二圣地》，相信它将成为你进行一次心灵之旅的最佳向导。

—— 名作家、画家、美学家　奚淞

听到《印度朝圣之旅·恒河十二圣地》即将发行全新版本，而且还增补了憍赏弥和僧迦施两个重要圣地信息，我感到非常高兴。

印度，是佛陀生长、探寻充满难解疑惑的生命答案、达到无上正觉、建立僧伽团体、弘化那引领全世界人们心灵道路的教法，以及最后涅槃入灭的土地。因此，印度从两千多年以前，就一直是佛弟子们朝礼参访的神圣大地。其中，菩提迦耶、鹿野苑和拘尸那罗是所有朝圣旅人们必访之地，因为那是佛陀正觉、初转法轮和大般涅槃之处。而印度重要的佛法修学中心那烂陀，在过去数百年间，曾经吸引着世界各地的学者前来求学，如今则被重建为一座国际大学。憍赏弥，因佛陀曾履足而神圣，是一座古老的城市，有着重要的历史和心灵意义。僧迦施据信是佛陀到天上为母亲说法后，下降回到人间之地。

《印度朝圣之旅·恒河十二圣地》的作者林许文二与陈师兰，另外还著有《印度朝圣之旅·瓦拉那西迷城》以及《印度朝圣之旅·桑奇佛塔》，是真正的印度圣地专家。他们为朝圣者和旅行者创作了一部充满美丽图片、丰富信息和实用秘诀的好书，对所有到印度圣地旅行的人们，这都是一本极具价值的旅游指南。

印度和台湾地区有着同样的佛教心灵传统，而到印度旅行也愈来愈方便：许多班机从台北直飞德里和孟买，还有其他一些航班选择，可经由转机到达更多印度城市。双方的个人接触（P2P）在近几年来急速上升，印度有广阔幅员、多元文化和悠久历史，印度有太多的事物等着与旅人们分享。

我祝福这本书顺利出版，并且引领旅人们来到印度圣地，追寻佛陀的足迹！

—— 印度—台北协会会长

作者序

造访佛陀净土

印度！

一个笼罩在迷雾中的地名，一片古老神秘的黄土大陆。

在人类初始之际，她已迈出了文明的步履，但是，直到21世纪的今日，世人依旧拂不去它的神秘面纱，宛如面对一位千年人瑞，明知它曾度过悠远的岁月，却对她了解甚少……

恒河！

流贯数千年的时空、历经无数次的干涸与泛滥。

这通达天堂之门的滔滔大水，冲积出一片沃土平原，不仅养活了无数仰赖它维生的大地之子，也安顿了人们惶惑不安的无知身心。

在这大水之畔，不知孕育了多少心灵的导师，然而，只有这位圣者的教说，穿越了时空的隔碍，两千五百年来，依然慈悲地灌溉着人们心中干渴的灵魂。

他就是无上的觉者——佛陀！

大约一百年前、公元19世纪末，一位法国考古学家与他的工作小组，在荒凉贫穷的北印度，一个地名早已消失的小农村附近，意外地发现了一个砖石土冢，他们在土冢的底层深处，挖掘到五个装有人类遗骨的容器，其中一个滑石制的容器罐上刻着古老的文字，简约地述说着：

"这是释迦族佛陀世尊的舍利容器，乃是有名的释迦族兄弟与其姊妹、其妻子等共同奉祀之处。"

这个看似平淡的古物刻文发现，为当时西方争论已久的议题——佛陀是否真有其人，还是他只是存在于神话传说中的杜撰人物，确立了一个肯定的答案！

佛陀是"人"，有着真实生命的"人"！

他和所有的平凡人一样，在这片古老大陆上，度过了必然的生、老、病、死，留下了生命的足迹。因此，长久以来，只要是佛弟子，就会有一个一生的渴望：于此生中，至少一次，亲自前往印度，循着古老的史迹，一步一个脚印地朝礼这片佛陀生长、正觉、弘化乃至于入灭的土地。

而热爱旅游探险的人，也总会有一个按捺不住的向往；期望能亲身探索这拥有数千年历史的神秘古国，一窥她深不可测的文化图层，与纯化升华的性灵世界。

然而，长久以来由于对印度的信息严重匮乏，加上以讹传讹的种种误解，使得有心的旅行者只能借着参加偶尔举办的朝圣团来圆梦，而对于不想受限于旅游团的佛弟子与旅人而言，这份渴望竟成为一个不可能的任务。

于是，我们以亲身的经验及一颗诚挚的心，撰写了这本《印度朝圣之旅》！

为了让人们能亲切而深入地了解佛陀这位人间圣者，我们透过佛陀在两千五百多年前曾经亲履而使之意义非凡的土地，依循着朝圣旅程的路线，逐一探访湮没在时光洪流中的千年古迹，借着这些珍贵的世界级建筑遗产，并配合朴实却深邃的经典文学，全面性地介绍圣地史物的每一个面相。

我们想要以"人"的角度，平实地诉说这位生活实践家从出生到入灭的生命事迹，期使世人能了解，佛陀之所以伟大，不是因为他有多么的神通幻化，而是因为他觉明地看清世间万法的真实，真正放下生命中的占有和贪求，坚毅无私地走完智慧的一生！

只是，由于印度的民族性本来就不重视历史记述，许多史迹景点的考据都乏人研究且众说纷纭，许多所谓的历史，甚至是以神话传说为基础。因此，我们决定依着英国考古学家以西方治学态度所留下的珍贵史料为基础，尽量选择研究学者的实地调查报告或史实确有记载的部分，来做经得起考证的客观介绍，以期读者们不论是实地走访或是书中卧游，都能如置身圣境亲识圣者，在心灵上有丰足的收获。

谨以此书祝福每一个人，都能有一趟美好的生命旅程。

目录
Contents

序曲

黎明的第一道阳光
从恒河的水面散放而出
河边已站满了虔敬的人们
慎重地沐浴、祈祷
期待着能以洁净的身心
解开缠绕纠葛的生命谜团

为何美好的事物从不长久
为何悲痛之事一再发生
为何所亲爱的人终将分离
为何多彩的生命无法永恒

"我"
究竟从何而来
又将往何处去
如是"生灭"的意义又在哪呢

只要世间有人存在
这些疑问就不会消失
多少思想家
提出了多少的哲学思辨
但人们依旧浮沉于苦恼之海中
不停地从呛水吐泡的喉间
嘶喊出这些问号

公元前6世纪
漫漫无际的恒河平原上
出现了一位年轻的行者
他曾享受过最浮华尊崇的生活
也曾极尽所能地残虐自己的身心
体验那无可忍受的极致苦痛
最后
在身心平稳的专精思维中
他终于找到问题的源头
超越了亘古的迷惑
净住于苦尽宁悦的身心之中

这位不再执著生命的智慧觉者
踏遍了恒河流域的每个角落
在余生的每一个当下
都认真地将自己所体悟到的事实
平等地分享于眼前的每一个人
直到寂灭的
最后一刻

虽然并非每一位与他交会的人
都能看见那真实
虽然许多的人们依然宁愿
继续在烦恼中浮沉
但他终究为世间
指出了一条明确的道路
只要愿意踏上那道路
就有机会和他一样
得到清凉自在的解脱身心

无常的世间、无惑的生命
无我的分享、无愿的教化
构建出无可取代的
人间至圣导师
佛陀

喜瑪拉雅山

KAPILAVASTU
迦毗羅衛
尼格利瓦 (可能為迦毗羅衛)
■NIGLIHWA

舍衛城 ■
SRAVASTI
■藍毗尼園 LUMBINI

釋迦族
■畢波羅瓦 (可能為迦毗)
RAPTI SAKYA
PIPRAHWA

KOSALA
憍薩羅國

拘尸那
KUSINA
(現名 KUSHINA)

GOMATI

SAL

KASI
迦尸國

憍賞彌
KAUSAMBI

鹿野苑
SARNATH ■
KASI 迦尸 ■
(現名 VARANASI 瓦拉那西)

YAMUNA

GANGA

VATSA
拔沙國

N

NOT TO SCALE

佛陀主要遊化區域

MALLA

末羅國

羅

MRA

R 拘尸那羅）

NAGHARA

GANDAK 干達河

波婆
pava

Son 桑河

MAGADHA

摩揭陀國

VAJJI

跋耆國

八個部族組成的聯邦

離車族

LICCHAVI

哞舍離

VAISHALI

GANGA 恆河

波吒釐村
PATALIGRAMA
（現名 patna巴特那）

PHALGU 現名 帕爾古河

NAIRANJANA

尼連禪河

王舍城
RAJAGRHA
（現名RAJGIR）

加耶
GAYA

烏留頻羅村
URUVELA
（現名BODHGAYA 菩提加耶）

wener 繪製

传说中摩耶沐浴、释尊净身的圣池与阿育王石柱

蓝毗尼

Lumbini 圣地之一

—佛陀诞生—

摩耶为世间，生下乔达摩；
无明恼苦者，闻法断迷惑！
——大爱道　长老尼偈

巨木参天的菩提树，标示着当时无忧树的地址，树下是摩耶夫人沐浴池，
乍现适时经过的母子旅人，不禁让人有千古的传说正在扮演的错觉

佛陀诞生

天上天下，唯我独尊。
今兹而往，生分已尽。

——玄奘《大唐西域记》

在一般经典佛传中，故事是这样说的：公元前6世纪的某一年，雨季前的四五月间，喜马拉雅山下的迦毗罗卫城正值仲夏节，全城上下一片欢腾。释迦族（Sakya）的王后摩耶夫人（Maya Devi）参加了六天的节庆，疲累地靠在御榻上，这天正是满月时分，一轮银白的圆月，高高挂在空中，散发出柔和的光芒，欢庆的歌舞声从远方隐隐约约传来，仲夏夜的暖风轻轻拂上脸庞，王后渐渐垂下了眼帘……

朦胧间，忽然一片金色的光束自天而降，在夺目的光明中，出现了一只有着六根修长尖牙的硕大白象，银白色的鼻子卷着一朵白色的莲花，缓缓地凌空而降，落在王后的御榻旁，轻轻吼了一声，并绕着卧榻走了三圈，然后在夫人的右肋边撞了一下，就这样钻进她的身体中。夫人大吃一惊，猛然醒来，才知道原来这只是一个奇特的梦。

第二天，王后忐忑不安地把梦境告诉国王，净饭王便召集了数十位硕学的祭师前来，用最上等的乳糜与蜂蜜宴请他们，还送他们各种礼物。极尽款待以后，国王就把王后的梦告诉祭师们，请他们占卜吉凶，一阵燃香拈花、念咒卜卦后，祭师们开口了：

"不必担心，国王！这是一个吉兆。"
"没错！因为您的王后已经有身孕了。"
"而且，王后腹中的胎儿长大以后，将成为一位神圣伟大的人，为这个世界带来光明。"

所有的祭师们都异口同声表示赞同。过了

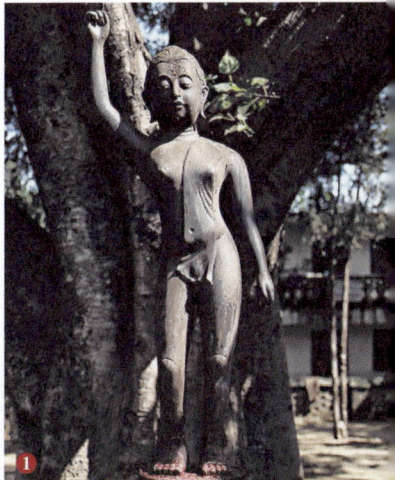

❶ 小佛陀石像。

公元前6世纪左右，这个在天气晴朗时可以远眺喜马拉雅山覆雪白头的美丽花园——蓝毗尼，参与了一个生命降临的盛事。

园中诞生的婴孩，后来成了世人心灵光明的导师，人们称呼他为"觉悟的人"——佛陀（Buddha）！而这座迎接释尊来到人间的宁静林园，也因此成为世人关注顶礼的神圣吉祥之地。直到今日，她仍是佛弟子们感念佛恩、饮水思源时必定要朝礼的重要地点。

❷ 蓝毗尼园僧院遗迹。

右肋出生的传说

当时为了繁衍人类，袖从自己的口、臂、腿、足，创造了婆罗门、刹帝利、吠舍和首陀罗。

——《摩奴法典》卷1 第31条

在印度古老的文献——《吠陀赞歌》的〈原人歌〉中，最早谈到了人类的起源。歌中述说印度的四个种姓阶级里，婆罗门（Brahmana，司祭者）生于原人的嘴，刹帝利（Ksatriya，王族）生于原人的双臂，吠舍（Vaisya，庶民）生于原人的双腿，而首陀罗（Sudra，奴隶）则是从原人的双足出生。

这个年岁古老的吠陀思想，早在佛陀出生以前就已深深地影响着印度的人民，因此照吠陀的说法来看，属于刹帝利种姓的释迦牟尼佛本来就应该是从"原人"的双臂出生。或许正是这深植人心的"王族肋生"之思想背景，才会造就了"佛陀从母亲右肋出生"的神话传奇吧！

传说摩耶夫人夜梦白象"凌空而下、入于右肋"，之后就怀孕了。

——巴呼特石雕．公元前2世纪

没多久，王后果然就感觉自己怀孕了！

即将临盆之前，摩耶夫人依照当时释迦族"女子必须回娘家分娩"的习俗，从国都迦毗罗卫城由侍卫护送回到拘利族人（Koliya）的居住地——东方的天臂城。在旅程途中，为了不让大腹便便的王后太过劳累，大队人马在城郊两族人民共有的皇家花园"蓝毗尼园"中稍事休息。此时园中百花怒放、群鸟翱翔，在园中水池沐浴过后的摩耶夫人，暑气尽消，当她正轻松漫步林中时，忽然见到茂密的无忧树上开满色泽艳丽的花朵，便自然地伸手欲摘花，没想到就在她刚举起右手攀住一株无忧树枝的瞬间，一个小婴儿就从她的右肋出生了！

这时大地震动，放出大片光明，刚出生的婴孩不需扶持，即自己站起，向四方各走七步，然后环顾周围，一手指天，一手指地，坚定宣告："天上天下，唯我独尊！"当他行走时，双脚落地处自然涌出硕大莲花，托住他尊贵的双足使其不至于接触到地面，同时，梵天举着伞盖，帝释执著拂尘为他左右随侍，天空中有两只龙王，分别洒下一冷一热的水柱为他灌顶沐浴……

根据悠悠岁月中流传的说法，佛陀就这样降生了！

对平凡的我们而言，这是多么的"神秘玄妙"！又是多么的"华丽尊贵"啊！似乎所有的圣者都必然以如此不可思议的方式降生于世，才能昭告他的与众不同，就如同当时与佛陀并驾齐驱、同享盛名的另一位宗教领袖：耆那教的创始人——大雄（Mahavira），他的母亲也曾在怀孕之前，梦见了十四个吉祥的象征，并被预言他将成为伟大的宗教领袖，而且"大雄出生的那个夜晚，无数的神明上下飞舞，灿烂夺目，整个世界充满敬畏，并且发生了令人惊叹的大骚动……"

同样的神秘尊崇，同样的高不可攀，这样炫丽的圣者诞生传说在古老印度民间，就如同炙热的气候一般，久远以来就一直在辽阔的恒河流域上沸腾地传唱。

寻找佛陀诞生的真相

亘古的传说可能起源于真实的民间事迹，也可能来自人心深处的幻想，但即便是荒诞不经的乡野佚事，能流传久远也必定是因为契合当代社会的需求。然而对于以理性态度与清明思维追随佛陀"法的足迹"的世人而言，面对玄异的佛诞故事，心情却是矛盾的：既崇仰于"神圣尊贵"的佛陀形象，但"右肋出生"、"不扶而立"、"行走七步"、"指天指地"等一切超自然描述，又令理性的思维难以自圆其说，于是朝礼圣地、寻找传说的真相，就成为解决矛盾的方式之一。

那么，真相究竟是如何呢？不知该说是幸还是不幸，重视心灵信仰的印度人，对于世间的历史完全不在乎！因为在印度大陆，开始以文字记载的经文或史实，一直到公元前后才出现，那时佛陀已过世四五百年了。在这之前所有的历史都只能口诵记忆，在代代相传的情形下，难免会变成充满想象的神话文学和真伪掺杂的宗教理论基础。例如印度两大文学史诗《摩诃婆罗多》（Mahabharata）与《罗摩衍那》（Ramayana），在民间广泛的流传，并且随着时代不断增加新内容后，大部分的人物角色都成了印度教的重要神祇，在民间受到广泛的信仰崇拜。

事实上，在原始佛教经典中，从未记载任何佛典人物曾巨细靡遗述说佛陀诞生的经过，这似乎代表着对于亲自跟随佛陀修学的早期弟子而言，精勤的修行与实践佛陀苦灭圣谛的教说，才是修行者所关注的焦点，而"佛陀究竟是如何出生的"似乎从来就不是一个重要的问题。

时时精勤，观察身心，

不应做之事当远离，当做之事必尽力，

有正念、正知者，能灭尽烦恼。

—— 巴利文《法句经》第293经

❶ 南印度龙树丘（Nagarjunakonda）出土的公元3世纪雕刻，描绘摩耶夫人手攀无忧树树枝下释迦牟尼佛。有趣的是右方四人手中捧着的布幔，即是代表着佛陀的象征（仔细看！布幔上刻有小小的佛足印，这是传统早期印度工匠，常用来象征佛陀色身的符号）。

❷ 蓝毗尼村落里的少妇与孩童。

❶修建摩耶夫人庙之前的蓝毗尼园区样貌。

❷蓝毗尼村外的大树下，村民们供奉着小佛陀的石像，黑岩雕刻与流线的外形在尼、印境内颇为少见。

　　或许，在佛陀过世后，无缘亲见释尊的后世弟子们，在没有史料可据以将心中的佛陀具象化的情况下，对导师起了极大的思念，为了稍减无解的思愁，便生出了无限的怀想。就这样，人们慢慢在心中用幻想创造了一个完美的诞生，然后，把这完美的佛陀形象，尽情彩绘于那片空白的历史帷幕上。随着岁月流转，后世的人们不断为这帷幕添上更耀眼的色彩，久而久之，光耀夺目的神话之光，就将真实纯朴的人间佛陀掩盖了。

　　西方的宗教学者们曾经因为这些神异的文学描述，而认为佛陀是神秘东方世界想象杜撰出来的虚构人物。直到19世纪时，欧洲考古学家在这块古老次大陆上陆续挖掘出证据；包括原始经文、舍利遗骨、石碑铭文、塔寺遗址及石柱城垣等诸多史迹，在经过详尽的考证后，才终于确定佛陀是真实存在过的历史人物。剥除掉覆盖于外的神秘光彩，世界终于又找回了佛陀朴质的生命真貌。

没有神迹，只有宁静

　　位于印度、尼泊尔边境乡野村落中的蓝毗尼，几度在历史的战乱岁月中被人们遗忘在荒烟蔓草间，幸好在公元前3世纪，印度孔雀王朝的阿育王（Ashoka）执政时，曾在此竖立了一根石柱，并于其上铭刻敕文，说明此为释尊出生之地；而公元5世纪和7世纪时造访此地的中国僧侣学者法显和玄奘所写的传记，也留下了宝贵的线索，后人才得以在几无人烟的荒野密林间，一次又一次地将其发掘出来，使其不至于永远消失在时光洪流中。蓝毗尼最后一次的重见天日是在公元1896年，一支由德国考古学家傅尔（Alois. A .Fuhrer）和卡伽·桑雪（Khadga Samaher）领导的挖掘队伍，再度发现并确认了其历史地点，从此以后世人得以亲临圣域，朝礼佛陀诞生之地。

漫步于人迹稀少的蓝毗尼中，无有玄秘也没有神迹，只有旅人的脚步声与划破宁静的窃窃私语，回荡在一潭幽幽池水与茂密的巨树光影间。她的平静无言似乎正告诉着来此到访的旅人："在上古自然的农耕社会中，生命的诞生与死亡原本就是这么一件极为平凡必然的事！"就像"树下产子"正相应于原始荒野中以树荫为遮蔽的生存智能，而"灌顶沐浴"，也只是暗示着当时印度人民在炎热气候下，自然衍生出与生活契合的传统习俗，而非特异之事吧！

佛陀的出生，是否真的如此神妙玄奇？其实已经不是那么重要了，真正重要的是，佛陀在其无私的生命中，体悟到了一个确实有用的真理，能够灭除人们生命中无尽的苦恼、无奈与空虚，这就够了！生命的光亮如风中之烛，善逝而易灭，人们是否真有必要花费过多的心思，去探究那些对解开自身苦恼没有关系又无法验证的事呢？

如果能够以人性与清明的态度，参酌文化与社会背景，如实地看待释尊——"释迦族的圣人"的诞生，相信即使没有"天神执拂、龙王灌顶"的客串演出，也丝毫不会减损佛陀的伟大与光明。因为"尊圣崇耀"绝非来自种姓、身份、怀胎梦境与神通万能，而是来自佛陀清澈的智慧与觉醒的一生！

> 非关鬓发，非关种姓，非关身世而为婆罗门；有实践，有真理，是清净者，才是真婆罗门！
>
> 注："婆罗门"在此解释为苦恼灭尽、无有染着之人。
>
> ——巴利文《法句经》第393经

圣地小百科

挖宝挖出历史真相

18、19世纪，西方列强在统治印度、锡兰及东南亚佛教国家时，逐渐注意到当地大部分住民所信仰的"南传上座部佛教"（Theravada），而开始对其产生研究的兴趣。

西方人初始研究佛教的动机，主要是一群基督教传教士，为了论证佛教是粗俗且虚构的宗教信仰，以顺利在此"化外之地"宣扬救世主——上帝的福音，因而开始认真地研究佛教，调查佛教经典的出处与佛法的内涵，其目的无非是想消灭佛教。

不料在理性主义与强大好奇心的驱使下，西方人对原始佛典中的古文——巴利文（Pali）反而产生了兴趣，英、法、德、丹麦等国家竞相到南传上座部佛国，搜集巴利文经典抄本，在西方学术界掀起一股研究巴利文的风潮。

另一方面，在考古挖掘与搜括宝物等多重诱因下，19世纪时，许多由政府资助的佛教史迹考古工作团队，在这早已湮没成蛮荒的佛境，循着极其贫乏的古老文字数据，陆续挖掘到重要的圣地遗迹与佛史上珍贵的史料，更加推动了西方研习巴利文佛学的热潮。

在西方理性、科学的态度下，古老、庞杂、浩瀚的佛教学术与历史，因此有了划时代的突破，这大概是当初为消灭佛教而研究佛教的基督教传教士们所始料未及的吧！

蓝毗尼巡礼

现在的蓝毗尼园位于尼泊尔与印度边境上一个名叫蒂莱（Terai）的小村落附近。这个地方最初因乏人照顾而杂草丛生、一片荒芜，近年来由于佛教朝圣者不断涌入，才引起尼泊尔政府的注意，着手将其规划为遗迹公园加以管理。

公元1985年，蓝毗尼发展基金会发起了一项大规模的计划，企图让蓝毗尼园重现当年佛陀诞生时的环境，借以提升成为一个国际级的佛教朝圣与研究中心。这项计划由日本建筑师Kenzo Tanze策动执行，虽然由于所需资金庞大，筹募不易，而使得进度缓慢，但它终究还是完成了。迈入21世纪的蓝毗尼园，仿佛脱胎换骨般有了全新的面貌，曾经让旅人迷惑的小小入口，如今有了一座覆钟形的美丽牌楼，昭示着自己不凡的圣地身份。

摩耶夫人庙（Mayadevi Temple）

走进蓝毗尼圣地公园，映入眼帘的是一座两层楼高的方形建筑，顶上缀有一座尖顶小方塔，这就是现代尼泊尔新建的摩耶夫人庙。

曾经，站在这里的是一座模仿加德满都四眼天神庙造型、弥漫着香烛甜腻味道的小小神庙，旁边有一片被高高栏栅和铁棚围绕遮盖的区域，围栏中堆着砖块、沙石等建材。在进行古迹拆除、挖掘和重建之后，如今，整建工程大功告成，新建的纪念馆取代了原有的小神庙，也完成了守护佛陀出生地的任务。

一块原本供奉在小神庙中的黑岩石雕板，现在被镶嵌在馆内高处。数百年来，由于受到人们的奉献抚摸与外力破坏，雕像被磨损到难以辨认的地步，不过，从上头残留着的模糊浮雕痕迹，还是可以隐约看出摩耶夫人优雅地高举右手，扶着树枝的姿态。如果你问当地人，他们会说这

蓝毗尼所在的小村落原本坐落于印度的UP省（Uttar Pradesh）——意为"北部之邦"，但是在公元1857年英国殖民期间，印度各地发生了大规模反抗英国统治的军事冲突。当时的尼泊尔曾介入战局，派兵援助英军平定了部分暴动。为了表示回报，英国将尼、印边界的部分土地割划给尼泊尔政府，而蓝毗尼园也因为这样被划入尼泊尔。

❶ 蓝毗尼园中的阿育王石柱。

❷ 镀金的小佛像，造型相当可爱，就其风格而言，受到了中国圣像形式的影响。

是阿育王时期留下的雕刻，不过这个说法已经被考古学家
推翻了。

　　纪念馆内是一片保持出土当时样貌的遗迹，从整片遗迹
看来，这里原是一座占地广阔、颇为完整壮观的砖造房屋，
其中还发现了一块石板，上头留有一只足印。一般认为，这
块石板出土之处就是佛陀当时出生的精确地点。如今，这
块石板已被安放在它重见天日的原始地点，被一块玻璃保护
着，让人们得以礼敬并怀想圣者降世的神圣时刻。

菩提树与圣水池

　　夫人入池洗浴，出池北岸二十步，举手攀树枝，东向生太子。

——法显《佛国传》

❶

　　出了摩耶夫人庙，眼前是一片开阔的平静园区，如茵
绿草上，一棵遮天荫日的巨大菩提树盘踞在一座长方形水
池边。盘根错节的巨大树根间，设置了一座小平台，不过
供奉其上受人膜拜的，却不是摩耶夫人或佛陀，而是当地
民间信仰的神祇。

　　根据当地人的说法，这棵菩提树所在的位置，就是当
时摩耶夫人毫无痛苦产下太子的地点。由于原本长在这里

❶大理石的释迦诞生像原是当
地村民的信仰中心之一。雕像
正下方"初生佛陀"脚下的莲
花朵朵，描绘着"行走七步，
步步生莲"的传说。

❷新修建的摩耶夫人庙，旁边
是被称为神圣水池——帕斯卡尼
（Puskarni）的长方形水潭，它
真正的用途是提供僧院住众们
沐浴饮用的贮水池。

——台北桑耶精舍提供

❷

佛陀出生的年月日

佛陀出生的正确年代，到目前还是一个谜，没有任何文献曾明确记载，因此人们只能依据佛陀以80岁高龄去世时的年代来推算。不幸的是，佛陀入灭的年代同样也无法确定……

根据南传经典的记载，佛陀在公元前544年过世，往前推80年，则佛陀应该是出生于公元前623年。不过，依照北传佛教的说法，佛陀是入灭于公元前486年，所以应该是在公元前565年出生。

除此之外，佛陀的生日也是另一个争议课题。依照北传佛教汉译大藏经中的主要说法，大约是在农历的四月八日，也就是台湾所熟悉的"佛诞日"，由于神话中佛陀出生时有龙王注水沐浴，所以也称为"浴佛节"。

然而，南传佛教国家却认为，佛陀的出生、成道及入灭都是同一天，也就是印度历法中，吠舍佉月（Vaisakha）的第二个月圆之日。所谓的吠舍佉月是印度历法中的第二个月，在公历的四五月间，因此南传佛教是以公历五月十五日作为佛诞日，并在这一天举行盛大的庆祝祭典。

公元5世纪笈多王朝时代的雕刻，描绘从白象入胎到树下产子的佛陀故事。

的梭罗树已老死，才改种植菩提树，继续着标示佛陀出生地的工作。这下子问题出现了！佛陀出生的确切位置，究竟是在遗迹中的石板出土处，还是在这棵代替梭罗树的菩提树下？两地的距离并不算近，究竟何者为真，目前还没有任何证据可以提供答案。在朝圣之行中，类似的情况层出不穷，印度人对历史的不严谨，使得考证工作困难重重，看来要得到一个明晰的史实，只能静待专业的学者做更深入的调查了！

另一个有趣的现象是，传说中，摩耶夫人是在梭罗树下生产，但是目前的蓝毗尼园中，完全没有看到这样的树种。我们推测，可能是人们认为佛陀正觉的菩提树更具纪念意义，所以尼泊尔当局就全面广植菩提树，渐渐就取代了梭罗树吧！

在菩提树高高伸展的树叶枝干上，系着一排一排五颜六色的经文旗幡，越过水池延伸到对岸的阿育王石柱，迎风招展，飒飒作响。飘飘彩幡下的一方池水，据说即是摩耶夫人生产前沐浴与佛陀出生后净身的水池。玄奘在《大唐西域记》中对它的描述是"澄清皎镜，杂花弥漫"，不过，现在看来并不那么诗意。池水不深，却呈现无法见底的深幽墨绿，齐整的长方形水池，很明显是现代人工整建的痕迹。根据考证，这是1931年才挖掘的，每年十月到翌年六月的旱季期间，池水常常干涸见底，在夏季的烈日热流中，更增添了一些荒芜气息。

就在菩提树和摩耶夫人庙正前方，一个略呈长方形的广场草地上，遗留了整片红砖建造的僧院遗迹，这应该是在公元前3世纪到公元7世纪间陆续建造的。法显在公元5世纪到访此地时，仍有一些僧伽在此净住修行，但环境十分艰难，仅靠井水和浴池的水勉强维持生活。到公元7世纪玄奘来访时，不知是何缘故，蓝毗尼就只剩残破的僧院而不见修行的僧侣了。

在这个遗址的挖掘过程中，并未发现任何有艺术价值的雕像或具重要代表性的文物，可见蓝毗尼园的寺院并不似其他圣地般，有着昌盛的佛法研修风气。这很可能是因为此地自古以来就为自然丛林，少有人烟，所以经典中从未有佛陀正觉后曾回到蓝毗尼说法示教的记载。

事实上，蓝毗尼的重头戏在迎接小佛陀来到世界后，就算演完了！剩下的，就只有蒙尘的僧院遗迹，对着旷野默默话沧桑了。

❶ 1999年整修中的摩耶夫人庙遗址。

❷ 绿茵大地上残留着大片的僧院遗迹。在荒凉的尼印边境上，它的传法历史只维持了数个世纪就被人遗忘了。

❸ 这株巨大的菩提树据说已有百年历史，在它盘根错节的树身中，安放了数尊当地民间的神祇，供信众膜拜。

❹ 标示着佛陀出生地的石块。
——台北桑耶精舍提供

阿育王石柱（Ashoka Pillar）

位于摩耶夫人庙后方的阿育王石柱，是整个蓝毗尼园中最重要的历史古迹。修长直立、打磨光滑的柱身，即使只剩下半截，仍毫不逊色地表现出阿育王石柱一贯的风格。公元1896年12月1日，德国考古学家傅尔（Aloris. A. Fuhrer）博士在一片密林中发现了这座石柱的残基，直觉告诉他这是历史的一个重大发现，于是和考古队员一起挖出地底的整根断柱，并将它重新竖立在原地，而整个蓝毗尼园的重生工作，也自此拉开了序幕。

目前的石柱在地面上高约五六米，地面下大约还有三米。不知是因为雷电的袭击还是曾受到人为的破坏，柱身上有一道明显的裂缝，为了防止它继续受损而断裂，目前以铁圈箍住保护着。依照阿育王石柱的一贯风格，石柱上

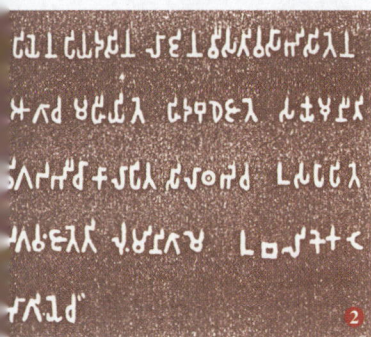

❶ 阿育王石柱遗址。

❷ 阿育王石柱上敕文的原始拓印。

❸ 阿育王石柱下方的告示牌上，写着阿育王敕文的翻译，内容平实中见虔敬，足以证明阿育王确实是一位虔诚的佛教徒。

面应该还要有一座雄伟的动物柱头雕刻才对。事实上，玄奘到访此地时，这座柱头就掉落在附近，他在旅行记录中写道："有大石柱，上作马像，无忧王之所建也。后为恶龙霹雳，其柱中折仆地。"可见原本是有一座雕刻为马的柱头，只是已被雷电劈倒在地。目前散布在东印各佛教圣地的阿育王石柱中，已发现雕刻成狮子、牛及大象的柱头，蓝毗尼这根石柱很可能是全印度唯一一座拥有马像柱头的阿育王石柱，可惜如今已不知去向。

这根石柱最珍贵的地方在于其柱身上，用古老的波罗米文字铭刻着阿育王所颁布的敕文："天佑慈祥王登基廿年，亲自来此地朝拜，因为这里是释迦牟尼佛诞生之地。一块石上刻着一个形象，并建立一根石柱，表示佛陀在此地降生。蓝毗尼村成为宗教的免税地，只需付收成的八分之一作为税赋。"

这篇敕文不但证明了佛陀是历史上的真实人物，也解开了长久以来历史学者们对阿育王宗教信仰的存疑：他是真正的佛教徒吗？或者这只是强悍帝王收服异己的另一个政治手段呢？然而从这篇铭文看来，一个未受到宗教感动的人，不太可能千里迢迢从国都华氏城（今巴特那）亲自长途跋涉五六百公里，到这种小村落来朝拜，更别说那么郑重其事地竖柱立碑了。

读着和石柱一样简洁、洗练的敕文内容，深深感受到其中传达出的平实与真诚——没有神化变现、辞藻炫丽的描述，只是踏实中肯地看待佛陀的诞生史事。而这也间接暗示了有关佛陀入胎乃至诞生的神话传说，应该是在阿育王之后，也就是大约公元前3世纪以后，才逐渐传说流布的吧！

朝阳下的半截石柱，就像宣告着自己无法估量的历史价值般，坚韧地迎风挺立着，对印度而言，散见于各佛教圣地的阿育王石柱及许许多多的敕文碑铭，无疑是晦暗混乱的印度历史中的一盏明灯，数千年来，一次又一次为世人解开埋藏在时间沙流中的古老之谜。

园外村落

朝礼过圣地史迹后，若是还有多余的时间，不妨到公园旁的村落寺院散散步，感受一下有别于印度的尼泊尔村野风情。

出了史迹公园，走到对面的菩提浓荫中，就仿佛进入另一个宁静世界。巨大的树木伸展开手臂，形成遮天蔽日的伞盖，带来阵阵清凉。由于佛教在尼泊尔还算盛行，这里又是释尊的出生地，因此在大树下偶尔会看到人们设置一座高台，供奉着指天指地的初生佛陀石雕供人礼敬。佛像身上的红色颜料和散落身旁的鲜花，则诉说了人们的虔敬诚心。

绿荫中有一座美丽亮眼的建筑，这是建于公元1956年、属于上座部体系的佛教寺院——蓝毗尼达摩达耶·闪米特·达摩色拉（Lumbini Dharmodaya Samiti Dharmashala），装饰着繁复木雕的门廊、窗棂及色彩鲜明的彩绘壁画，充分展现出尼泊尔的寺院风格。

一群准备外出的妇女孩童兴高采烈地走来，到了寺前，突然静默了，女人们领着孩子，脱下凉鞋，在寺门外虔敬地礼敬大殿中的佛像，不太清楚状况的孩童们战战兢兢地跟着礼拜完后，还不放心地再三合十，生怕轻忽了什么。下了阶梯，穿上鞋子，一行人又恢复了唧唧喳喳的轻松自然，热热闹闹地离去。看着她们崇仰的神态和快乐笑

波罗米（Brahmi）文

阿育王所留下的文献——不论是石柱敕文还是石碑刻文，多是以古印度波罗米文所书写。

波罗米文是印度最古老的文字体系，它是除了佉卢文字（Kharosti）外所有印度文字的始祖。它的形成可以追溯到公元前8世纪或7世纪，当时闪米特人（Semitic，所谓的"闪族"）在通商时，把广泛使用于中东一带的亚拉姆文字系统辗转传给了印度商人，并进而演化发展成为波罗米文字系统。

目前，发现最古老的波罗米文字，可以追溯至公元前3世纪，也就是阿育王统治的孔雀王朝时期。

西印度勘赫利石窟群（Kanheri Caves）中，三号石窟门廊石柱上的波罗米文字。

❶园外村落绿荫扶疏，主要道路两旁罗列着村民自设的贩卖摊位，但较特别的纪念品只有以梭罗树（Sal Tree）制作的念珠。

❷尼泊尔边境小镇苏诺里的清晨街景。

❸西藏寺是此地高大的建筑物之一，藏传比丘在此净住。

容，不禁也感染到知足无净的佛教文化对这小村庄的深深影响。

在园区另一边，是色彩艳丽的西藏佛寺——达摩苏瓦米·摩诃耶迦·佛陀精舍（Dharmaswami Mahayaja Buddha Vihara）。每天早上，住在此地的藏传僧侣们都会举行宗教共修仪式，而每年九十月间，则会有来自世界各地约两千名左右的藏传比丘聚集于此，进行为期约十天的祈求和平仪式。除此之外，世界各佛教国家都在这里建造了风格各异的僧院及寺庙。蓝毗尼研究协会及博物馆中，也收藏了一些佛教文物，不过离蓝毗尼园都有一段距离，有兴趣的话，可以租一部电动三轮车一一探访。

对朝圣者来说，蓝毗尼园是宁静的，但对急于推广观光的尼国当局而言，蓝毗尼园无疑是寂寞了一些。的确，重建后的蓝毗尼园，许多硬件设施依然不足，交通食宿也不方便，因此，只有在每年冬春之际朝圣旺季时，才偶有巴士或汽车载着来自世界各个角落的朝圣客，前来打破这份旷古以来的寂静。

蓝毗尼或许是寂寞的，但是，也只有寂寞的蓝毗尼，才能保有一份恬适静谧与清澈安详，让人们在其中沉思冥想；才能保护那位千年前忍受着阵阵剧痛的王后，产下为世间点燃明灯的圣者——佛陀！

旅人info

交 通

位于印度、尼泊尔边界地带的蓝毗尼，距离印度的边境小镇苏诺里（Sunauli）约13公里，距尼泊尔最热闹的边界小城贝拉瓦（Bhairawa）约27公里，虽然都有柏油路相连，但路况不是很好。

如果是从印度内陆前往，毫无选择地必须先到混乱得令人发昏的边境大城"哥拉浦"，它是东北印火车铁路线的起讫站，也是出入印度边界很重要的交通转运站。从哥拉浦搭车到边界的苏诺里，并在那里出入海关、办理签证后，再搭车到尼泊尔边界的贝拉瓦，那里有巴士到蓝毗尼。或是简单一些，直接租一部出租车直达蓝毗尼。

在哥拉浦火车站以南约三百米的巴士站，有巴士定时往返苏诺里，每天清晨四点半发第一班车，车程三小时，车资46卢比。若预计一天往返蓝毗尼，最好能搭这班清晨巴士以争取时间。车站内会有许多私人巴士来拉客，但最好能搭政府经营的公交车，车况较好，也较安全。不爱搭公交车的人，也可以选择搭乘这里的窄轨火车，先到距苏诺里8公里的小镇——诺坦瓦（Nautanwa），再换车到苏诺里。不过，搭巴士要快得多也舒适得多，至少不用再换车。

到达苏诺里后，你会发现所谓的小镇只是一条主要街道，街上挤满了等待通关的卡车、巴士、牛车和背着大行囊在车阵中惊险穿梭的人们。办理好出入境手续后，就可以准备往尼泊尔前进了。如果行李不是很大，建议步行穿越边界地区，见识一下混乱如逃难的尼印边境。走过水泥牌楼，就进入尼泊尔国境了。你在右手边会看到一个可爱的小庭园，尼泊尔旅游局（Nepali Tourist Office）就在里面，他们会提供一些免费的折页小册子，介绍尼泊尔的主要景点。

再往下走一小段路，就到了尼泊尔出入境局（Nepali Immigration Office），白色的围墙，小小的入口，位于庭园深处的白色平房，看起来不像办公处，倒更像是花园民宿。旅人们要在这里**申请入境尼泊尔的签证**，需要准备的东西有：

（1）护照（2）照片二至三张（3）圆珠笔
（4）30美元（如果付卢比，还要准备汇兑水单）

出入尼印边境的通关手续大约要用一个小时，两边的海关都宣称二十四小时办公，不过比较保险的办公时间是：AM06：30～PM19：00。

拿到尼泊尔签证后，可以先在附近的银行兑换一些尼泊尔货币，然

神秘的出入境海关

印度边境的出入境海关（Indian Immigration Checkpoint）位于距边界约200米右手边的骑楼里，看起来就像个路边摊，只有一块锈蚀了的铁牌挂在走廊上，标示着它的公务身份，稍不留心就错过了。不过，小归小，海关里头的官员对国外旅人的态度倒是挺不错的！只要找到印度海关，填妥出境表，在护照盖个小章，就算过关了。

签证费用

（以下费用皆以单人单次计算）

1 单次入境：
每次停留时间60天——30美元。

延长停留时间——追加50美元。

2 多次入境：
一年内，不限次数入境尼泊尔。

第一次入境——30美元。

第二次以后每次入境——50美元。

❶印度边境的海关办事处。

❷印度路边的奶茶小摊贩。

后搭人力三轮车（Cycle-Rickshaw）、公共吉普车或是电动三轮车到贝拉瓦的叶提饭店（Hotel Yeti），车程约10分钟，费用同样是3到5尼币。

在叶提饭店北方约1公里处的巴士站，有许多民营巴士往返蓝毗尼园，每25分钟一班车，营业时间为AM06：30～PM18：30，车程约一个半小时，费用15尼币。

最方便省时的方法是：进入尼泊尔国境后，租一辆出租车或电动三轮车（Auto-Rickshaw），直接从苏诺里到蓝毗尼，车程约20分钟，来回一趟费用约400尼币；包括三个小时的等待时间。等待时间越短，费用越低，可以降到200尼币左右。从尼泊尔展开朝圣行程的旅客也是一样，先到贝拉瓦，再到蓝毗尼。

食宿

整建后的蓝毗尼附近新增不少住宿设施，因此不想匆忙一日往返哥拉浦的人，可以在蓝毗尼或苏诺里过夜。

❶ 哥拉浦有"牧牛者之街"的意思，因此，在马路上随处可见悠闲的牛在拥挤混乱的交通中，甩着尾巴缓缓漫游。

❷ 苏诺里的尼印边界，简单得就像中国古代的城门，当地的人民可自由往来于两国之间。

❸ 尼连禅饭店是苏诺里质量最好的住宿所在。虽附设有餐厅，但门口大街上就有既便宜又好吃的饭茶，不一定要在饭店中用餐。

❹ 印度尼西亚边界随处停着等待出入关的车子。

❺ 在印度，牛羊可以悠闲的在街上任意行走。

蓝毗尼涅槃旅馆（Hotel Nirvana Lumbini）

地址：24 Paklihawa Road Siddhartha Nagar Lumbini

价位：四星级旅馆，标准双人房约2500到3000卢比

佛陀摩耶花园馆（Budhha Maya Garden Hotel）

地址：Lumbini Heritage Site, Lumbini, Nepal

价位：干净的三星级旅馆

标准双人房约2500～2800卢比

蓝毗尼园旅馆（Lumbini Garden Hotel）

价位：适合商务人士的高级饭店

标准双人房约2000～2500卢比

罗西观光旅社（Rahi Tourist Bungalow）

网址：rahiniranjana@up-tourism.com

价位：无空调房250～350卢比

附空调房500～650卢比

位于苏诺里巴士站旁，原名尼连禅饭店，是UP省旅游局经营的饭店，也是苏诺里质量最好的住宿饭店。

寺院挂单

蓝毗尼外围建有各国佛寺，都可以申请住宿。

圣地转运站——哥拉浦 Gorakhpur

交 通

位于瓦拉那西（Varanasi）北方230公里处的哥拉浦，是一座有着1400年历史的古老市镇。它是朝圣之旅中，连接蓝毗尼、舍卫城和拘尸那罗的重要中继站，也是目前从印度到尼泊尔最主要的陆路大门。

◎巴士

哥拉浦有两座主要的巴士站可连接印度各大城市及尼泊尔边境。

位于火车站南方约300米处，平均每小时会有一班车前往拘尸那罗和苏诺里，车程分别为两小时和三小时左右。

位于主巴士站南方，前往阿勒哈巴及瓦拉那西（车程七个半小时）等地之巴士由此起讫。

◎火车

哥拉浦和许多重要的大城市都有火车连接，不过并没有外国旅客专用窗口，因此在此买票会辛苦一些（哥拉浦至瓦拉那西六小时；至德里十七小时；至加尔各答二十二小时）。

◎市区代步

人力三轮车和电动三轮车是市区最方便的交通工具。由于这个地区的佛教圣地都有一些距离，交通也不很方便，建议租一辆车来进行这部分的朝圣行程。可以向UP省观光旅游局查询较具公信力的租车公司。

UP省观光旅游局（UP Tourism Office）

电话：0551-2335450；

时间：每周一到周六AM10:00～PM5:00

在火车站有一个服务柜台，提供本城和拘尸那罗的街市地图，相当实用。

食 宿

大部分的平价旅馆都集中在火车站一出来左手边的"车站路"（Station Rd.）上，中价位的旅馆则多位于火车站西南方约1公里处的商业中心。

艾罗拉饭店（Hotel Elora）

电话：（0551）2200647

地址：L-Block, Station Rd.

价位：无空调房间约200～300卢比

附卫浴、TV及冷气的房间约400～500卢比

芭比那饭店（Hotel Bobina）

电话：（0551）2336663

地址：Nepal Road

E-Mail：bobina@ndb.vsnl.net.in

价位：冷气及TV之双人房，700～900卢比不等

餐点价位在30～100卢比

克拉克大饭店（Clark Inn Hotel）

电话：（0551）2205015-19

地址：06-Park Rd. Civil Lines

网址：www.clarksinn.in

价位：高档昂贵的住宿选择，双人房含早餐约90～100美金，可上网订房。

巴比餐馆（Bobi's Restaurant）

位于主要道路（Main Road）上，餐点约30～90卢比间，颇受好评。

迦毗罗卫

Kapilavastu 圣地之二

—大出离—

喜马拉雅山下，有一支正直的民族，是憍萨罗国的属民。
富有勇气与财富，其姓氏是太阳末裔，种姓是释迦……

前、本页：南瓦利亚的僧院遗迹。

大出离

　　虽然我父母都不希望我离家而哀悲哭泣，但我还是剃掉须发，穿上修行的黄袍，离开家庭，走入无家者的生活。

——巴利文《中部经》第26经

　　大约在公元前10世纪左右，原本居住于中亚的游牧民族亚利安，慢慢从印度河流域迁徙到恒河与亚穆那河的中游地区，并且凭借着高度的文化与武力优势，顺利吞蚀了北印度。

　　在这些大举南移的优越部族中，有一支族系选择了喜马拉雅山脚下的平原作为定居之所，他们是刹帝利（王族）种姓，但许多迹象显示他们自认为是太阳的后裔，具有比婆罗门还要尊贵的血统，这支高傲的种族就是释迦族。由于传说中部族是由一位英雄"乔达摩"（Gautama，亦称瞿昙，意为"最好的牡牛"）所建立，因此释迦族就以"乔达摩"作为族姓。

　　释迦族人主要以农耕为业，从经典中"净饭王"、"白饭王"、"甘露饭王"、"斛饭王"均以民生主粮"稻米"为王名便可约略看出，而《巴利本生经》亦记载着：释迦族每年有一个"耕种节"，这一天是全国上下庆祝耕种的日子，除了全城张灯结彩，装点得富丽堂皇外，祭典仪式的最高潮就是国王与农民一同耕种田地，以示尊崇之意。

　　自认种姓尊贵却仅以传统农业为生活步调的释迦族，在历史的舞台上骄傲地缓步前进，但在工商业渐速发展的上古印度，它似乎已逐渐被其他恒河诸国抛在"强盛"的队伍之后而不自知。

　　到了公元前6世纪左右，在部族人口日益壮大下，释迦族在喜马拉雅山脚下一带，聚居建立约有十个小城，组成了

　　迦毗罗卫是释迦族的首都，传说这座城的名字是从一位远古仙人之名而来。自称尊贵的释迦族，在实际的政治形势上，却只是隶属于憍萨罗国的一个地小力弱的共和制部族，勉强维持着自治的政权。

　　在随时可能被并吞的情况之下，释迦族的圣人——释尊（Sakyamuni）出生了！背负着三千宠爱及沉重期待的小王子悉达多，在此度过童年，接受最初的启蒙教育，然后娶妻、生子；最后从这里逃脱出离，直到成等正觉后，才又回到故乡为释迦族人传法。

　　传说释迦族曾以女奴假冒释族皇室与憍萨罗国的波斯匿王联姻，而生下了毗琉璃太子（Virudhaka），因而引来了被灭绝的杀机——波斯匿王晚年被迫退位，毗琉璃太子继位后，立即展开报复性的军事行动，彻底消灭了释迦族。

　　于是，这个生养释尊成长的小都城，自此隐没在壮丽的历史舞台上。

❶毕波罗瓦的佛塔遗迹。

❷公元11世纪帕拉王朝的印度贵族雕刻。

❶描写佛陀年少生活的石刻，图中骑马的部分象征四门出游的故事，而中间手持利剑做割发状，则代表悉达多太子决定舍俗出家时，自行剃除须发。

——笈多王朝．公元5世纪

❷传说悉达多太子要舍离世俗生活出家的时候，穿着华丽的服装，骑着良马——犍陟，由天神为其前导随侍，悄悄地在半夜翻墙出城而去……

一个民主的部落式共和国，其中最大的城为迦毗罗卫城，因此一般就以迦毗罗卫作为国名。国内的政事运作是由人民推举公正、有才能的人组成议会，并选出一位德高望重的人为主席（Rajja），凡国族间的政事均由议会代表共同讨论裁决。而当时的议会主席，就是迦毗罗卫城的城主、释尊的父亲——净饭王（Suddhodana）。

小王子的预言

地位犹如一国之尊的净饭王，婚后妻子摩耶夫人一直没有怀孕，直到30岁她才夜梦白象而受胎，这在两千多年前的古印度，算是相当高龄的产妇。然而，当夫人临盆前依照习俗千里跋涉回娘家待产时，却在途中毫无预警地分娩！产后的摩耶夫人并没能得到良好的休养，立刻又风尘仆仆地赶回迦毗罗卫城，一路疲劳奔波，终于使这位王后在产后第七天就抛下幼子，撒手人寰！

忍着丧妻之痛的净饭王，将初生的婴孩取名为"悉达多"（Siddhartha），意为"一切皆实现而成就"。王子出生后，净饭王即依照习俗请来喜马拉雅山上修行高深的阿喜陀（Asita）仙人来为孩子看相预言。这位仙人看到婴孩后，先是露出欣喜的微笑，随即却又流下泪来，王与众人见状大惊，以为孩子将遭遇不幸，于是阿喜陀仙人解释道："我笑，是因为看到这孩子将来若继承王位，必是称霸世间的转轮圣王，若出家修行，则必定亲证圣道，成为人天的导师。我哭，是因为人已老迈，无法活着看到太子成等正觉，亲自向他学法，故而又哭又笑。"

阿喜陀仙人的预言，亲切地透露出净饭王和释迦族人民对这位小王子的出生，所怀抱的殷切期待与沉重的责任托付。长期在强国环伺下无力振作国势的释迦族，想必是把所有希望都寄托在太子身上，期盼他能成为一位强盛贤明的君王，好挣脱政治情势上的困境吧！

摩耶夫人过世后，净饭王将悉达多交托给另一位妃

种姓社会中的人生四阶段

圣地小百科

古印度社会中，有四个种姓：最高的神职人员"婆罗门"、贵族武士"刹帝利"、平民"吠舍"及奴隶阶层"首陀罗"。其中前三个阶级死后可一再轮回，再生为人，称为"再生族"，而最低贱的首陀罗，死后无法再生为人，故称为"一生族"。

古印度社会，又将再生族的人生分为四个阶段（Asrama）：

（1）梵行期：

类似现在的学生时期，凡再生族到达一定年龄后，就需入门学习婆罗门《吠陀》经典文献、祭祀礼仪及其他的知识技能。

婆罗门种姓的入门祭仪，要在受胎后第8年举行，刹帝利在第11年，吠舍在第12年。

《摩奴法典》2-36

（2）家住期：

梵行期终了，就算成年了，此时可以成家立业，正式踏入社会。

再生族学习期满，经师长同意后，可按照规定，沐浴净身，迎娶一个相同种姓、具有吉相的妻子。

《摩奴法典》3-4

（3）林栖期：

儿女成年后，就可以将家庭事业交与子女，离家住在丛林中，过着隐遁的生活，专心从事祭祀、修苦行与人生哲理的思考。

先已学习期满的再生族，在按规定度过家住期后，即应下定决心，抑制其感官享乐，生活在林中。

《摩奴法典》6-1

（4）遁世期（苦行期）：

人生最终的阶段，此时人们舍离一切财产，剃发、守戒、乞食、穿薄衣，致力达到最终的梵我合一。

不伤生，控制欲望器官，完成吠陀经典的宗教义务，遵行最严峻的苦行，在今世达到梵我一如的最高境界。

《摩奴法典》6-57

一般人们相信，"四门出游"是引导佛陀离家修行的决定性事件，甚至有人认为出现于四门的老人、病人、死人与修行人，都是天神为了唤醒佛陀的修行之心而幻化的，不过这很可能是为了增加戏剧效果而添加的故事情节。

如古老的婆罗门法典所述，种姓社会规定了人生圆满的四个阶段，而离家栖于林中及遁世四处游化，原就是吠陀经典中，大力提倡要达到生命最高境界——"梵我一如"的必经过程。因此释尊的毅然离家，应与当时的社会苦修风气，有着密不可分的关系。

出生以来物质生活就极为丰厚的悉达多，在心灵上依然得独自品尝世俗享乐后的空虚及生命必然消散的无奈；在现实中又得担负起国家兴亡的责任与壮大种族的压力，相信任何一个人处于这样的环境中，都会在心中浮起对生命的迷惑吧！

只是，出家后的悉达多太子并不只是流浪苦行，在密林或山洞中孤独的过完一生而已，当时有极少数的卓越宗教与心灵导师，在苦修之后返回世俗社会，并以在大自然中所体会到的哲思真理，向社会提出积极的建言与改革的批判，而佛陀——正觉后的悉达多太子，即是当时如彗星般耀眼夺目的划越了恒河的夜空，而至今依然长照暗夜的一颗智慧之星！

子——"摩诃波阇波提"抚育，她是摩耶夫人的妹妹，也就是悉达多的姨母。于是这个初生即丧母的幼儿，在姨母视如己出、无微不至的照顾下，过着极为优渥的贵族生活，并接受所有刹帝利种姓应有的教育：哲学、天文、医学、骑术、射箭及古老的吠陀思想等。为了避免悉达多有出家的念头，净饭王更是在物质上竭尽所能地满足他的需求。

自我昔日出家学道，为从优游从容闲乐极柔软来。我在父王悦头檀家时，为我造作种种宫殿，春殿、夏殿及冬殿，为我好游戏故。去殿不远，复造种种若干华池、青莲华池、红莲华池、赤莲华池……

——大正藏《中阿含·柔软经》

离家修行

即使在如此无忧无虑的环境里，悉达多仍然时常陷入沉思之中。据说他曾在"耕作节"庆典时，看到农人于烈日下锄田工作，而土中许多被翻起来的蚯蚓等昆虫，就算没有被锄头腰斩，也难逃空中觅食小鸟的尖喙，幸而能啄食到小虫的鸟儿，又要面对大鹰的扑杀……或许是看到众生彼此相残，结果仍然不免一死，悉达多的内心因而产生对生命的哀悯与疑惑。

另有一个广为人知的故事则是所谓"四门出游"：传说有一次，悉达多和马夫车匿（Channa）出城游逛，没想到一出东门，即见一萎缩衰弱的老人坐在路旁，悉达多心情一沉，转而往西门去，却又见一痛苦垂死的病人倒卧路边，于是再往南门，结果遇到一队送葬的行列，抬着一具干缩的尸体，亲人们跟在后面悲泣哀哭。从不曾见过这些人间悲苦的悉达多，心灵上受到了极大的震撼，他开始为这恐怖痛苦的未来而陷入前所未有的郁阿。就在此时，他在北门口遇到一位修行的沙门，神情安详而平静，气质庄严而无忧……

印度早期的雕刻师们，用想象来塑造悉达多太子的装扮，以胸前的佩饰和精致的水壶等来表达他优渥的贵族生活，而头上的卷发、刻痕清晰的衣折纹路与酷似西方人的面孔，则是受到希腊艺术影响的典型犍陀罗雕刻风格。

——菩萨立像·犍陀罗·贵霜王朝·公元2世纪

于是他开始有了离家修行的打算！

净饭王见到儿子出城游玩，回来后却闷闷不乐独自沉思，深恐悉达多会应验预言出家修行，于是便与摩诃波阇波提夫人相商，为他选定拘利族天臂城的公主耶输陀罗（Yasodhara）为妃，心想太子娶妻生子后便不会再有出家的念头了吧！只是，成家后悉达多并没有因此而快乐，他把初生的儿子取名为"罗睺罗"（Rahula；意为月食，又有"障碍"之意），而家庭也并没能绑住悉达多，他对生命的疑问与恐惧愈来愈深，直到到达再也无法忍受的地步。

我自己是迷惑的，为什么我还要贪求同样有迷惑的东西呢？我自己是有老、病、死、忧伤、苦恼的，为什么我还要贪求有苦恼的东西呢？

——巴利文《中部经》第26经

于是，在一个节庆欢乐的夜晚，他看了熟睡中的妻子与刚出生的爱儿最后一眼，随即在马夫车匿的引领下，静悄悄地离宫出城了。夜空下，荒野中的悉达多王子，褪去华丽的服饰，剃除浓黑的须发，告别了他的家乡——迦毗罗卫城，在广陌无垠的恒河流域上，朝着摩揭陀国的方向，展开了与当时所有修行者同样的乞食流浪的生活，独自追寻未知的涅槃解脱！

当时，悉达多29岁！

❶鹿野苑的摩犍陀俱提僧院里，描绘悉达多告别熟睡妻儿离去的壁画。

❷无忧无虑的小孩儿，在布满白莲的野塘边钓鱼，他们大概不会知道：当年的悉达多王子也曾在这儿度过他的优游少年，但最终他还是选择了离开……

毕波罗瓦出土的文物目前均被收藏于新德里与加尔各答的博物馆中，而珍贵的佛陀舍利，据说已有部分送给泰国作为交流的礼物。

毕波罗瓦古迹园区中，巨大的佛塔与提婆弗呾罗僧院的残存基座。

虽然我年龄尚小，满头都是乌黑浓发，年轻力盛，刚要踏入壮年，虽然我父母都不希望我离家而哀悲哭泣，但我还是将须发剃掉，穿上了修行的黄袍，离开家庭，走入无家者的生活。

——巴利文《中部经》第26经

迦毗罗卫巡礼

迦毗罗卫的遗址，至今仍是佛教考古学上的未解之谜。因为就出土文物而言，有两个分别位于印度、尼泊尔边界附近的遗迹，均可能是古城迦毗罗卫的旧址，一个是位于尼泊尔境内的提罗拉科特（Tilaurakot）附近，另一个是位于印度UP省境内的毕波罗瓦（Piprawa）遗址一带。这两处各有考古学者依据当地遗迹与出土文物考据认定，而尼泊尔与印度政府当局，也因观光资源的考虑而坚决声称自己国境内的遗址，才是真正的古迦毗罗卫。然而近年来由于毕波罗瓦陆续有新文物出土，使得其为古迦毗罗卫遗址的可信度相对升高，因此，这里就只介绍印度的毕波罗瓦遗迹。

毕波罗瓦遗迹

毕波罗瓦是位于印度UP省巴士提县（Basti）北方的一个小村落，距离边境小镇苏诺里约60公里。一般相信，毕波罗瓦的塔寺遗迹就是当初迦毗罗卫的释迦族在佛陀入灭火化后，建塔供奉所分得的遗骨舍利之处。目前包围在铁栅栏中的遗迹公园占地广阔，除了一座巨大的舍利塔基座外，四周还围绕着许多僧院残骸，以及大片等待挖掘的遗址。

公元1898年，法国考古学家佩普（W.C.Peppe）在此处一座直径约35米，已经崩毁的砖造舍利塔中，挖出了五个装有遗骨的舍利容器，包括两个滑石制的舍利壶、一个水晶制的舍利罐及两个不同形状的大小容器。在其中一个滑石制的舍利壶上，以古老的波罗米文字刻着"这是释迦族佛陀世尊的舍利容器，乃是有名的释迦族兄弟与其姊妹、其妻子等共同奉祠之处。"这个发现为佛陀的历史真实性提出了强有力的新证明，轰动了当时的考古界，不过，同时也掀起了迦毗罗卫遗址所在地的争议。只是，在佛教早已消失的印度，这股热潮并没有维持多久，就如夏夜中的烟火，熄灭冷却了。

直到公元1971至1977年间，另一支考古队伍再度在此进行挖掘工作，才为沉寂许久的毕波罗瓦带来一丝新的曙光。在这次考证过程中，他们发现毕波罗瓦佛塔（Piprawa Stupa）依年代不同，共建有三层：首先是在佛灭后不久，这里就建造了一座最原始的佛塔，到了孔雀王朝时，曾加以扩建，稍晚期以后，又增建了四座僧院、一座公众议事厅和各式各样的小圣殿。

之后的王朝不断地修建扩充，所有增建的僧院都面向着佛塔，据说在这些绕塔而建的僧院中，曾挖掘出40枚刻有图纹的印章，并有以波罗米文刻的Kapilavastu文字图像，这些都足以证明此地可能为古迦毗罗卫所在。

在这些僧院中，又以位于东方的精舍最为壮丽堂皇，它最后一次修建是贵霜王朝时，在一位国王全力护持下完成，因此这座僧院成为知名的"提婆弗呾罗僧院"

❶博物馆内陈列的早期佛塔木制模型，一般而言，较正式且重要的佛塔大都会有东、西、南、北四座塔门牌坊，并在塔周铺设走道与阶梯，引导民众登上塔顶参观。这座模型是依着1972年时在毕波罗瓦发掘出的大塔结构制作而成，其中舍利罐所收藏的，就是佛陀的舍利遗骨。

❷这是毕波罗瓦出土的舍利罐之一。从外表古老的波罗米刻文来看，证明这是释尊大般涅槃后，释迦族奉祠所分得之舍利。

❸在这座巨大的圆形残塔中，考古学家佩普找到了一只凝聚世人焦点的古老舍利罐，继而引发了迦毗罗卫城址的论争。

❶毕波罗瓦的孩子可能就是释迦族的后裔！

❷前来岗瓦利亚朝圣的南传比丘们。

❸岗瓦利亚的僧院，石壁异常的厚实，宛如防御用的城墙，显示当初建造时的仔细与对施工质量要求的严谨。

（Devaputra Vihar，Devaputra有"天子"之意），这个名字被显示在许多用贵霜文字铭刻的本地出土印章上，刻文内容为：这是献给迦毗罗卫比丘僧团的提婆弗呾罗僧院（Om Devaputra Vihara Kapilavastusa Bhikhu Sanghasa），这个证据再度强有力地指出毕波罗瓦就是迦毗罗卫的遗址。

岗瓦利亚（Ganvaria）遗址

距离毕波罗瓦1.5公里的岗瓦利亚遗址，共有两座建筑遗迹，其中一座因为有着厚重的石墙，

因而被当地人认为是迦毗罗卫净饭王的王宫，但从其建筑形式及考古报告中，已明确显示这只是一座单纯的僧院遗迹。而且，不同于毕波罗瓦的僧院以佛塔为中心的形式，岗瓦利亚的僧院看起来像是民宅与精舍混合的样貌：一小段阶梯通往方正齐整的大殿，约二十六间小僧房井然有序地围绕着大殿，保存完整，几如新建。

这座遗迹隐藏在主要道路边的一条岔路中，既无围篱又无明显标示，很容易错过，故进入迦毗罗卫后就要放慢速度，留意寻找。

旅人info

交 通

迦毗罗卫位于哥拉浦北方约97公里处国道1A（State Highway-1A）上，距边境小镇苏诺里约60公里，和UP省大部分城市都有路况良好的公路相连接。

位于哥拉浦到贡达（Gonda）这条环状铁路线上的"悉达多纳迦"（Siddharthnagar，又名Naugarh）是最近的火车站，距迦毗罗卫约30公里，可到达那儿后再租电动三轮车前往。不过这条火车线的班次服务不是很好，哥拉浦才是最佳的转运站。

迦毗罗卫这两座相邻的遗址地处偏僻的印度边境，不仅安静，而且荒凉。人迹稀少的园区内，大部分时候只有牛群嚼着青草闲逛，因此一定要安排在白天前往。同时，为了更准确掌握时间及路线，建议最好在哥拉浦或苏诺里租车前往，这是最方便而安全的方式。

食 宿

迦毗罗卫附近目前尚未有完好的食宿设施，因此最好是从哥拉浦当天来回，请记得在出发前先将干粮准备好！

昔日的邦国都城迦毗罗卫，如今是广袤平原绿林间的一块小小回忆，邻近的小村落里，昔时供贵族嬉游的莲花池，如今变成了乡野村民们打发时间的垂钓场。

在由苏诺里前往毕波罗瓦的路上，放眼尽是一片绵延的农田与荒野。这里的生活十分艰苦，人民谋生不易，在炎热的正午烈日下，依然可以看到勤奋的一家人不停地工作着。

菩提迦耶
Bodhgaya 圣地之三

—成等正觉—

多可爱的地方啊！不但有怡人的树林，边上还有条银色潺潺的河流，方便易达而令人愉悦；附近也有村庄可以托钵、好人家子弟有志求道，这地方可谓应有尽有！

比丘们啊！因为那个地方的一切都适合修行，于是我就在那里安住了下来。

——巴利文《中部经》第26经

◎前页：菩提迦耶的尼连禅河。
◎本页：阿姜塔第九窟的佛陀壁画。

成等正觉

失眠者夜长，疲倦者路长，

不知正法者，苦惑轮回长。

——巴利文《法句经》第60经

舍俗离家的悉达多，怀抱着高度的理想与强烈的求知热诚，四处追寻心灵的导师，期待着有人能引领他解开对生命的迷惑。

这位忧郁空虚的释迦王子，从喜马拉雅山脚一路漫游到离家500公里外的摩揭陀国境内参学，并先后投入两位禅定的名师——阿罗逻·迦罗摩（Alara Kalama）和伏陀迦·罗摩子（Uddoka Ramaputta）的座下师事学习。在先天聪慧与精勤努力之下，悉达多很快就学会了老师们所教导的一切，也亲身体验了深定中的禅悦，但是，随之而来的，却是出定后空虚的失落感。悉达多清楚地明白，他依然未找到真正的答案，那隐覆的苦恼仍旧潜藏在心底，不曾稍减。于是他告别了两位导师，再度迈开他坚定的脚步，向着未知的深处前进。

现在，精勤苦修的青年悉达多，独自站在尼连禅河畔，凝视着对岸乌留频螺村（Uruvela）的宁静风光。这五六年来，一路上所走过的歧路与困阻，似乎并未打败这位坚毅求道的释迦王子。这一次，他决定在这儿定居下来，以便专心的进行更严格的苦行。

当时，乌留频螺村外的苦行林之中，聚集着许多苦行者，他们"……或食饭汁，或食麻米，或食粞稻，或食牛粪，或食鹿粪，或食树枝叶果实……或有常举手者，或不做床席，

菩提迦耶位于印度比哈省（Bihar）境内，距离现代化的迦耶城大约16公里，距离加尔各答约607公里。这里的土地肥沃而富足，平原上散布着翠绿的水田，由帕尔古河（即古代的尼连禅河）灌溉着。

一片覆盖着低矮树林的山丘，勾勒出小小村落的轮廓。就在这平静可爱的地方，悉达多了解到生命的真相，进而成为人间至善的觉悟者—— Buddha "佛陀"（意为觉悟的人）！

❶ 菩提迦耶的摩诃菩提大塔远景。

❷ 湛蓝的天空，浓郁的树林，这绝美的村野景致让疲惫的悉达多王子决定在此安住下来，以便进行更严格的修行。

为寻求生命的真理，佛陀经历严格的苦行，甚至几乎丧命。

或有常蹲者……或有卧荆棘者，或有裸行卧牛粪上者，或一日三浴，或有一夜三浴，以无数众苦，苦役其身。"根据经典记载，悉达多的勇猛精进，令与他共同修习苦行的五位伙伴钦佩不已，但即使身体与意志都折磨到不成人形，悉达多的心灵却依然陷在困境中，没有任何的进展。在迟迟无法突破苦行的瓶颈下，悉达多决定进行最严酷的绝食，希望借此能获致最高的解脱涅槃。

因少食故，我的臀部如骆驼脚。因少食故，我的脊柱凹陷如纺锤之链。因少食故，我的肋骨如朽屋梁柱腐蚀破碎。因少食故，如深井水光在极深处才可看见，我眼窝瞳光也是如此。因少食故，如摘取未成熟苦瓜，因风燥热皱缩凋萎，我之头皮亦复如是。

阿夷吠萨那，当时我欲摸肚皮，却摸到背脊骨；我欲摸背脊骨，却摸到肚皮。因少食故，我之肚皮与背脊柱，竟然如此的贴近。

——巴利文《中部经》第36经

平稳的中道

这样严酷的苦行令悉达多差点丧命，而且对心灵上的帮助也是微乎其微，于是他开始感到疑惑——"苦行"似乎并非探索真理的大门！这时，悉达多忆念起昔日年少时期，曾于田埂旁的大树荫下观看农夫耕种，由于身心都很专注，因而有了情绪平稳、思维澄澈的体验。他顿时发觉，或许只有以平稳的身心，去探索苦恼的源头，才是通达菩提的道路。但是，以他目前极为衰瘦的身体，要获得这样的智慧，似乎是不太可能的事。

据说，就在这个时候，河边来了一位云游四方的游唱琴师，一边走一边唱着民间的歌谣："……琴弦太松，音不成调，太紧则声音不悦耳，不松不紧则音声和悦优美！"正陷入思维困顿的悉达多听到了这歌声，仿佛受到电击般，整个人都被震醒了！他霍然明白了身心就如琴弦一般，只有离开极苦与极乐两端，才是心灵平静安稳的正道！于是，悉达多毅然决定，从此刻开始放弃苦行！

豁然开朗的悉达多离开苦行林，走入尼连禅河沐浴，由于刚结束严苛的绝食，悉达多的身体仍极为衰弱，几度摔倒在河中，最后靠着攀住树枝才得以勉强爬出河流。正当他虚脱倒地之际，附近村落的善良女子苏迦塔（Sujata）恰好经过，并奉献营养温热的乳糜给身躯羸弱的悉达多食用。

接受了这供养的悉达多，颤抖地喝下第一口乳粥，他终于开始恢复进食了！这代表着悉达多告别了极端的苦行生活，并开始趋向于平稳的"中道"。然而，长久以来跟随他修行的五位苦行同伴，看到这样的情形，却对这位昔日的精进同修伙伴产生了极大的误解。他们一致认为：悉达多终究是出身娇贵的温室花朵，稍微严苛的磨炼，就让他心生懈怠、退堕，这样一定无法达到最高涅槃境界。于是，五位同修伙伴失望地离开了。

❶佛陀在乌留频螺村，降服毒龙初显神通。

——桑奇大塔东门雕刻·
公元前1世纪

❷苏迦塔适时经过，奉献营养温热的乳糜，给身躯羸弱的悉达多食用。

❸这片树林的深处，可能就是当时乌留频罗村外的苦行林。

佛像与手印

佛陀入灭的三百至五百年间，并未有佛身造像的出现，据考证这似乎是当时着重于心灵提升，不重视祭祀崇拜的社会现象，而佛陀入灭前"以法为依止，以自己为依止"的谆谆教诲，则更提醒弟子们：勿趋入于救赎的依赖信仰，而忘失了觉明的智慧才是解脱之道，因此佛陀在世及入灭后的数百年间，弟子信众们并不刻造佛像，而是以菩提树、佛足印、金刚座等图像符号来代表佛陀的色身，以作为忆念佛陀及其所说教法的象征。

然而在公元1世纪中，此项默契却渐渐被人们打破了，佛塔及佛像的塑造如雨后春笋般蓬勃出现。随着人心的渴望、佛教宗派的变异与技术的提升，雕刻佛像逐渐变成了世间艺术的表现。

什么样的佛身造像最能代表佛陀？这或许是一个见仁见智的问题，但在游历佛境圣地与综观佛像的造型后，一般认为最能传达"人间佛陀"真实内涵的佛像有下面两种，而这也是印度境内及南传佛教地区最普遍的造型。

（一）降魔触地印（或称"触地印"、"降魔印"Bhumisparsa Mudra）

源自佛陀在菩提树下觉醒的故事——佛陀在战胜魔王后，以右手触地，召请大地为其正觉作见证。佛经中所谓的"魔王"，常常是以"谈话"的形式在佛典经文中出现，这有如身心"自我对话"、自言自语般，突然出现又兀自消失的魔王，其实正是人心苦恼的"五蕴"化身，一旦放开了对五蕴的执取，就战胜了导致苦恼轮转不休的魔王。

跏趺而坐，左手禅定置于双腿上，右手腕靠右膝，掌心向内，指尖触地，体态平稳，神情自然，宁静的姿态中透露胜利的威仪，平凡中可见圣者的气韵。这个手印表征着佛陀战胜魔王，证得菩提圣道的意涵，对这值得世人纪念的时刻，我们或许可以这样理解佛陀手印之深义：

"左手禅定"——意为"思维于法义，寂静观五蕴"

"右手触地"——意为"正觉于天地，如实证苦尽"

"掌心向内"——意为"自觉以自律，自洲以自依"

（二）转法轮印（Dharmacakra Mudra）

双腿跏趺，两手当胸，右手向外——大拇指和食指相捻成圈，左手以食指或中指甚至小拇指碰触右手指轮。这个手印大约在唐朝初年，由玄奘及王玄策传入中国。由于象征佛陀初转法轮之意，故在佛像下方或四周，常有五比丘或鹿群的出现（象征鹿野苑），但有时也并不限定为初转法轮，而只是单纯表达世尊说法度众之意。

在广大的恒河平原上，世尊用尽一生的时间四处游化、托钵说法，一般佛典经文即称之为"转法轮"，意为佛陀所说之法，如车轮一般轮转滚动，日夜不止。

风尘仆仆、数十年如一日的佛陀足迹，在佛典之中处处可见，例如：佛陀正觉后，为度化憍陈如等五位同伴，从菩提迦耶一路游行至波罗奈仙人住处的鹿野苑，实际直线距离长达250公里左右，其路途之遥远与辛苦，实不是今人所能想象；而在佛陀身体极弱将要入灭之前，他依然强忍着病痛，将最后的时间给了外道须跋陀罗，而须跋陀罗也成为佛陀生命中渡化的最后一位比丘。

佛陀以45年的弘化生涯，倾其身、尽形寿的开演正法，教化世人出离苦恼，由此看来，以"转法轮印"来作为象征，实在是非常契合佛陀平实却又伟大的面向。

佛陀"降魔触地"像，身边有左右飞天协侍，基座有象征吉祥的大象与尊贵的狮子等。

伟大的觉醒

　　悉达多的体力渐渐恢复之后，精神与思绪亦清明了许多。他不再期待依靠别人能给他答案，他知道只有自己才能找到开启解脱之门的钥匙。于是，依着数年修行的经验，他找到了一个适合静坐沉思的浓荫大树——毕波罗树（Pippala），在枝叶覆影的庇荫中，下以大地为座，上以苍穹为顶，开始进行他最后的精进思维。

　　舍离了优渥富裕生活的悉达多王子，如今亦舍离了对解脱烦恼无甚帮助的苦行。他正以朴质踏实的修行态度，精勤不懈地在这蜿蜒优美的尼连禅河边、苍郁茂盛的毕波罗树下，冥想、静行、苦思，日复一日、夜复一夜……

　　就在一个平凡的深夜里，当世人依然懵懂沉睡之际，悉达多的思虑到达了前所未有的清明澄静，他剥开烦恼表面层层缭绕的情绪迷雾，直接面对那苦恼：细细品尝那味道，静静观察它来去的轨迹，审慎追寻它的源头……

　　在反复深思中，悉达多终于突破了无明的遮障，看清了"自我"的虚幻：

> 造屋之人，终为所获！今此房舍，毋令再筑！
> 屋顶已顷，梁柱已折！心离造作，贪爱尽灭！
> 注：此为佛陀正觉时刻所说之语；房舍意为——"自我"
> ——巴利文《法句经》第154经

　　再也找不到"我"这个牢笼的悉达多，彻彻底底的自由了！既然洞彻了自我的虚像，便自然地熄止了欲望贪求、嫉妒愤怒与爱染执著，也不再有任何彷徨恐惧，而长久以来逼迫着他东奔西跑的忧悲恼苦，就在这一瞬间完完全全地消失了！

　　我如是心等，清净澄明，无垢无染，柔软堪任，坚固不动摇，已心趣向无漏智。

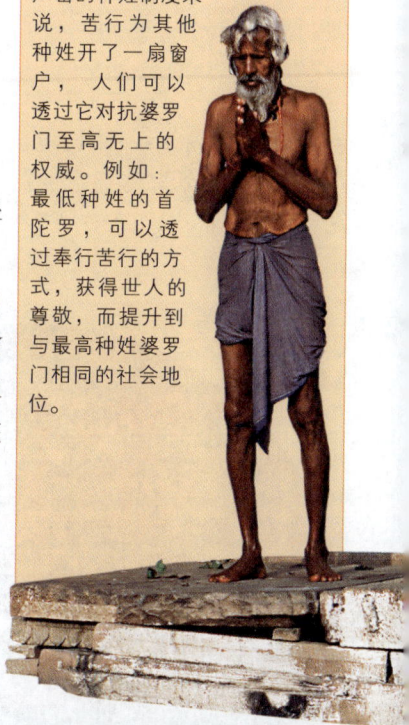

圣地小百科

苦行

　　梵文为Tapas，原意为"热"。这是因为印度天气炎热，故将"受热"作为"受苦"的解释。后来，用各种严苛方法使自身痛苦或劳苦的行为，演变成宗教实践中自我克制、拒绝物质感官享受、磨炼意志、提升精神层次，以及坚定信仰的修行方式。

　　苦行的唯一目的，就是为了获得精神上的超自然体验——即宗教中所谓的神通。据说节欲和禅定对增强思想和意志力的确有些帮助，因此苦行至今仍在印度民间盛行不衰。

　　在佛陀时代，苦行和祭祀相似，是一种满足宗教或世俗愿望的方式，但不同的是，苦行不需对仪式或吠陀典籍进行系统的学习（学习的权利掌握在婆罗门手中）。因此，对于印度严密的种姓制度来说，苦行为其他种姓开了一扇窗户，人们可以透过它对抗婆罗门至高无上的权威。例如：最低种姓的首陀罗，可以透过奉行苦行的方式，获得世人的尊敬，而提升到与最高种姓婆罗门相同的社会地位。

❶佛陀禅定座像·巴基斯坦·赤陶雕刻·公元5世纪。

我即如实知此是"苦"，如实知此是"苦集"，如实知此是"苦灭"，此是"苦灭道"。知"此是漏"，知"此是漏集"，知"此是漏灭"，知"此是漏灭道"。

我如是知、如是见，得爱欲漏心解脱，得有漏心解脱，得无明漏心解脱，即解脱已具解脱智，知"我生已尽，梵行已立，应做已作，自知不受后有"。

——巴利文《中部经》第36经

在闪烁着耀眼星光的深紫天空下，悉达多清清楚楚地明白了生命的真相，成为一位至圣的觉者——佛陀（Buddha；意为觉悟的人）！两千五百多年前，就在这座宁静村落中，平凡的悉达多燃起了隐藏在生命中的智慧火炬，为沉睡的世间带来一道曙光，驱散人们心中的纠葛迷雾，照亮了昏暗无助的娑婆世间！

自此而后的45年，佛陀开展了弘法示教的游化生涯，直到入灭前的最后一刻，都不曾停止。为感念佛陀的教化恩泽，人们在这里建立许多佛塔纪念建筑，并将乌留频螺村尊称为菩提迦耶——意为"觉悟的迦耶"，让后人能永远记得在这渺小村落中曾发生过的伟大觉醒！

❷摩诃菩提大塔小圣殿前朴质的石雕佛足印，象征佛陀游化传法的一生。石足印内积满了清净的泉水与艳丽芳香的鲜花，代表世人对世尊永恒的怀念。

一切事物的成分是无常的——（诸行无常）
以智慧观察，厌离种种的迷惑，这是清净无染之道。
一切事物的成分是苦恼的——（诸受是苦）
以智慧观察，厌离种种的迷惑，这是清净无染之道。
一切事物的成分是虚幻无实有的——（诸法无我）
以智慧观察，厌离种种的迷惑，这是清净无染之道。

——巴利文《法句经》
277、278、279 经

菩提迦耶巡礼

在这个靠佛教徒朝圣为主要收入的小村落里，村民的主要信仰却是印度教。因此，淡季时（三月到十月）它是个炎热而安静的小城，很适合静静的游赏与冥思。不过，一旦到了旺季，则是人声鼎沸，充满了宗教蓬勃的气象。

如果你对藏传佛教有兴趣的话，可以选择冬天前来，这时西藏的朝圣者会从达兰色拉（Dharamsala）下来避冬，直到翌年的二月中，大部分的藏人才会离去，这段时间的菩提迦耶，总是弥漫着庄严、浓厚的宗教气氛。

初次来到此地时，可以选择一位"看似"专业的当地导游，带领您在这些杂乱四散的纪念地点间，有效率地快速巡礼一番，不过他们的解说往往与史实有些出入。因此，如果数据准备得够充分，不妨用坚定的态度，技巧地遣开想从你身上赚钱的当地人，然后随着本书深入浅出的介绍，宁静地、悠闲地在古老的历史遗迹内独自漫步，或是选个绿荫遮天的大树下，静静地一个人与两千五百多年前的佛陀，一同进入智慧的沉思中。

摩诃菩提大塔（Mahabodhi Temple）

在佛陀正觉后约两百五十年左右，孔雀王朝的阿育王来此朝圣，他在菩提树下安置了一块金刚座，并于菩提树旁建立一座塔寺。到了公元4世纪，据《大唐西域记》记载，由于当时锡兰国王王弟到印度朝礼圣地时，备受冷落与羞辱，因此锡兰国王主动兴建摩诃菩提寺，供来自锡兰的僧人使用。

12世纪时，伊斯兰教徒的

身为佛陀成等正觉的圣地，菩提迦耶可以说是所有佛弟子的心灵故乡。它不仅拥有丰富的历史考古遗迹，更是一座充满生命动力的佛法研修中心。来自世界各地的佛教僧侣与慕名而来参观的旅人，穿梭在佛迹圣物之前，各自寻找他们心灵的答案。

❶印度人均为赤脚，并不是因为贫穷，而是进入圣地的规矩——赤足以示崇敬。

❷19世纪菩提迦耶被发现时的残破模样。

——摘自*History of India and Eastern Architecture*

入侵却将其破坏毁尽，直到14世纪，缅甸国王又在阿育王的塔寺遗址上，出资护持重建。在缅甸浦甘（Pugan）的一座13世纪建筑的寺院，就是它的缩影。然而，重建没有多久，这座寺庙就遭遇严重的水患，随着洪水而来的大量泥沙又将它埋在沙土中达数百年，直到公元1861年，印度考古研究所的总指挥亚历山大·康宁汉（Alexander Cunningham）拜访此地，建议进行挖掘，为大塔的重生燃起了一线希望。公元1870年末，在缅甸佛教徒与当时孟加拉国政府的协助下，终于将摩诃菩提寺修复完成，从此这座雄伟的大塔终于重见天日。

园区主要的入口处是与摩诃菩提大塔同一方向的大门，当你从正面走下阶梯，便会发现许多古老遗迹就罗列在道路的两旁。例如雕着佛像或佛经的小塔，这是人们为了还愿或祈福而雕造奉献的，此外还有一些信众捐献的纪念物品，如精致的钟或镀金的佛像等，乱中有序地排列着，令人眼花缭乱、目不暇给。

再往大塔天井走去，通道左侧有一个开放式的小圣殿，殿前保存着一座圆形的石座，上面雕刻了一对佛陀的足印（梵文Buddhapada），足印上撒布着信众祈福的花瓣与圣水，黎明或黄昏时，淡淡的光线斜射而来，使它荡漾出脱俗的美感。

❶ 阿育王的儿子摩哂陀赴斯里兰卡传教时，曾请其妹僧伽密多（Sanghalmitta，阿育王之女）将原始菩提树的分枝带往斯里兰卡栽植，其位置就在今斯里兰卡圣城——阿努拉达普拉市（Anuradhapura）内。据说两千多年来不曾被毁坏，是世界上最具历史意义的古树。据说菩提迦耶的菩提树于1870年枯萎时，就是从这棵树上取一段分枝带回来重新栽植的。

❷ 菩提大塔内的镀金佛像，随着朝圣者的涌入，奉献渐增而全身上下金碧辉煌，而正觉触地的手势也渐渐隐没在金黄色的布幔之下。

❸ 前来菩提道场朝访佛陀的小女生，在经济拮据的生活下，依然保有阳光下最灿烂、纯真的笑容。

大塔外墙周围有各式各样的佛像，而在一楼大殿内，有一座镀金的佛陀"降魔正觉"像，原本是以青黑岩雕刻，后来被西藏人镀上了金箔，使整座佛像呈现出金属的质感。由于大殿内的柱门均由石头雕造，并没有窗户或通气孔，所以光线很黯淡，空气中也混合着鲜花与焚烧烛火的浓烈气味，令人感到有些窒闷。

大殿入口两边的石阶梯通往顶楼的四个小塔，参观者可以绕着主塔以不同的角度来欣赏摩诃菩提寺。附近有许多佛龛供奉着神像，有些雕刻朴素精美，有些却是俗气粗糙。二楼以上有固定的开放时间，若欲参访需事先询问管理的僧人。

阿育王石栏楯

大塔三面围绕的石栏楯，最早是由阿育王所建，但后来被继起的王朝拆除重整。石栏上的波罗米刻文所记载的捐赠者姓名，证明了此为孔雀王朝之后的巽迦王朝所建造，但一般仍习惯称此为阿育王石栏楯。

石栏楯的高度约2.5米，大部分真品存放在菩提迦耶博物馆内，另有一部分放置于加尔各答的印度博物馆和伦敦的

高达52米的摩诃菩提大塔以砂岩雕造而成，是个从下到上渐渐细窄的方形锥体，颈部以上是圆筒状螺旋顶式的伞盖，象征佛教的尊贵。四个角落分别有相似的小塔围绕着主塔，建筑的比例非常和谐对称。

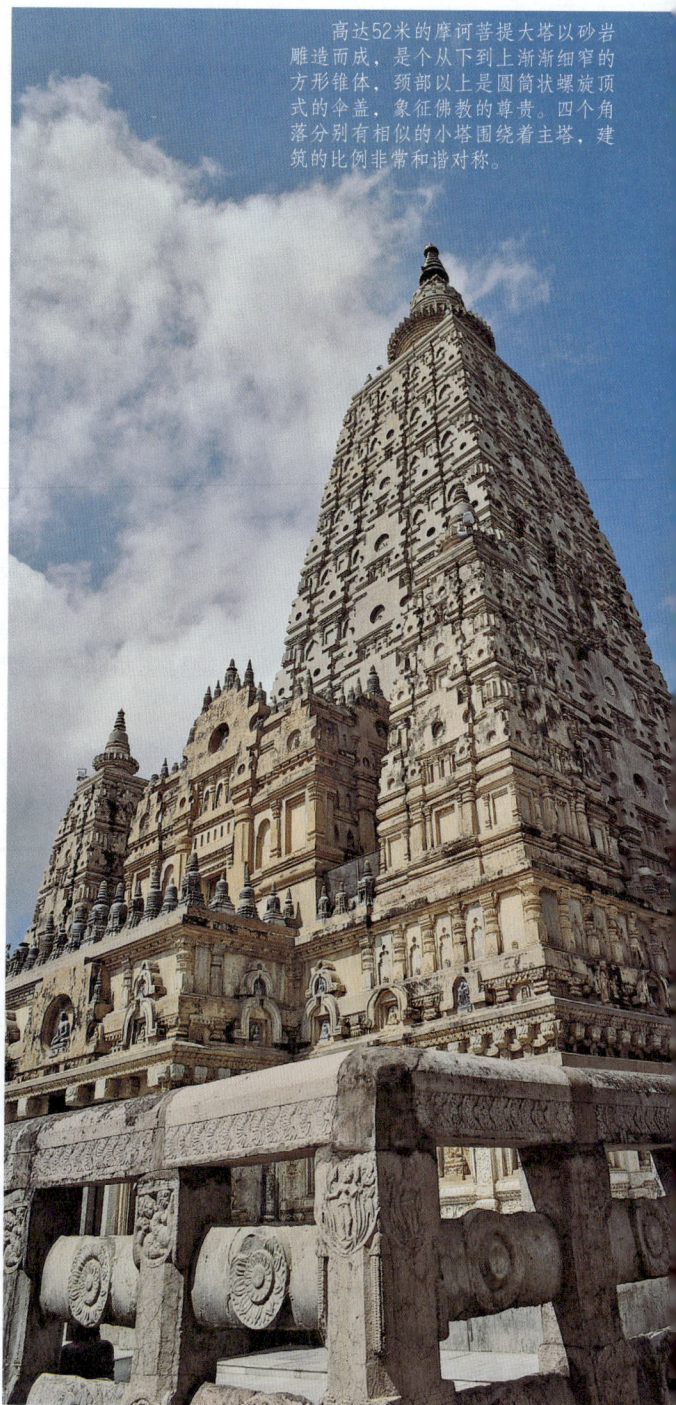

圣地小百科

分辨石栏楯

菩提迦耶石栏楯的内外，均有半圆形的装饰图案，中央刻着圆形浮雕，浮雕主题以各式各样的莲花纹、动物或印度式可爱的人物造型为主。

特别的是传说中的动物，如珀加索斯（Pegasus，希腊神话中缪斯所骑的飞马）、特赖登（Triton，希腊神话中半人半鱼的海神）及仙塔尔斯（Centaurs，希腊神话中半人半马的怪物）等雕刻也出现其中，展现出浓厚的希腊风格，这就是菩提迦耶石栏楯的特色。

伫立在大塔周围与散落四处的石栏楯中，表面粗糙未磨光的是现代仿造品，上面刻有明晰的几何图样或圆形之花草动物。至于巽加王朝（Sunga，公元前184至172年）的真品则由于年代久远，以至有些浮雕已无法清楚辨别。

相对于前两者，阿育王石栏楯则是绝对的单纯简朴、全无雕刻，且表面经磨光处理得相当平滑。

Victoria&Albert博物馆中。目前在大塔的石栏楯中，质地较新的部分是近代所仿造，修复的情形还算不错。

菩提树

菩提树是菩提迦耶的焦点所在，位于摩诃菩提寺西方。

根据玄奘的记载，最原始的菩提树，枝叶青翠，冬夏都不凋落，受到信众们的崇仰敬拜，但由于阿育王刚继位时崇信外道，曾亲率军队前来砍伐，将树的根、枝、叶砍得粉碎，并命令事火婆罗门放火焚烧以祭天神。不料在一片灰烬中竟又长出两棵树，于熊熊烈火中苍翠生长。阿育王目睹这一切，心生悔恨，于是用香乳灌溉余下的残根，到天将破晓时，菩提树已长回原来的样子，阿育王欣喜异常，亲自在此供养圣树，乐而忘返。

不过，阿育王的王妃仍虔信外道，她秘密派人于夜里再次将树砍掉。第二天，当阿育王前往礼敬时，只见残败的树椿，悲痛之余他再次虔诚祈祷，并用香乳灌溉残根，结果不到一天的时间，菩提树又重生了。

数百年后，孟加拉国国王设赏迦（Sasanga）信奉外道，再度毁寺焚树，手段残酷较前人更烈，幸而数月之后在原树根上又抽出了新芽。之后这株命运多舛的菩提树，维持了一段很长的时间没有再遭人破坏。直到公元1870年，亚历山大·康宁汉重修寺院时，老树又倒了！于是他切下一根倾倒的树枝栽种于原地，直到今日。

如今，当时的小枝苗再度长成高二十多米的巍峨大树，它浓密的枝芽覆盖着一片广场，近百年来平静的接受世人的礼敬供养。许多人喜欢聚集在树下，或坐，或躺，或禅定，或思维，或静静的享受和平的阳光……

曾有一位诗人哲学家称菩提树下的金刚座是"地球之脐"（The navel of the earth）——世界的中心。对于指引世人从苦恼之海越渡苦灭彼岸的佛陀教法，这样的形容实不为过。

所谓金刚座，是一块长约2米、宽约1.5米、高约0.9米的红砂岩厚石板。据说是阿育王放置于此，代表佛陀在树下静坐冥思的地方。取名"金刚"，是以金刚的坚实比喻佛法能破万物，而万物不能对佛法有丝毫损毁之意。

目前的金刚座被信徒们装饰着鲜艳、俗丽的布缦，目的是作为祈祷祭祀之用，虽然多了点热闹，却也少了些味道。

围着金刚座和菩提树的栏杆外，有两座以圆形黑岩雕刻的巨大佛足印，上面亦铺撒了鲜花。当地人说这是阿育王所造，但并无考据证明。每年朝圣旺季时，寺方会用纸或布将足印拓印下来，供朝圣者请购。

❶ 1881年考古学家亚历山大·康宁汉挖掘出金刚座，当时已有多处破损。
——摘自Mahabodhi一书

❷ 来自世界各地的修行人，喜欢在金刚座旁打坐冥想。

❸ 菩提树下放满了信徒供养的鲜花，而原本素朴的金刚座则被覆盖了象征尊贵的金黄色篷架，台座上经常放着一波波川流不息的人潮所带来的祭品，使得原本悠闲清静的追思圣地，一下子就变成了世人的祭祀殿堂。

❹ 来自锡兰，深着白衣的女性信众，在菩提树影下休憩乘凉。

❶ "尊贵的步履"：位于大塔北侧高起的长条形平台，大约1米高，20米长。平台上下皆有成排的莲花石雕，代表佛陀踏足之处所冒出的莲花。平台下者为古物，约公元1世纪左右由Kurangi王所建，平台上者为近代所造。后方的白色小塔为安尼麦须罗迦那塔，高约18米，是由下方基座渐渐往上窄细的白色正方锥体建筑物，传说佛陀一连七天在此地凝视着菩提树。

❷ 拉特那哈尔塔：位于大塔后方的一群小塔中，是一座无顶的小佛堂，供奉着镀金佛像。此塔塔身为1957年建造，但塔门据说是公元前2世纪时巽加王朝的遗迹。

七周圣地

摩诃菩提大塔附近，有七个经典上传说的圣地，每个地点均有告示牌介绍，相当好认。传说佛陀正觉后曾分别在这些地点上，各花了七天冥思和经行，可以一一走访，深思故事与经文中深藏的含意。

第一周：佛陀正觉后的第一周在菩提树下的金刚座上，独自体会法的解脱之乐。

第二周：为感谢菩提树的遮阴，佛陀花了七天在一小土丘凝视菩提树，其间不曾眨一下眼。此位置为"安尼麦须罗迦那塔"（Animeshlochana Chaitya，Chaitya指塔堂）。

第三周：佛陀花了七天，在菩提树北方不断地往来经行，而其双足落地之处便有莲花涌出。此处在菩提大塔北侧的拉特那苍克拉马（Ratnachankrama，意为"尊贵的步履"）。

第四周：佛陀在此处待了七天，反复深思更高深的法义而进入深定。此时有蓝、黄、红、白、橙等五道光束从世尊身上射出，此即为佛教五色旗的由来。此处位于塔林中的拉特那哈尔塔（Ratnaghar Chaitya）。

第五周：在正觉之地附近的一棵榕树下，佛陀回答了一位婆罗门的疑问，并详细说明"人并非由其出生来决定是否为婆罗门"（此地点并未被标示出）。

第六周：世尊待在大塔南方的目真邻陀池畔（Mucilinda Tank）静思独处，突然天气忽阴忽雨，冷风飒飒，于是目真邻陀龙王从住处出现，将龙身缠绕世尊身上七匝，并以自己的头遮住佛首保护世尊。此地点据考证，应是位于莲花池以南约两公里处的池水。

世尊即说偈曰："听闻证知，正觉之人，独居之乐，其乐无穷！一切众生，有心识者，自制不害，其福难计！不受贪瞋，无知束缚，厌离欲乐，其福何如！但当能舍，骄慢我执，其福无上，一切人天！"

—— 巴利文《律藏·大品》前段

第七周：也就是最后一周，世尊在一棵Rajayatana树下静坐。静坐结束后，正好有两位商人经过，看到佛陀的威仪庄严，便以米糕和蜂蜜供养世尊，为了回报他们，佛陀初次宣说五戒十善法。此位置标在大塔南侧树林间，据说这两位商人闻法之后，便欢喜的皈依佛法并唱颂：

Buddham Saranam Gacchami！（至诚皈依佛）

Dharmam Saranam Gacchami！（至诚皈依法）

由于当时僧团并未成型，故没有念第三句：

Sangham Saranam Gacchami！（至诚皈依僧）

莲花池

在大塔南面、阿育王石柱后方，有一座长满莲花的水池，根据玄奘记载："菩提树垣南门外有大池，周七百余步，清澜澄镜，龙鱼潜宅，婆罗门兄弟承大自在天命之所凿也。"由此可知在玄奘访印的公元7世纪时，此水池已存在。到了近代1882年时，英国人又重新疏浚，修挖成目前的样貌。

在布满莲花的池水上，有一座缅甸佛教徒们于1984年捐赠的目真邻陀龙王护佛像，常有游客会以为这就是佛陀正觉后第六周所待的目真邻陀龙王池，但是根据记载，传说中的目真邻陀龙王池，应该是从此地再往南约两公里左右的地方。

① 据说世尊于此树下接受二位商人的供养，并初次在此宣说五戒十善法。

② 进入大门后一路往左走到大塔南门外，会看到一座凹陷的天井，其中竖立着一座阿育王石柱，柱身虽断了一截，但表面却十分圆润光滑，柱面并无刻文，应该是为了纪念世尊成道而在此竖立的。

③ 在家居士供养三宝·犍陀罗雕刻·公元5世纪。

④ 信众捐赠的龙王与佛陀雕像，常会让人误以为此池塘为目真邻陀龙王池。

圣地外围史迹

下面介绍的地点，由于经典记载不甚详细，而印度人对史迹的确认又很不严谨，因此当地人所指引之地点通常与外国学者所考据的有很大出入。为了慎重起见，最好请一位较专业的当地导游，带您走过这广大又分散的区域。在此仅就重点作介绍，虽然可能会与您亲身游历时的地点不尽相同，但若能细思体会这些圣地所代表的背景意义，相信即使未能走到确定之历史地点，依旧能收获满盈。

尼连禅河只有雨季才会汇聚成一条大河，即使如此河水还是浅可见底。

●尼连禅河（Nairanjana）

现在的尼连禅河，位于摩诃菩提寺前约二三百米处，宽度有一公里左右，目前的名称为帕尔古河（Phalgu）。帕尔古是佛陀时代迦耶有名的Ghat（由河岸上延伸入河的阶梯平台），也就是印度人民每天早晚沐浴净身与婆罗门教徒洗罪之河阶地，由于与人民的生活密切，于是尼连禅河渐渐被改称为帕尔古河。

> 迦耶之渡口，名叫帕尔古，每日三沐浴，朝夕与正午。往日所有罪，今日可洗除，沐浴洗罪处，就在帕尔古。
>
> —— 迦耶迦叶长老偈

摩诃菩提寺与摩诃菩提协会
（Mahabodhi Tample & Mahabodhi Society）

圣地小百科

摩诃菩提大塔。

摩诃菩提寺一开始即为佛教寺庙，但是在12、13世纪时，伊斯兰教徒的入侵破坏了它日渐荒废，加上此时的佛教已融合密教，崇尚咒术、祭祀以及祈求福慧，并且制定了非常复杂的宗教仪轨，与印度教徒的拜神仪式难以区隔。最后终于被兴盛时期的印度教，用既攻击又同化的方式，将佛教融摄入印度教。所以当寺毁僧亡后，佛教亦在印度消失了。

摩诃菩提寺荒芜数百年后的17世纪，由于印度教徒认为佛陀是毗湿奴神的化身之一，于是寺院的管理权落入印度教徒手中。直到19世纪，英国政府着手修复残破的摩诃菩提遗迹，挖出数千座的古物、雕塑及小塔，丰富的遗迹唤起佛教徒的记忆，也引发了寺产的论争。国际上的佛教国家与佛学研究者，要求当时的印度政府确认摩诃菩提地区为佛教的圣地，并应让佛教徒参与遗迹的保护和传衍的工作。

面对一连串佛教徒的努力，当时摩诃菩提遗迹的占用者——印度教的领袖玛罕（Mahant），也采取积极的行动以巩固控制权，例如：他们迅速地将摩诃菩提寺的佛像全部搬走，换上了千奇百怪的印度教神祇。这自认为天衣无缝的做法，让《亚洲之光》（Light of Asia）的作者——埃德温·亚诺（Edwin Arnald）前来参观时，被寺内恐怖的印度教神像所透露出的诡异气氛吓得差点晕倒！于是他向英国政府提出强烈要求，希望立刻将遗迹管理权交还给佛教徒。

大约在同一时期，一位出生于锡兰科伦坡贵族家庭中的佛教徒——达摩波罗（Anagarika Dharmapala），受到神智学会的影响，开始关心佛教。他在1891年初次参访菩提迦耶后，就在科伦坡创立了菩提迦耶摩诃菩提协会。翌年，他将办事处移往印度的加尔各答，并发行了一份刊物——《摩诃菩提杂志》。他们共同努力寻求政府的认可，然而英国政府仍然拒绝为此事做出公正的裁决。

随着遗址产权争论日益紧绷，佛教界的主张慢慢赢得了欧洲与印度重要学者的支持，包括诗人泰戈尔，他们恳求印度教徒能依正义和公理，承认摩诃菩提的遗迹是所有佛教徒的圣地。终于，1945年印度独立时，取得政权的印度政府终于正式承认，菩提迦耶是佛教徒的共同资产。

菩提道场遗址的管理权在公元1953年的移交典礼中，正式交给新成立的"菩提迦耶寺管理委员会"，并规定不论佛教徒或是印度教徒均可到此参拜。虽然管理委员会的成员有佛教也有印度教徒，但对于在印度极为少数的佛教人口而言，这已是一次大胜利，也是佛教在印度苏醒的乍响春雷！

摩诃菩提协会成立的主要目的与具体活动为：保护佛教的遗址、维修和兴建佛教寺院、传播佛教思想、成立研究所、出版佛教经典及讲授佛法等。由于这个协会的成立，愈来愈多人关心佛教，并影响到全世界。

创办人达摩波罗于1933年逝世后，继任者依然努力于佛教史迹的管理与保存。在佛陀圣地中，如菩提迦耶、鹿野苑、巴特那等地方，都可以看到他们的身影。其中特别值得注意的成果，除了1953年大力呼吁施压，顺利从印度教徒玛罕手中夺回菩提迦耶摩诃菩提寺的部分管理权外，还有推动"归还舍利佛与目犍连遗骨之运动"，成功促使英国政府奉还在印度桑奇所挖掘到的舍利佛与目犍连的遗骨，重新安奉于桑奇的摩诃菩提寺中。对于佛教在印度的复兴可谓功劳匪浅。

❶ 尼连禅河的水浅而清澈，蓝天下景色如画，令人心旷神怡。

❷ 虽然几年前村里已由日本信众出资，建造了一条横跨尼连禅河的苏嘉塔桥，作为菩提迦耶与苏嘉塔村的联系道路，但两岸的村民仍然喜欢依循着古老的习惯——涉水而过。由于没有工业的污染，所以河水非常干净，如果有兴趣，不妨下水一试。

❸ 河阶平台（Ghat）是印度人民的沐浴中心，也是小孩子的游乐场。

从Bazar路往苏嘉塔桥（Sujata bridge）的方向前进，或是沿着前往大塔的主要道路走到露天市场后左转，继续往北一小段路，再穿过右手边的印度教庙宇，即可到达尼连禅河边的河阶平台。沿着河畔走到苏嘉塔桥是一段愉快的路程，若是旱季时期，河中由于泥沙淤积，将呈现一片沙洲景象。然而，若时值雨季，一到渡口，整片壮丽宽广的湛蓝河水就气在眼前展开。蓝天，白云，正觉山，相映着潺潺河水尼连禅，既壮观又宁静。

看到眼前如诗般的美景，终于明白为何世尊会说："这地方真可爱，这丛树木真是迷人，旁边又有这条银色潺潺的河流，方便易达而令人愉快！"

● 正觉山与苦行林

站在尼连禅河畔的平台，可看到左方下游处的苏嘉塔桥与不远处的正觉山，而河的对岸就是苦行林与苏迦塔村的方向。苦行林是世尊来到乌留频螺村实行更严厉苦行的地方，位置就在摩亨河（Mohane）与尼连禅河中间，靠近摩亨河的树林。

根据记载，世尊当时的苦行并不像一般外道，做一些极尽残害身心的事，例如食粪、卧荆棘等，而是专心思维、精进深定而无暇进食，所以"日食一麻一米"，以至于身形消瘦犹如枯木。目前在村落后面靠近摩亨河处，生长着一棵菩提树，据说就是世尊当年苦行时所坐的位置。

前正觉山（Pragbodhi），当地人称为Donkesli，山上有几座阿育王所建立的佛塔遗迹，但有的难以辨识，有的已被新塔取代。根据玄奘记载，当佛陀自觉到苦行对身心苦恼的解脱并无帮助后，即放弃苦行来到这座山上，作为探求真理的下一地点。但是不久后世尊又离开这里前往菩提树下，终至证得圣道。

这座山中有许多传说，例如半山腰中的龙洞（留影窟），据说未成道前的悉达多，为了不让洞中的龙王失望，因而留下身影作为纪念。这些奇异且不可思议的传说，为佛陀的苦修生活增添了不少神秘的色彩。

●苏嘉塔村、苏嘉塔之丘、苏嘉塔寺

从苏嘉塔桥往河对岸走去，就是苏嘉塔村——现称为巴卡罗村（Bakraur）。如果愿意，也可以脱下鞋子，踏沙涉水渡河，体会一下世尊在此一步一脚印的修行之路。

渡河后步行约两三米，就会看到左边一座高起的小土丘，当地人称为苏嘉塔之丘（Sujata Kuti），传闻是阿育王为了纪念苏嘉塔而建造的佛塔，但目前已毁坏而看不到了。爬上小土丘，会看到丘顶凹地上有一大树，据说这是当时苏嘉塔的居住地点，目前以植树为标志并作为纪念。从小土丘往下看整片平原、村落与正觉山，会看到一幅宁静而且绝美的景色。

越过土丘后继

圣地小百科

腊八粥

根据北传佛教的资料，佛陀成道的日期为农历十二月八日，因此这天被称为佛陀成道日。由于世尊当时是因食用了牧羊女苏嘉塔所供养的乳粥（Kheer），才得以恢复体力，最后终能成就无上智慧，所以中国佛教徒于佛陀成道日要煮粥供佛，称为"腊八粥"。而每年的十二月八日食用腊八粥，便成为中国人的民间习俗。

出发至龙洞

要到前正觉山（龙洞）可以在当地租车前往，而且最好是清晨出发，以避开酷热的中午。要特别注意的是，这个景点的乞丐人数众多，"千万不要"因为心软而施予金钱，必要时可请导游以当地语言排除困扰，否则你将成为所有乞丐的目标而被团团围住，届时就插翅难逃了！

❶缅甸信徒所捐赠的庙宇。

❷苏嘉塔供养佛陀的乳糜，是浓稠的甜牛奶，以米麦混合着牛乳、蜂蜜熬煮而成，至今仍是当地人的主食。

续沿着蜿蜒曲折的田间小路，步行约一到两公里左右，即可到达苏嘉塔寺。苏嘉塔寺正反两面各有一个祠堂，一座为西藏信众捐赠，另一座为缅甸教徒供养建造。西藏祠堂的雕塑中，供养乳糜给佛陀的有两位女子，一位是苏嘉塔本人，另一位是女仆"普那"（Puna），这是当地人根据《本生经》的传说故事所造，因此不必因为多了一位侍女而太诧异。至于小庙中的母牛和小牛雕像，也是当地人发挥想象推论的产物——母牛生了小牛后才会有足够的牛乳，供给苏迦塔挤取以供养佛陀。这种可爱又务实的庶民想法，让这小小的庙宇增添了许多自然与亲切的味道，令人回味无穷。

① 描写佛传故事的石雕：传说佛陀为收服三迦叶兄弟，展现在尼连禅河上步行渡河的奇迹，令三迦叶开了智慧法眼，图中的石板是象征佛陀的"经行石"。早期的雕刻工匠，不时以传奇性的故事作为艺术品的内容，久而久之，人们就只记得民间流传的神话故事，反而忘了佛法。

——桑奇大塔门雕刻・公元前1世纪

② 苏嘉塔桥是落后的苏迦塔村百年来的第一座人造现代桥梁，它打破了封闭的村落形态，让现代的旅人得以轻易地造访善良女子——苏迦塔的家乡。图中正前方则是前正觉山！

● 三迦叶皈佛处

尼连禅河边的乌留频螺村附近，在佛陀时代是外道与婆罗门教徒修行的圣地。在村落的大范围内，曾发生了一件值得一提的重大事件，那就是事火外道婆罗门——三迦叶兄弟的皈依佛教。所谓的事火外道，即是认为火乃诸天之口的祭祀宗教师。他们会将谷物、酥油等供品投入火中燃烧，祈求诸天在食用后，能降福于人间。

三迦叶兄弟皈依佛陀的顺序为：乌留频螺迦叶（Uruvelakassapa）、那提迦叶（Nadikassapa）以及迦耶迦叶（Gayakassapa），从这三个人的名字即可知道三迦叶所居住的地理位置非常接近。

……于此摩揭陀国，谁有最尊外道及婆罗门，闻我说法，生敬信心，令众多人，得入我法。时有外道，名优娄频罗迦叶，老年一百二十，有五百弟子，在尼连禅河边林中住，修习苦行。时摩揭陀国，一切诸人，皆生恭敬，尊重供养，为胜福田，如阿罗汉。我今往彼为说妙法，令众人获大利益。作是念已，往尼连禅河边至迦叶所……

——《根本说一切有部·毗奈耶·破僧事》

佛陀在鹿野苑初转法轮后不久，又长途跋涉数百公里回到了正觉之地尼连禅河边，其目的即在度化三迦叶兄弟。在佛陀开示下，没有多久三迦叶就陆续剃除须发，将拜火法器全部丢入尼连禅河，成为世尊座下的弟子。

由于三迦叶的皈依佛陀，使得佛教僧团加入近千名僧伽，奠定了教团的基础与力量。又因为三迦叶是摩揭陀国有名的宗教师，受到人民的尊敬供养，因此这件外道皈佛事件，也直接抬高了佛陀的声望与地位，对佛教日后的发展有相当重大的影响。

古印度河文明（约公元前3000年到前1500年）时期所出土的文物，一个眼睛半闭似乎在冥思的男性半身石刻，被认为是印度最早的祭司像。

世尊大慈悲，来到尼连禅，为我说正法，舍弃诸邪见。
从前无智慧，常行拜火祭。自认圣洁身，实为痴愚心。

——那提伽叶长老偈

圣地小百科

佛陀对拜火三迦叶开示圣法

世尊在乌留频螺住够了，就向着伽耶山顶出发。一大群比丘簇拥着他，有千人之众，都是以前蓬头垢面的外道。佛陀到了伽耶山顶上，和那一千位比丘共同栖止。在那里，世尊向他们说道："比丘们啊！一切东西都在燃烧，这都在燃烧着的一切是什么呢？"

"比丘们啊！眼在燃烧、色在燃烧、眼识在燃烧、由眼所得到的印象在燃烧，依于眼所得到的印象而生起的感受，无论是愉快的、不愉快的或是中性的，这些都在燃烧。"

"这些是以什么燃烧呢？我说是以贪火、嗔火、痴火在燃烧；以生、老、病、死、忧、悲、苦恼、哀伤、绝望等火而燃烧……比丘们啊！有鉴于此，有知见的圣弟子就对眼生厌、对色生厌、对眼识生厌、对由眼所得的印象生厌，对依于眼所得的印象而生起的感受，不论是愉快的、不愉快的或是中性的，也都生厌。对耳生厌、对声生厌……对鼻生厌、对香生厌……对舌生厌、对味生厌……对身生厌、对触生厌……"

"因为生厌，他就断绝了贪爱，没有了贪爱，他就得到自在，并且对自己的自在了了分明。他知道受生已尽，圣洁的生活已完成了，该做的事都已做了，他已不再属于这世间。"

说此法时，一千比丘心无执著，得到了无漏解脱。
——巴利文《律藏·大品·火喻经》

❶菩提迦耶内外均有印度教神像与庙宇，对当地人而言，这才是他们的信仰中心，而佛教则是他们财富的来源。

❷对印度而言，自古以来就有对树木的信仰崇拜；因为在大自然中，又有什么比挺拔的大树，更能吸引人们的目光！

❸就在这片广袤的翠绿大地，三迦叶兄弟——摩揭陀国的宗教名师，曾经在此以祭祀、火供度过了他们生命的大半岁月。直到佛陀的出现，才令他们放弃无义的祭祀，得法眼净、无漏心解脱！

其他景点

●沙毗提精舍（Shaivite）

摩诃菩提大塔附近，有一座由四个尖塔寺院群所组成的沙毗提精舍，由美丽的绿色植物所围绕，建筑成就非凡，四周有数百座小型的纪念石（Samadhis），形似倒扣的碗（覆钵）。

●贾迦纳斯神庙（Jagannath）

此为奉献给湿婆神和印度众神的印度教神庙，位置就在沙毗提精舍附近，其中一座黑岩的四臂湿婆像据说有治病的神力。

●菩提迦耶博物馆

在摩诃菩提大塔不远处，有一座附属于印度考古研究所的菩提迦耶博物馆，其中收藏了从菩提迦耶和附近地区挖掘出的古物。开放时间为AM10：00～PM5：00，周五公休，门票每人2卢比。

●各国僧院

菩提迦耶是一个国际化的小城，因为那儿遍布着各佛教国家的精舍、旅馆、禅修中心和寺庙，每一座寺院都依着各国传统建筑风格而造，并且装饰着色彩鲜艳的佛像和各式佛教雕刻。和摩诃菩提大塔隔着马路相望的是印度摩诃菩提协会，以及建于公元1934年的老西藏寺，寺院一楼供奉着一尊弥勒菩萨像，并以西藏的经文、唐卡和其他宗教法器装饰着，楼下的祈祷轮

室中保存着一座超过20吨重的巨大法轮。

这里还有两座日本寺，一新一旧的，同样都供奉着精致、优雅、贴了金箔的佛陀触地正觉像。皇家不丹寺和新西藏寺是北方艺术学派技法的两个建筑典范，传统的宗教象征符号、主题和图样设计，均是以明亮对比的彩绘来表现，寺内有一尊真人大小的镀金佛陀像。缅甸于19世纪时，曾领导摩诃菩提大塔的重建工作，但直到公元1936年间，才在此建立了缅甸寺。此外，还有泰国、斯里兰卡、越南、尼泊尔、韩国和孟加拉国等各国寺院。

节庆

菩提迦耶是佛教朝圣之旅中最神圣之地，全年都吸引着虔诚佛子前来朝圣。在每年四五月间的满月之夜，人们会来此参加纪念佛陀正觉的庆典（Buddha Jayanti）。那时的气温大约是45℃，全城上下都举办着各式庆祝活动，包括祈福法会、宗教讲习、集体静坐、宗教游行和座谈会等，而摩诃菩提大塔则会被五彩旗子和鲜花装饰得热闹而隆重。

其他的重要节庆，还包括摩诃菩提协会创办人达摩波罗的诞辰纪念日——九月十九日，以及广岛纪念日——八月六日。

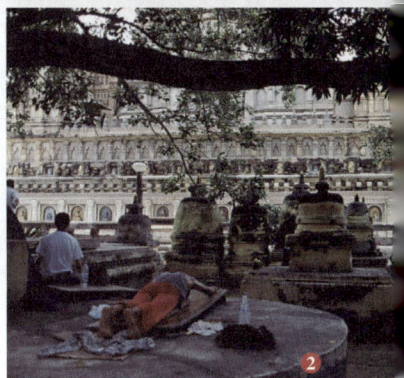

❶ 藏人在印度大多遍居各处佛教圣地，这里是他们生活的暂居之所，也是心灵永恒的归宿。

❷ 摩诃菩提寺周围和庭院内，有数百个小塔，据说共有四百八十余座。有的塔旁插了写着藏文的小牌子，都是一些"唵嘛呢叭咪吽"等咒文。这些均为许愿塔。当地人说，这些塔是为了朝拜的信众还愿而造的，例如家中有人生病，来此许愿，若病愈即造塔奉祀。

旅人info

交 通

菩提迦耶距离迦耶城（Gaya）约13公里，不论从德里经王舍城到达，还是由加尔各答北上前往，都必须在迦耶换车。迦耶和菩提迦耶之间有公共的电动三轮车往返，车资每人8卢比。不过通常都非常拥挤，原本只能坐三个人的小车子可以挤到十五个人，而且还不包括牲口与货物！

在迦耶火车站有政府经营的定期巴士往返菩提迦耶，停在摩诃菩提大塔北边的缅甸寺外。最后一班车于PM6：00出发，车资每人5卢比，但同样挤得不得了。如果不想和别人挤，可以自己租一辆电动三轮车，车资约80卢比，不过外国人付的车资一定都比较高，大约会在100到120 卢比之间，视各人杀价功力而定。找其他外国观光客共乘来分担车资，是比较划算的方法。

自助旅行自保守则第一条：别做夜行动物！

比哈省（Bihar）因为贫穷，所以治安一直不太好，而东方面孔的日本人、中国台湾人等，又一向被视为多金的肥羊，因此最好不要在晚上到达，以免发生危险。若住宿当地，也尽量不要一个人在晚上外出闲晃。

不过菩提迦耶毕竟是宗教圣地，而且摩诃菩提大塔夜间亦开放参观，如果住得不远，又想要拍摄大塔的夜景，不妨结伴前往，只是路上并不一定有路灯，因此别忘了带手电筒！

❶印度公交车的座位大多非常小，坐一趟下来会让人腰酸背痛。

❷摩诃菩提大塔阶梯下方的小石塔，雕刻着各式各样的经文与佛像。

菩提迦耶 BODHGAYA

N

NOT TO SCALE

TO GAYA 13KM

蘇嘉塔橋

GHAT

帕爾古河（古尼連禪河）

TO MAGADH UNIVERSITY

BODHGAYA ROAD

七葉石窟 輪製

1. Bus Stand;Burmes Monastery
2. Hotel Deep
3. State Bank of India
4. Shankaracharya Math (Hindu Temple)
5. Hospital
6. Om cafe(Winter Open)
7. Fujia Green Restaurant
8. Tibetan Monastery
9. Sri Lanka Guest House Mahabodhi Society
10. Auto-Rickshaw Stand
11. Main Post Office
12. Lotus Pound
13. Mahabodhi Temple
14. Bank of India
15. Chinese Monastery
16. Archaeological Museum
17. ITDC Hotel Bodagaya Ashok
18. Hotel Sujata
19. Hotel Shanti Boddha
20. Hotel Shashi International
21. Thai Monastery & Temple
22. Hotel Buddha Vihar
23. Hotel Siddarth Vihar
24. Bhutanese Monastery
25. Tibetan Karma Temple
26. Indosan Nipponji Temple
27. Japanese Daijokyo Monastery
28. Sakya Tibetan Monastery

在摩诃菩提协会到摩诃菩提大塔的主要道路上，有一些旅行社的小亭子，提供租车服务与行程安排。普通小客车无冷气，1公里约6卢比；司机薪资一天100卢比（不包括小费），淡季时可打折。此外，阿育王饭店中的I.T.D.C.印度旅游开发公司（India Tourism Development Corporation）和佛陀旅行社（Buddha Tour）等也都提供旅游安排及租车服务。

泰国寺西边不远处，可以找到比哈省旅游局（Bihar Tourism Complex），其中有一些旅游小册子供索取。中华佛寺旁边有一家印度国立银行（State Bank Of India）（周一到周五，10：30～16：00；周六，10：30～13：00），大使饭店中也有一家印度银行（Bank of India），提供外币兑换服务。

每年十月到翌年一月的朝圣旺季，各种庙都会出现一座小市集，卖一些毛织品、经幡、念珠等纪念品。

住 宿

◎寺院挂单

菩提迦耶是佛法修学中心，许多寺院都接受旅客参学寄住，仅收取随喜捐赠。因此如果停留时间较长，不在乎住宿环境简陋，并且愿意配合寺院的信条规约生活的人，可以考虑住在寺院中。

中国台湾旅客当然以台湾寺为首选，语言相通且环境好，住宿费自由随喜，一晚约100卢比，隔壁的中华寺环境稍差。泰国寺和尼泊尔寺也可以考虑，下面列出的是较受外国旅客青睐的寺院。

缅甸寺（Burmese Monastery）

位于迦耶路上，由于他们的佛法修学课程很热门，因此常一房难求。房间十分简陋，但是每天至少要50到100卢比的捐献作为住宿费。

日本寺（Japanese Monastery）

环境整洁舒适，戒律较为森严。旺季时经常会住满日本的朝圣团体，必须提前以电话预约。

不丹寺（Bhutanese Monastery）

一个床位约40卢比到50卢比，附卫浴和热水的房间约200到300卢比，是一个不错的地方。

❶参访摩诃菩提大塔的小学生们。
❷苏迦塔桥上的牛车队伍。

◎ 平价旅社

　　菩提迦耶淡季和旺季分明，在这里标示的是旺季（十月到来年三月）的价格，淡季时约为一半。

佛陀精舍（Buddha Vihar）

电话：（0631）2200445

价位：宿舍式床位和公共卫浴，每人约100卢比

附属于比哈观光机构，房间尚称舒适。

摩诃菩提协会朝圣者宾馆

（Mahabodhi Society Pilgrim Rest house）

电话：（0631）2200742

价位：双人房附卫浴，约200～350卢比

　　又叫做斯里兰卡宾馆（Sri Lanka Guest House），是摩诃菩提协会经营的宾馆，附设有素食餐厅，常常客满，接受随喜捐款。

罗护睺旅舍（Rahuls Guest House）

价位：单人房约180卢比，双人房约280卢比

　　位于大塔北方，富士绿园餐厅的对面。虽然稍远一些，但有很舒适的屋顶露台可远眺园区，房间亦宽敞。

迪普旅馆（Deep Guest House）

电话：（0631）2200463

价位：套房约180卢比，非套房约350卢比

　　位于通往迦耶的路上，缅甸寺的隔壁。在平价旅馆当中算是相当高级，相当干净且热水充足。

悉达多旅社（Hotel Siddhartha）

电话：（0631）2200127

价位：附卫浴的双人套房，约400～600卢比

　　和佛陀精舍同属一个单位，但等级高一些。

◎ 中价&高价饭店

　　这里因为竞争激烈，许多中高级的旅馆价格都相当合理，重视住宿质量者可以考虑。

大使饭店（Hotel Embassy）

电话：（0631）2200799

E-Mail：embassyhotelbodhgaya@yahoo.com

价位：附电视、冷气和卫浴设备，500～900卢比

　　位于泰国寺对面，有一座屋顶平台餐厅。由于它已经有点年纪了，在决定住宿前，一定要检查冷气是否正常运作，并确定有热水。

日光莲花大饭店（Lotus Nikko Hotel）

电话：（0631）2200700 传真：（0631）2200788

价位：约2000～3000卢比

网址：www.lotustranstravels.com

　　日本人经营的旅店，台湾朝圣团多下榻于此。可能有些年代，但尚称舒适干净。

菩提迦耶阿育王饭店（I.T.D.C.Hotel Bodhgaya Ashok）

电话：（0631）2200700 /（0631）2200790

价位：2000～3000卢比

　　近菩提迦耶博物馆，是一座舒适的平房式建筑，有美丽的草皮。曾经过大力整修，现在是二星级的住宿设施。

苏嘉塔饭店（Hotel Sujata）

电话：（0631）2200761

网址：www.hotelsujata.com

价位：单人房约2500卢比，双人房约3000卢比

　　位于佛陀大街泰国寺的附近，是相当先进的新旅馆，有二十四小时客房服务、外币兑换和餐厅等设施。

皇家大饭店（Royal Residency）

电话：（0631）2200124

网址：www.theroyalresidency.net/bodhgaya

价位：6000～6500美金，附早餐

　　属三星级的饭店，是菩提迦耶的顶级选择。装潢、设施和价格都很顶级，一般饭店该有的服务一应俱全。

咖喱是印度饮食的主角，香料则是其中的灵魂。

餐饮及其他

菩提迦耶是世界知名的朝圣地点，在这里不愁找不到吃的。即使在淡季都还有一些餐馆继续营业，较高级的旅馆也都附有餐厅，而且一定提供素食。旺季就不用说了，许多美味餐厅会如雨后春笋般冒出来。

富士绿园（Fuji Green）

在西藏寺后面，整年都营业。晚上在黑暗的路上透出昏黄的灯光，气氛相当温暖神秘。一进门，放眼多是外国人，西方人自在地高谈阔论喝可乐，日本人内敛地小声问好，让人几乎忘了这是印度。这里供应多样化的日式、藏式及中式餐饮，每道菜20到70卢比。

帐篷式小摊子

缅甸寺对面和西藏寺后面，有许多帐篷式小摊子，水平都相当不错，不过大部分摊子都只在旺季营业。

轻食与咖啡屋

在摩诃菩提寺北边的市场区有一些轻食咖啡馆和西藏式咖啡屋。

1. 唵餐馆（Om Restaurant）：提供很棒的素食餐点。

2. 乔达摩餐馆（Gautam）：位于缅甸寺对面，提供相当不错的轻食。

3. 波波（Pole-Pole）餐馆：老字号小馆，提供一般平民式的餐点。

❶ 比哈省虽然贫穷，却保有许多自然的风景。

❷ 菩提大塔外的市集中，常聚集有中下阶层的人民，以乞食维生，这也可说是他们的职业。所有的导游都会告诉你"不要给他们钱"，因为这样将会使他们习惯以乞讨维生，而不接受正规的学校教育，反而是害了他们。

❸ 一辆小车上塞满了人，这是印度公路上最常见的景象，在印度人与人的距离是非常贴近的！

❹ 席地而坐，摆摊叫卖的传统农村市集。

❺ 炸布里，美味的印度民间面饼。

圣地转运站—迦耶 Gaya

迦耶，又名梵天迦耶（Brahma Gaya），以与菩提迦耶相区别。这个位于巴特那（Patna）以南100公里、加尔各答以北607公里处、距离佛教重要圣地菩提迦耶仅13公里的小城，是印度教的重要圣地。

传说毗湿奴神曾亲封此地为净土，具有洗涤罪业的力量。直到今日，每年仍然有数千名信徒前往此地，举行洗罪的宗教仪式。

首先，朝圣者必须先在帕尔古河中沐浴净身，然后在河边的河阶平台上奉献葬礼的干果、糕饼，才能进入毗湿奴派神庙（Vishnupad Mandir）膜拜，最后在迦耶及附近圣地完成一段漫长的绕行巡礼，如此即可保佑他们死去的祖先洗净罪业，从人世间的束缚中解脱，转生到梵天的天堂。

迦耶的旧城是古代摩揭陀国的一部分，有许多宗教和历史的遗迹景点。这是印度最古老与最神圣的城市之一，其神圣性仅次于瓦拉那西。整个迦耶小城围绕着毗湿奴派神庙而建，这座寺庙是在公元1787年时，由印度皇后Ahalya Bai于帕尔古河边建造。整栋建筑呈八角形，高约30米，有一座尖塔屋顶，顶端有一座金色小塔，塔上有一幅巨大的镀金旗帜。在当地的传说中，这是一座建立在毗湿奴神脚上的神圣殿堂。

神庙中有一对40厘米的毗湿奴足印，深深地刻在坚硬的岩石中，由一块装了水的银色圆盘围绕着。不过要注意：非印度教徒是不准进入的。

帕尔古河（古尼连禅河）在雨季时河水暴涨，但是冬天则成为无水的沙洲，人们可以看到在河边举行的火化仪式。此外，迦耶尚有其他的旅游景点，如象头山（Brahmajuni Hill 或称Gayasirsa 迦耶山）、太阳神庙（Surya Temple）及巴拉巴石窟（Barabar Caves）等，但是由于山区的治安不太平静，最好不要单独一人前往，如欲参访，可以聘请一位武装保卫人员同行。

交通

◎火车

迦耶位于德里到加尔各答之间的铁路线上，因此，搭火车可以说是最方便的旅行方式了。从迦耶火车站可直达德里、加尔各答、瓦拉那西、布里（Puri）和巴特那，可以在加尔各答的观光客火车预约中心事先买票。

◎巴士

迦耶有两个巴士站；一个在帕尔古河西岸，靠近火车站的甘地广场巴士站（Gandhi Maidan Bus Stand），来往巴特那（车程4小时，车资50卢比）的巴士在这里起讫，约一小时一班车。另一个是位于帕尔古河对岸的高拉西尼巴士站（Gaurakshini Bus Stand），往返王舍城的巴士在这里停靠出发，车程3小时，车资35卢比。从火车站搭脚踏三轮车到这个巴士站大约要15卢比。

◎电动三轮车

一出迦耶火车站，就会看到许多电动三轮车夫在拉客，从这里到菩提迦耶一般价格大约是100卢比，但司机都会从300卢比开始出价，因此一定要用力杀价。和其他的外国观光客合租一辆车会比较划算。公共的电动三轮车叫做卡其里（Kacheri Auto—Rickshaw Stand），从火车站走过来约要25分钟（搭脚踏三轮车过来大约要10卢比）。从这里搭公共电动三轮车到菩提迦耶要8卢比，每件背包行李要加4卢比。若是搭当地巴士约为5卢比。

住宿

迦耶火车站附近有很多住宿选择，但是大部分都很简陋。而且由于我们的目标是菩提迦耶，那儿并不缺食宿设施，因此并不建议住在这里。

❶印度教寺庙是印度人民的生活中心，除了祭祀与路边的市集外，一般也为游民提供免费的斋饭，所以这里也是贫民的聚集所。

❷离开了城镇，最常见的交通工具就是神圣的牛与人的双腿。

❸❹天然的河流与水池是印度人最大的浴室。

鹿野苑

Sarnath 圣地之四

—初转法轮—

"当我离家求道之时，那五位伙伴曾经陪伴过我，对我很照顾，不如我先对这五人说法吧！"

我以超越凡人之眼，得知有众正住在波罗奈城鹿野苑的仙人林中。由于我在乌留频螺村住够了，于是我开始往波罗奈城的方向前进。

——巴利文《中部经》第26经

© 前、本页：鹿野苑遗址的幽静风光，远方的巨大佛塔就是知名的达美克塔。

初转法轮

觉者可见明，亦可知无明。
愚者不见明，亦不知无明。

——五比丘之一 瓦帕长老偈

佛陀初转法轮像，下方的鹿群与法轮，象征此为鹿野苑的初次说法。

——犍陀罗·公元5世纪

巴利文佛教经籍中记载着：佛陀在乌留频螺村成等正觉后，似乎曾为了如何传法而感到为难，因为他深知自己所亲证的真理，不但过于繁复奥妙，而且也远远背离于世人普遍的渴望欲求，这样的"法"，有多少人能接受呢？

就在佛陀迟疑着是否为众生说法的时候，忽而体会到世人有如一池水塘中的莲花：一部分莲花隐没在水中才刚刚开始生长，一部分虽淹没在水中却已成长快到达水面，而更有极少数的莲花已盛开在水面之上，且不为池水所沾濡。同样的，有的人智慧鲁钝、污染甚深，有的人根器锐利、染污甚少，有的温驯、有的桀骜……若广为世人说演无上正法，则必定也有智慧之人得以信解啊！

于是，佛陀心生一念：我应该对谁宣说圣法？谁能够很快明了这教法呢？

世尊当时最先想到的，是曾经教导他禅定的二位老师—— 阿罗逻·伽罗摩和伏陀迦·罗摩子："这两位仙人长年过着苦修冥想、离欲禅思的生活，智慧颖悟，一定能了解我所体悟到的真理，就让我先和这两位长者分享吧！"可是打听后才知道，两位老师都已过世了。

于是佛陀又想到昔日同修苦行的五位伙伴："这五位伙伴自从随侍我以来，修行精进，天资聪颖，虽然后来背弃了我，终究是因为对我的爱护而生的误会，不如我先向他们分享这灭苦之道吧！"这么决定之后，佛陀很快地打听到这五位苦行者正在迦尸国波罗奈城（今瓦拉那西）附近的鹿野苑，并且仍然过着清修苦行的日子，于是世尊就启程往鹿野苑的方向漫游前进。

距离印度教圣城瓦拉那西仅10公里的鹿野苑，是世人心中绽放"法之光明"的神圣地方。在这里，世尊第一次明晰地阐释自己所觉悟到的真理，而初次听闻这至善之法的人，是从佛陀出家以来就陪伴着他、但后来却因误解而离开的五位伙伴。

这佛、法、僧初次齐聚的第一次说法，在佛教历史上被称为"初转法轮"（Dharmachakra Pravartana）！在那看似平凡的时代，他们成为佛陀第一批比丘弟子，也成为法的初始火炬，不久之后，他们即如燎原之火，烧遍了整个恒河平原，照亮了寂暗的天空，直到世间悠然的苏醒！

① 世尊以他正觉之后所散发的气质与神采，成功地说服了尚存疑惑的五位同伴，令他们放弃成见，接受并证那"灭苦"的智慧正法。

——施无畏印的佛像. 贵霜王朝.
公元2世纪

② 在观光收入的诱因下，当地政府已经开始重建鹿野苑。图为四面环湖的鹿岛，游客们可在此想象鹿群漫步的林野景象。

可惜的优波迦

就在出发后不久，世尊正沿着往迦耶的大道上前进时，遇见了一位名叫优波迦的"裸形外道"，这一派的修行者认为所有物质均是束缚障碍，必须舍离，因此不着衣物，终生裸体。他看到世尊气质非凡、神态平静，似乎已修行到颇为高深的层次，于是便好奇地问世尊："这位尊者，你的诸根清净、肤色皎净，不知您是追随什么人出家的？您的师尊是哪一位？您服膺的是谁的教旨？"

就像武侠小说里，江湖中人初次见面时，一定会先探知对方是何门何派、师承何人一样，对于提倡种姓、阶级、血统、出生的印度人而言，师承、派系以及是否修学古吠陀典籍，都是非常重要的！因此，外道优波迦才会劈头就直问这些问题。对于这样的"学历调查"，佛陀的回答是：

"万法已证知，我已无所惑，不受诸法染，万物皆舍离。贪欲不能坏，得一切智慧。世间叩有师，我须随学习？

"世间无有人，能为我导师，亦无有何人，能与我相比。一切诸天众，与我无能敌。

"我已证圣道，真实无欺诳，我仍天人师，举世无能胜。唯一正觉者，至高无上尊，贪火已止熄，涅槃已亲证。

"为转正法轮，前往波罗奈，迦尸之首都。世人眼如盲，因为彼等故，令击不正法者！"

—— 巴利文《中部经》第26经

在那个"学必称吠陀、行必称苦修或祭祀"的年代，世尊这一席"无有师者，涅槃亲证"的话说出来，就好像一个自称武功盖世的人一样，是绝对无法立刻获得武林人士的尊敬的。外道优波迦同样也不太相信眼前这个自大的沙门，于是，他便以轻蔑的神态，随便敷衍两句客气话，就摇着头从另一条道路离开了。

这段记载一般认为可信度很高，因为它亲切地传达了佛陀时代，宗教心灵修行者彼此相轻的事实。而从优波迦的反应，也间接证明了佛陀当初对于世人是否能接受佛法的疑虑并非空自想象。或许，就是因为深知当时的社会习性，佛陀才没有选择在乌留频螺村就地利之便向当地的苦行者传法，而是长途跋涉到300公里外的波罗奈鹿野苑，去找那五位熟识的老伙伴。

虽然佛陀第一次企图说法就出师不利，但更可惜的是，外道优波迦失去成为佛陀第一位入室弟子的机会。他万万没有想到，不久的将来，眼前这位圣者的教说不仅征服了自身的苦恼，也征服了全印度。

Chakra——轮，是交通工具也是武器。佛教中的法轮，是以"轮"来比喻佛法可以常转不歇，碾破无明的遮障。此为桑奇二号塔的栏楯雕饰。

愿那征服者，皆与我同行，去除诸败坏。
我今已降服，所有之恶习，优波迦当知，我即征服者。

—— 巴利文《中部经》第26经

幸运的五比丘

经过长远的旅程，世尊终于到达鹿野苑。据说当时这里因为有鹿群聚居，四处漫游，所以得名。而这附近的林野因为平静自然，吸引了许多修行者在此苦行禅定，因此又被称为"仙人住处"或"仙人林"。

❶耆那教天衣派圣者的雕像，此教派不许修行人穿衣及拥有私产，而且只能日食一餐。由于终生裸体，故汉译佛典称为"裸行外道"。

❷迦尸——位于恒河西岸，佛陀当初自菩提迦耶风尘仆仆一路走来，坐着渡筏越过宽广的恒河之水，才来到这异教杂处的宗教圣城。

千里迢迢来到这里的世尊，好不容易找到昔日的五位伙伴，然而这五位苦行者远远见到世尊走来，就想起之前悉达多放弃苦行的"堕落"行为，便彼此约定："不管他说什么、做什么，咱们一概相应不理，假装我们不认识这个耽于逸乐的懦夫！"

谁知这个"不招呼、不礼敬、不理会"的默契，在世尊散发着平和宁静的智慧光彩慢慢接近时，就自然而然地瓦解了。慑于世尊那寂静庄严的圣者风范，五位苦行者不自觉地一个个站起来迎接世尊的到来，有的为世尊接下衣钵手杖，有的为世尊铺设座位，有的取水来为世尊洗脸洗脚，热诚地对待这位远道而来的老友。

在简单问候并互诉别后生活后，世尊即告诉五位伙伴：自己已证得无上圣道，如果他们愿意，他将为他们诉说这无上真理，使他们也能亲证这解脱境界。当然，事情并不是那么顺利，这五位苦行者无法立刻就相信世尊的说法。

"乔达摩同修，你所行的道，那些方法、次第，那些严格的苦行，并没有使你超凡入圣，得到圆满卓绝的智慧与证悟。如今你已退失道心，耽于逸乐的生活，这样安于逸乐，怎么能超凡入圣而得到圆满卓绝的智慧与证悟呢？"这五位同修提出了埋藏在心中许久，而且在当时看来的确相当合理的疑惑与想法。

在那个婆罗门至上的年代，为了反抗自称崇高却奢靡放逸的婆罗门阶级，民间其他阶层自发性地发展出一些自力净化身心的修行法门，即用各种方法残害自身的"苦行"，这套法门是令人深信不疑的主流信仰！对于深信"只有通过严厉的苦行才能解脱升天"的五位修行者而言，虽然接受世尊一同入座为友，但无论如何也无法相信，舍弃苦行的修行者能证得解脱涅槃。

于是佛陀便向他们解释："如来并非安于逸乐，也未退失道心，或耽于逸乐的生活……如果你们肯照我的教法去做，不久之后，在此生之中，你们就能自学、自证、拥有，并生活于由修习清静的行为所导致的至善之境……"

当然，五位旧友并没有那么快就接受世尊的解释，他们再三地提出类似的问题，而世尊也耐心地再三回答，就在彼此一来一往、一问一答之间，佛陀诚恳地反问他们：

"你们曾于过往见我具有如此的光耀吗？"

"未曾有啊！乔达摩同修！"五位伙伴同声回答。

就这样，佛陀诚挚的言语最后终于感动了那五人，于是他展开了对五位比丘的教导。

比丘们啊！我终于说服了那五位伙伴。

比丘们啊！我在那三个比丘出去托钵的时候，就教诫那留下的两个，而那三个比丘带回来乞得的食物，就成为我们六个人的粮食。当另外那两个比丘出去托钵的时候，我又教诫那三个比丘，而那两个比丘带回来乞得的食物，就成为我们六个人的粮食。

—— 巴利文《中部经》第26经

❶佛陀期许六十位弟子，为了世人的利益，从此地出发向外传法。而2500年后，难以计数的佛弟子们如鲑鱼回游般回来，看看他们精神的家乡。

点燃佛法的星火

佛陀第一次授徒传法所付出的热诚与用心，在平实而生活化的巴利文经典叙述中表露无遗，它同时也显示出，佛陀的初转法轮并非轻而易举、一蹴而成之事。在神圣的光环下，隐藏了多少论法解惑的辛劳与谆谆教诲的苦心，而至圣的世间真理，就在他们彼此的热切教学中，缓缓地流泻到人间。

❷鹿野苑遗迹区附近的佛陀为五比丘说法纪念雕像。

初听闻妙法，心中满欢喜；闻法即断取，听后减贪欲。
觉者无贪爱，排除诸邪见；在此人世间，正志不一般。
如风拂灰尘，比丘离邪念；正观生智慧，智慧得正见。
诸行皆无常，实观可觉晓；苦中生厌离，最上清净道。
诸行皆为苦，智慧可觉晓；苦中生厌离，最上清净道。
诸法皆无我，智慧可觉晓；苦中生厌离，最上清净道。

尊佛知佛法，憍陈如比丘；精勤灭生死，净行得圣道。

———— 五比丘之中 首先证得圣道的阿若憍陈如长老偈

❶大理石板所雕画的佛陀转法像。

那时，波罗奈鹿野苑仙人住处的五位比丘，可以说是世界上最幸运的修行者了！他们不但是第一批听闻这无上正法的人，同时也成为佛陀的第一批出家声闻弟子，而因着他们的信受亲证，使得共修佛法的僧伽学团，也在此时、此地殊胜地出现于世间！就在这一刻，佛法传承最重要的"三宝"——佛、法、僧，也就齐备于人间了。

差不多就在同时，鹿野苑附近的大城波罗奈中，有一位富豪之子，名叫耶舍（Yasa），他虽有幸生在富裕之家，却对奢华逸乐的日子感到厌倦与空虚。在一次偶然的机会中听到了佛陀的名字与教法，觉得十分受用信服，于是便和朋友们共55人约好，陆续来到鹿野苑请求于僧团中出家修行。

在耶舍的引介下，他的家人也信受了佛法，成为第一批在家学习的"优婆塞"（Upasaka，近事男）与"优婆夷"（Upasika，近事女），于是，世间第一批在家信众也在鹿野苑出现了。

要推动佛法的巨轮，仅靠佛陀一人的力量，实是独木难支。这五位比丘的慧眼信解，不仅使自己成为佛法灭苦甘露最早的受惠者，更是促使法轮初转至今不歇的重大助力。僧团，从这五位令人深深怀念的长老们开始萌芽，而后，在佛陀的引导教化下，佛法的巨轮碾碎了社会的不平等阶层，碾过广阔的恒河流域，到达世界上的各个角落，直抵人心深处最幽暗的地方。

❷鹿野苑的五比丘是世界上最幸运的人，他们伴随过平凡、精进的悉达多一同修行，也成为佛陀第一批的比丘众。从此以后佛法的传衍，因这微小的数点火星，迅速燃烧了整个印度。

站在幽静绝美的鹿野苑里，毫无疑问地，你将听见那法之巨轮碾过时空的声音，在残破纷乱的历史中，不断提醒世人：这里是法轮转动的起点，是佛法僧团出现的源头，更是值得世人永恒感念的——"法"的故乡！

鹿野苑巡礼

初转法轮之后的45年间，佛陀行脚游化穿越了北印度单调、广阔的恒河平原，教化了无数的人间众生，然而，他并没有忘记这初次说法之地。在弘法生涯中，佛陀仍不时会回到这个祥和宁静的密林绿园，度过湿热的雨季安居期，并留下许多至真至善的言语。

佛陀入灭后300年，印度孔雀王朝出了一位武功鼎盛、笃信佛教的阿育王（Ashoka），于是鹿野苑的地位被大大提升起来。为了纪念与标示佛陀初转圣法之地，阿育王在此竖立了一根非常著名的、有着四狮柱头的巨大石柱，并广建僧院佛塔以护持法脉的传承。

之后的萨卡王朝（Saka）与贵霜王朝（Kushana），对鹿野苑的环境亦多次建设，而继任的护佛王朝对鹿野苑的关注与维护也一直不曾间断。由于不同时期不停地扩建修筑，使得鹿野苑在佛教的布法舞台上一直扮演着重要的角色。

然而，随着时光的推衍，佛教开始因自身的分裂以及印度教与怛特罗密教的侵吞蚕食而日渐衰微，此时，伊斯兰教徒的大举入侵给了虚弱的佛教最后一击！

公元1194年，由库塔布丁·艾贝克（Qutabuddin Aibak）领兵的伊斯兰教大军，如蝗虫过境般扫过鹿野苑，其毁灭性的攻击刹那间就将这片佛教圣地变成了焦黑的废墟。对于鹿野苑惨烈的毁灭，考古学家做了这样的记载：

"鹿野苑的毁灭似乎是突然降临的，在该地的寺院里有做好却尚未吃的麦饼，仿佛是大火发生得十分突然而迅速，以致僧侣们竟不得不放弃其粮食。广场东边的寺廊里，乱七八糟地堆放着一些未曾煮过的食物，

❶1830年外国画家笔下的达美克塔。

鹿野伽蓝，区界八分，连垣周堵，层轩重阁，丽穷规矩。

——玄奘《大唐西域记》

曾经，佛陀从近300公里外的菩提迦耶独行至鹿野苑，将自己证得的世间正法首传授给五比丘；曾经，佛、法、僧三宝在这里初次齐聚一堂；曾经，60位早期僧侣从鹿野苑出发，将佛法传遍印度大陆；曾经，这里是僧侣聚集论法的教室、玄奘笔下的佛法修学中心……如今，这个法轮转动的故乡，挤满人来人往的观光客和偶尔出现的比丘身影。

❷鹿野苑所挖掘出的陶土印章。

① 1905年印度考古工作人员，在鹿野苑挖掘出著名的阿育王柱头与佛像。

② 鹿野苑的遗迹充满了空幻：伊斯兰教徒给了它致命的一击，而接下来的政府像蚂蚁一样，又将它啃食殆尽。原本层层的楼阁，密如蜂巢的僧院佛塔，没多久的时间就被当时的统治者拆得只剩下与绿地同高的基座。

地上满是日用的陶器以及被火熔成块状的铜器。这些东西的上面是一层烧焦了的梁椽，再上面一层就是残砖破瓦和泥土，堆起来大约有两米厚。

火势之炽烈，竟将墙上砖缝间用来糊住砖块的黏土也烧成了砖。一切都显示了这些屋宇被焚烧是出于凶恶的敌人之手，而不是一场普通的灾害意外。"

经过这样的洗劫，在印度传承了一千七百多年的佛法，彻底地被灭绝了。而鹿野苑，也像其他所有的佛陀圣地一样，渐渐被人遗忘殆尽，然后消失在历史的舞台上。

不过，光环消失了，破坏却未曾停止。鹿野苑更悲惨的命运，来自当地居民的"资源回收利用"。17、18世纪时，被伊斯兰教异族占领统治的印度，在当地行政长官一声令下之后，居民们就将鹿野苑残余倾毁的砖瓦石块一一拆除，拿来作为房屋和商场的建材。就这样，鹿野苑的残基渐渐从地面走入地下，成为今日令人难以想象的虚幻模样。

直到百年后，考古学家亚历山大·康宁汉，率领着一支英国考古队前来进行挖掘调查工作，这蒙尘沉睡多年的法轮初转之地才又重见天日，再度展露出历经烽火之后的凄美之身。

鹿野苑遗迹公园

鹿野苑出土的大片遗址，目前被一堵砖墙包围保护着，成为一个环境清幽的公园。门票相当便宜，但却内外有别——印度人每人5卢比，外国人每人100卢比。若带摄录像机还得再加收25卢比，此外，开放时间标示得也很印度：从日出到日落！

● 达美克塔（Dhamekh Stupa）

大垣中有精舍，高两百余尺，上以黄金隐起，作庵没罗果，石为基陛，砖作层龛，龛匝四周，节级百数，皆有隐起黄金佛像。

—— 玄奘《大唐西域记》

❶ 鹿野苑附近的草原、沼泽等自然景象，与公园内的遗迹有完全不同的风貌，或许这才是保存最原始的"鹿野苑—仙人住处"吧！

在红砖绵延、绿草如茵的遗迹公园中，最壮观又最震撼人心的建筑，就是这座矗立在蓝天之下的达美克塔了！

这座巨大如山的砖石大塔建于公元5世纪时的笈多王朝，根据挖掘发现，它被建造在另一座更早期的建筑遗迹之上。由于它现在的名字显示出一些和佛法（Dharma）的关联，因此有考古学家推测，这里最初应该是阿育王所造的纪念佛塔之一，在后世的不断扩建下，才呈现目前的壮观景象。

从塔身残存的雕刻看来，整座大塔外围曾经优美繁复地浮雕着许多花草、人物、飞鸟及几何图形，包括印度宗教皆普遍使用的卍字造型，充满了笈多王朝的华丽风格。

但根据惨烈的鹿野苑佛迹破坏记录，这些美丽的雕塑只苟延残喘到1794年。这一年，迦尸（今瓦拉那西）的行政首长巴布·贾迦特（Babu Jagat）为了光耀自己的政绩，下令建造"贾迦特甘"商场，

❷ 鹿野苑地图。

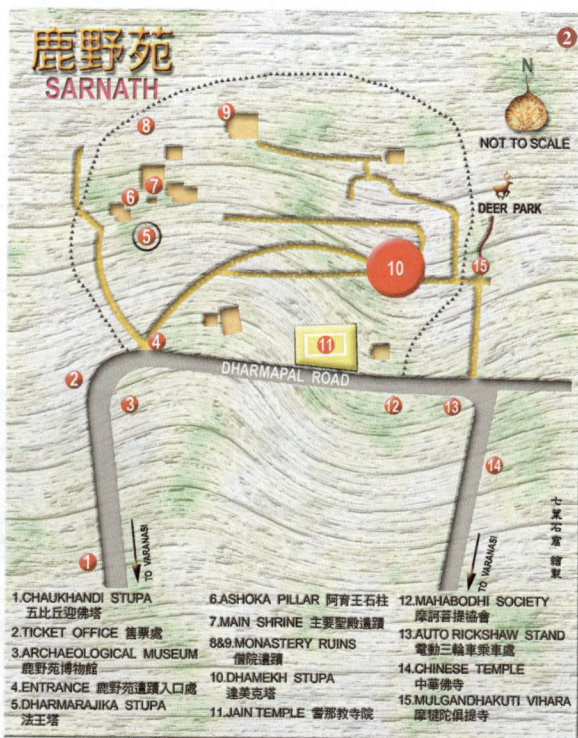

1.CHAUKHANDI STUPA 五比丘迎佛塔
2.TICKET OFFICE 售票处
3.ARCHAEOLOGICAL MUSEUM 鹿野苑博物馆
4.ENTRANCE 鹿野苑遗蹟入口处
5.DHARMARAJIKA STUPA 法王塔
6.ASHOKA PILLAR 阿育王石柱
7.MAIN SHRINE 主要聖殿遺蹟
8&9.MONASTERY RUINS 僧院遺蹟
10.DHAMEKH STUPA 達美克塔
11.JAIN TEMPLE 耆那教寺院
12.MAHABODHI SOCIETY 摩訶菩提協会
13.AUTO RICKSHAW STAND 電動三輪車乘車處
14.CHINESE TEMPLE 中華佛寺
15.MULGANDHAKUTI VIHARA 摩犍陀俱提寺

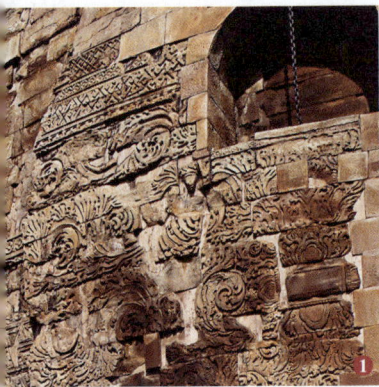

❶ 笈多王朝的辉煌写在达美克塔的塔身，精美的浮雕刻画出古王朝的光耀，从雕刻风格可看出印度与西方文化交流的影响。

❷ 整座达美克塔是一座实心的圆筒状建筑，高约33米，底部直径约有28米，而地基则深入地底有3至5米深。塔身分为上下两层，大塔上半部是圆筒状的红砖建筑，高高地向天空伸展。塔身下半部则完全由巨大的石块所包围，略呈八角状的圆形，八个面上都雕凿了内凹的佛龛，原本里头都安放着真人大小的佛像，但如今早已无影无踪了！

并且以"资源再利用"的精神，将这千年古迹上大部分的石块运走作为建材。所幸这些石材雕刻均是以坚硬的金属固定于大塔表面，不易拆卸，这就是为什么在伊斯兰教大军猛烈的炮火中，达美克塔仍能屹立不摇的原因。也正因为如此，大塔目前才能残留一小部分的浮雕装饰，见证着曾经包围全塔身、优雅精致的雕刻。

公元1835年，康宁汉到此进行考古工作时，曾打开达美克塔上半部的小室，不过却没有发现任何舍利遗物。公元1999年左右，印度政府终于发现了鹿野苑的重要性，进而展开修复、维护的工作。他们遵循古法，仿造旧有的雕刻风格，将剥落、腐锈的石墙表面作了较为完善的处理，希望能弥补昔日的错举，重新还给它尊贵的原貌。

● 法王塔（Dharmarajika Stupa）

精舍西南有石窣堵波，无忧王建也。基虽倾陷，尚余百尺。

——玄奘《大唐西域记》

阿育王统一印度后，为了推动人民广为信奉佛教，于是便将分散在全国各地的八份佛陀舍利收集起来，重新分配为数千份，并且在全国各重要佛史圣地及交通要道上建造数千座佛塔，把这些重新分配后的佛舍利安奉于其中，供来往人民纪念礼拜。而这座巨大的法王塔，即为现存极少数的阿育王佛塔之一。

在19世纪时，考古人员在达美克塔西方大约50米处，发现了一座砖造的圆形高台遗迹，根据附近的迹象显示，

这应该是一座覆钵式（将饭碗倒扣呈现之半球状）的古塔基座，从其底座直径长达约13.5米看来，这应是一座十分壮观的大塔，并且曾经历后代王朝多次的扩充修建，包括增加塔身的高度，修建环绕塔身的石栏楯、四座大塔门与供人绕塔经行的步道。

由它所受到的种种礼遇看来，这里必定是一处极为重要的塔寺，因此学者们认为这应该就是标示着世尊初转法轮之地的法王塔。然而，尽管它过去再如何的风光，现在也只剩下一座圆形平台供人凭吊了。在一份可信的数据中，记录着它的消失：1754年时，一位贝拿勒斯（Baranas，今瓦拉那西）的国王下令拆除法王塔遗迹，因为他需要它的砖石作为建材。有人认为这些砖石的命运和达美克塔一样都成了商场的建筑材料，只是它比达美克塔更为悲惨——它被移除得非常彻底，地面以上完全不见了，只留下空荡荡的基座垂死于原地。

值得安慰的是，因着这个悲剧，却带出另一个惊喜。在拆移过程中，工人们意外地于塔心深处挖出了一只石匣子，石匣旁躺着大量的浮雕石板，而石匣子内则发现了一只绿色的大理石舍利罐，里面装有舍利遗骨、珍珠、宝石及金银耳环等。更深入挖掘之后，人们又发现了两座巨大的雕像，其中一尊是红砂岩菩萨像，应属贵霜王朝时期的作品；另一尊为笈多王朝时期的佛陀初转法轮像，神情平和宁静，造型流畅优雅，是目前鹿野苑博物馆中最著名的

❶ 法王塔周边的遗迹显示，这里曾有许多大小不一的小塔群，围绕着它而共生，也随它一同幻灭！

❷ 考古学家相信，法王塔原本应该如同另一座著名遗迹"桑奇大塔"（Sanchi）一样，有四座一体成型的阶梯，分别绕着塔身盘旋而建，使信众能由此登上塔顶瞻仰，并且在东西南北四方各有一座壮观富丽的塔门，傲视着前来朝礼的人们。

❸ 阿育王虽建塔无数，但留存在世上的少之又少，而法王塔即为其中极为少有的大型佛塔遗址。

雕像。

　　巨大的破坏与随之而来的重大发现,虽然使大家开始注意到鹿野苑在历史上可能的重要地位,但这座遗址却继续被忽视着。当时这里的行政首长乔纳森·邓肯(Jonathan Duncan)并未从出土的艺品中认识到这是一个重要的史迹而加以保护,反而允许更进一步的彻底破坏。等到亚历山大·康宁汉的考古队出现时,一切都太迟了!

　　当时康宁汉依据文献报告发现,当初出土的文物中,只有石匣内的舍利宝物交给了乔纳森·邓肯,其他一切物品包括佛像、石匣和石匣旁的雕刻石板等重要史料文物都离奇失踪,不知去向。

　　为了找出这些失踪文物,康宁汉费尽心力,最后在考古团队锲而不舍的追查下,终于找到了一位当年曾参与拆除工作的老工人,但他只记得"石匣子被放回了原来的位置"!就凭着这一句话的线索,康宁汉与考古团队终于在法王塔遗迹的残砖瓦砾中,发现了混杂其中、已破碎毁损的石匣和佛像。

　　目前这个石匣被收存于加尔各答博物馆内,而明确点出法王塔重大意义的佛陀初转法轮像,则被收藏于鹿野苑博物馆之中。至于徒留一座圆形砖基与残破碑文的法王塔,就只能孤单地躺在绿茵废墟间,供人们追忆这座法轮圣塔曾经遭遇过的重度伤害,与考古学者们从不放弃的努力了!

❶印度境内的阿育王石柱,大都断裂成碎片,一般均认为是"恶龙霹雳"——雷击所致!但其实更大的可能是受到异族或异教徒大力破坏所造成。因为,推倒一个在平原上昂然挺立的石柱图腾,毕竟是所有入侵者最大的胜利与快感!

❷鹿野苑的阿育王石柱,如同桑奇大塔的石雕一样——狮群扛起一个巨大的法轮,象征崇伟的法音向四方传播。可惜的是,真品的法轮已断裂成碎片。

● 阿育王石柱

前建石柱,高七十余尺,石含玉润,鉴照映彻……

——玄奘《大唐西域记》

公元1905年，考古人员在法王塔北方不远处的僧院遗迹中，挖掘出数块巨大的石柱破片，石柱靠近地面处已完全断裂毁损了，据判断可能是遭遇雷击所致。目前断裂的石柱群已由铁栏杆包围起来，保存在一个小亭子内供人们凭吊。

一般认为，这是阿育王为了纪念佛陀在此初转法轮，以及僧团的成立所竖立之标志石柱，但也有另一种说法是，僧团成型后，佛陀派遣五比丘及耶舍等共60位僧伽，分别到印度各地去开演圣法："比丘们啊！我已脱离一切人天桎梏，你们亦复如是。为了世人的利益，出于对世人的慈悲，你们现在去漫游吧！宣扬这从头至尾都是光荣的法义，宣扬这圆满无缺、清净圣洁的生活。"而阿育王石柱矗立之处，即是他们出发之点。

石柱柱身上有一篇以波罗米文铭刻的阿育王敕文，内容大致为："居住鹿野苑的修行僧，比丘与比丘尼们，勤于修行守戒。如有人破坏戒律，必将驱离鹿野苑精舍……"这种措辞严厉、指示比丘和比丘尼们应避免僧团内部分裂的敕文铭刻，不只出现于鹿野苑一地，在其他佛教史迹如桑奇、憍赏弥等地，也都有类似的碑文出土。

在南传"分别说部"的经典中曾提及：由于阿育王对佛教僧侣的供养丰富无缺，引起六万余外道"贼住"于佛教僧团中，也就是非正信佛弟子假装成比丘混在僧侣中以求取供养，导致住在"阿输迦园"（Ashokarama）的僧团七年无法"布萨"。这是因为比丘与贼住者的修行理念以及对佛法的认识不同，所以当共住发生争执时，大家各执己见无法调解。最后不得已，由阿育王主持召开第三次佛法结集会议，将贼住外道摈出僧团。

由于第三次结集的史实，只记录在南传"分别说部"的经文中，并未见于其他部派的原始典籍，故而有些学者持否定的看法。不过，鹿野苑阿育王石柱上的千年碑文，早已直接为这段记载提出了具体的佐证，明确地显示佛

阿育王四狮柱头，此雕刻为加尔各答博物馆原比例复制品。狮群立足在一块圆形基座上，座下是一朵阿育王注册商标的"倒覆莲花"雕刻，基座四周分别刻有狮子、公牛、马与象，都做奔跑状，每只动物之间则刻了法轮作为分界，寓意相当明显，强调"法"的推动在此起跑而行进不歇。这完美且经典的设计，使它成为最能代表孔雀王朝阿育王盛世的顶级艺术品。

鹿野苑的雕像

鹿野苑之所以会挖掘出那么多精美的雕像，乃是因为它在笈多王朝时期是一个著名的佛教雕刻中心。

或许是因为鹿野苑正好地处古城瓦拉那西附近，而瓦拉那西自古就以出产精美顶级的丝织品而闻名，所以在佛像雕刻上，当地人很自然地采用了最上等的丝织"纱丽"才有的特质——细腻柔滑、轻薄贴身，来为尊贵的佛陀打造身披的袈裟，因而造就出鹿野苑学派独特的雕塑风格：不特意刻画衣服的皱折纹理，使得佛像所着的袈裟仿若一匹薄纱，密实地贴紧身体。如此一来，雕像的体态曲线与人体肌理就会被细腻地表现出来。

除此之外，这里出土的佛像，面部表情所散放出超俗的轻安宁静，引领人们对解脱境界充满向往，也是其能成为一大宗派的主要因素之一。

鹿野苑出土的公元5世纪立佛像，体态的比例与佛像的神情表现出优美与和谐。

陀过世不过两三百年的时间，原本"和合无诤"的僧团就已渐趋分裂的事实！

就像所有的阿育王石柱一样，这根石柱顶上原本也有一座柱头，以一块单一巨石雕塑出四只背对背的威武狮子，分别向着四方怒吼。狮子的背上扛着一座巨大的法轮，象征佛法从鹿野苑开始，向世界各地转动正法巨轮，传送灭苦法音。相对于一般的阿育王石柱均仅以单一动物作为柱头，鹿野苑这座四狮柱头显得特别突出，充分展现了鹿野苑在阿育王和佛弟子们心中无可比拟的地位。

目前这座四狮柱头被收藏在鹿野苑博物馆中，由于在石柱断裂时，柱头也跟着从十多米的高处摔落到树丛间，因此四只咆哮的狮头分别受到轻重不等的损伤，而柱头顶端的巨大法轮更是四散分裂，只能找到一小部分碎片，勉强拼凑出一个大概原貌。如今，四狮形象已成为现代印度政府的国徽印记，在纸钞与海关官防上都能看到它的身影。

在石柱附近的废墟中，还留有一小段阿育王石栏楯，这些栏楯与后世所建栏楯之间最大的不同，就是它表面朴素光滑、全无雕刻，和石柱的风格相同。由于阿育王石柱矗立于此，因此这里的遗迹被认为是当初阿育王在鹿野苑所建的最早一座寺院，而被列为目前首要的维修计划之一。

看着面对四方的四狮柱头，与达美克塔特意朝向八面的八角造型，突然令人意识到，这一切不仅只是象征"佛法在此向四面八方传播"之意，其中更隐含了"四圣谛"与"八正道"的如实真义。这深刻的隐喻，时时提醒着潮来潮往的朝圣者，不要忘失了在生活中看清身心的真相，实践苦灭的正道，才是佛陀教法真正可贵之处。

●僧院遗迹

群鸟啁啾、绿茵树影的广阔园区中，密布着大片的红砖建筑遗迹。在整个鹿野苑遗址中，考古人员挖掘出好几座大小不等的僧院，每座僧院的砖块都被拆除，并作为建材被运走。

从挖掘残址的工作中，他们又发现，这
些僧院至少都有四五层建筑残迹，由佛塔、
圣殿、僧房等层层堆栈起来，后来的盖在原
来的建筑上，大约有三十座建筑物在这里生
生灭灭。而每一座出土的遗迹，几乎都可以
看到焦黑的砖墙及被大火焚烧的痕迹，显示
这儿烧杀掠夺的惨剧发生过不止一次。

在这群僧院遗迹中，有一座特别宏大的
建筑，共包含104个小僧房和一间巨大的佛
殿，而在一个隐蔽而独立的区域中，康宁汉
发现了大批的雕像。根据推测，这应该是敌
人大举入侵前，被迫逃离寺院的比丘们在离
开前特意隐藏保护的文物。

从宏伟的遗址范围看来，两千年前这里必定是一个僧
侣穿梭、信众如织的佛法修学重地。只是繁华终有凋落的
一天，如今只见到砖石残基上跳跃觅食的鸟儿和寻幽访胜
的东西方游客，偶有几位比丘在绿草残砖间诵经静坐，立
刻就成为镁光灯的焦点。再壮观的殿堂，终成废墟，再耀
目的光华，终归平凡。追念过往的风采，也留一点时间，
在这祥和的林园中，享受片刻当下的宁静……

五比丘迎佛塔（Chaukhandi Mound）

距离鹿野苑遗迹公园西南方约一公里处，有一座八角
形的塔楼矗立在一个小土丘上，这就是传说中五比丘迎接
佛陀的地方。

根据玄奘的描述，这小土丘原是一座高约一百多米的
覆钵塔，用来纪念当初五比丘成为佛教第一批僧伽的故
事。在这座小土丘里，包含笈多王朝时期所建之塔，而塔
的内部又发现有更高大的建筑，并挖掘出五比丘迎佛图等
文物。不过，挖掘工作并没有完成，尚未出土的文物还很
多，因此只能推测这座小土丘也如同其他的遗迹一样，是

❶❷ 鹿野苑与菩提迦耶并立东西两
大佛教圣地，僧院的占地面积相当
广阔，也许是由于靠近繁华迦尸
城的缘故，历任王朝多在此大力建
设。即使数百年前曾历经大火猛烈
的烧灼，它依然存留着焚烧不尽
的华丽！在残立的石柱与僧房遗址
中，依然可看到精致的雕刻！

❸ 遗迹里，草地上随处可见的僧苑
厅堂残柱。

由许多不同时期的建筑相继堆栈而成。

公元1588年，贝拿勒斯总督托多摩（Todal Mal）的儿子哥瓦丹（Govardhan），为了庆祝蒙兀儿大帝阿克巴莅临本城，特别在土丘上加盖了一座蒙古式的八角形塔楼，这就是目前伫立在丘顶上的八角塔。虽然整体看起来有些不太搭调，不过这毕竟是伊斯兰教王朝延续印度的传统作法——在旧有建筑上再加盖新的建物罢了！就某个层面而言，它多少展现了印度受到多种文化入侵后，所发展出的多样化面貌，也算是一个奇景吧！

摩犍陀俱提僧院（Mulgandhakuti Vihara）

大约在两千多年前，鹿野苑地区本来有一座摩犍陀俱提僧院，就位于达美克塔附近。当时的人相信，那就是佛陀和五比丘第一次雨季结夏安居的地点，因此建立了一座僧院来纪念并标志其意义。据说，佛陀每次游行至鹿野苑时，也都是净住于此。

但是，随着时间流逝与外力入侵，这个意义不凡的地方也躲不过成为废墟的命运。在近代的挖掘工作中，这里只发现了一尊公元1世纪的菩萨雕像与一块刻着大殿名字的匾额，其余一无所获。

公元1931年的冬天，鹿野苑举办了一场盛大的庆祝典礼，几乎所有的佛教国家均参

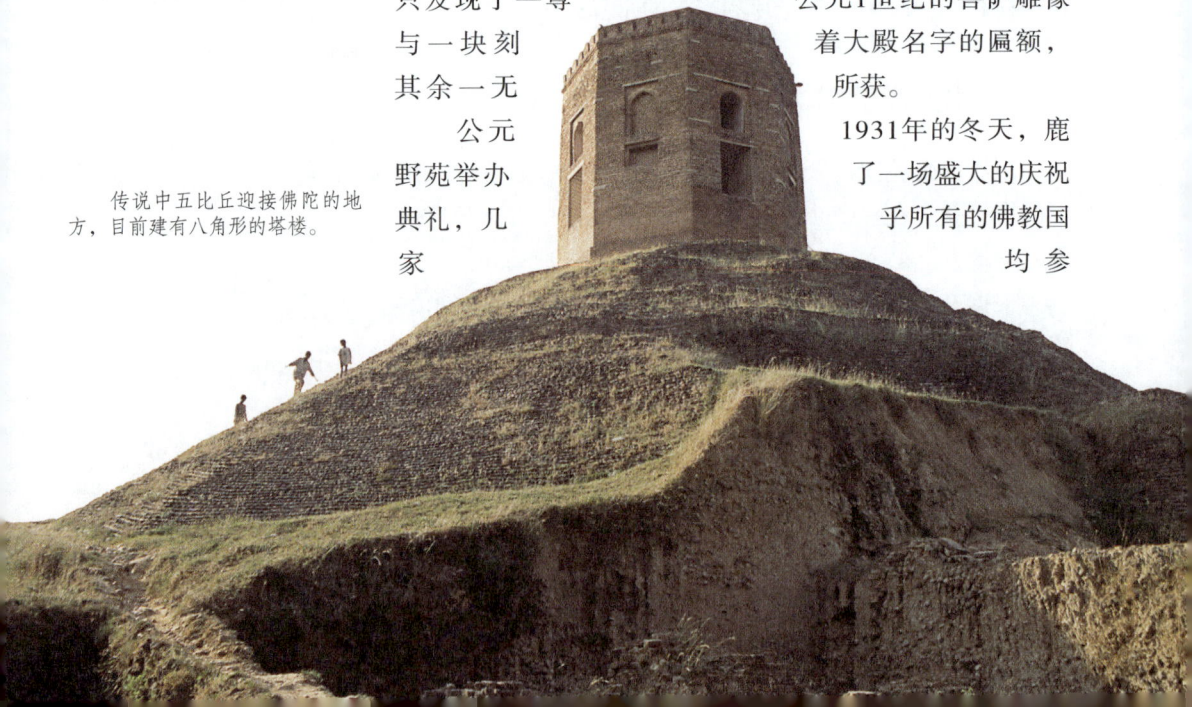

传说中五比丘迎接佛陀的地方，目前建有八角形的塔楼。

与了这场盛会。这场典礼主要是为了庆祝摩诃菩提协会在这里奉献了一座全新的壮丽寺院，并将

它命名为"摩犍陀俱提僧院"，以纪念曾经矗立在此、庇护佛陀度过雨季安居的古老精舍，同时也象征在印度衰微已久的佛教，将在此法轮初转之地重新萌芽，意义十分重大！

这座寺庙是模仿菩提迦耶的摩诃菩提大塔而建，所以在外形上有颇多相似之处。整体结构以石材为主，朴质而典雅，是印度本土少数用心建造的佛教新兴建筑。

寺内供奉的佛像优雅精致，乃是仿鹿野苑博物馆中著名的佛转法轮像而造。跏趺而坐的佛陀，以右手食指和拇指相触成圈、左手食指轻触右手指圈的转法轮印，来表示宣说法义，法轮常转。佛像下方有一个小密室，其中供奉着分别从西北方塔克西拉（Taxila）和南印度龙树丘（Nagarjunakonda）挖掘出土的佛陀舍利，是全寺的精神焦点。

寺中有一座巨大而壮丽堂皇的钟，是日本的摩诃菩提协会捐赠，而寺院大殿内部墙面上，满满地绘着精细优美的湿壁画，描述佛陀一生的重大事件。这是由日本的艺术家Kosetsu Nosi在公元1932到1936年间，花费四年时间完成的杰作。

寺院外的庭园中，一座篱笆围绕着一棵枝繁叶密的菩提树。这棵平凡却茂盛的大树，是摩诃菩提协会的创办人达摩波罗特别从斯里兰卡的菩提圣树上，切枝后带到此地来栽植的，其"法脉相传"、意欲将佛法在印度重新点燃的用心不言而喻。

❶ 摩犍陀俱提寺内仿石窟洞穴的石柱与描绘着佛陀一生的壁画，陪伴着正殿中间仿古的初转法轮镀金雕像。而摩诃菩提协会所出版的巴利文圣典与多种印度文翻译书籍，也可在寺内阅览选购。

❷ 外围其他佛教国家风格各异的寺院。

❸ 摩犍陀俱提寺是以佛陀净住的"香室"为名，这是摩诃菩提协会献给佛陀的新居，其中包含着佛法在印度重生的心愿。

1932年，达摩波罗主持了这座僧院的落成典礼，翌年一月出家成为比丘，三个月后即于鹿野苑逝世。如今，每年寺院的落成纪日，都会吸引大批来自世界各地的僧侣和信众前来参加庆典，并追忆创设摩诃菩提协会、致力佛教复苏的达摩波罗长老。

寺院在AM11:00～PM1:30间会关闭休息，参访行程应避开这段时间，以免向隅。

外围景点

摩犍陀俱提僧院所在的广阔庭园附近，建有一座人工湖，湖边的草坪上放养了为数众多的鹿群，希望多少能唤回一些古时群鹿聚居的记忆。鹿园旁有一座小型鸟园，整体环境清幽祥和，适合走累了的旅人小憩一番。鹿园开放时间从日出到日落，入园费2卢比。

在摩犍陀俱提僧院和鹿野苑遗迹公园间，有一座醒目的耆那寺，据说是为了纪念耆那教第十三位圣者Sreyamsanatha在此出生而建造。艳黄色的塔身高高伸展在蓝天雪云之间，夺得不少旅人们的目光。

此外，与菩提迦耶并列为印度两大佛教中心的鹿野苑，也吸引了许多佛教国家来此建立风格各异的寺院、精舍和学苑等，包括中华佛寺、高等西藏研修中心及缅甸寺等，若有时间不妨顺道一访。

节庆

每年的佛诞日（四五月间的满月夜晚），这里会举办盛大的庆典，许多来自世界各地的朝圣者会到此参加祈福、游行及禅修等活动。

此外，每年十一月的第一次满月之夜，世界各地的佛教学者与僧侣们会齐聚一堂，庆祝摩犍陀俱提僧院的兴建周年纪念。

旅人info

交通

鹿野苑位于瓦拉那西北方约11公里处，交通相当方便。

◎ 公交车

瓦拉那西火车站门口，有班次频繁的巴士往返鹿野苑。乘车处在车站出来左手边，由于是起站，所以大多会有位子。上车前要先向司机确定这是否为前往鹿野苑的车，并请司机或收票员在到站时提醒你。车资每人10卢比，车程约50分钟。

◎ 电动三轮车

在瓦拉那西火车站及巴士站前，会看到电动三轮车和出租车的预付亭，电动三轮车到鹿野苑来回约100卢比，出租车要300卢比，车程约20至30分钟。你当然也可在路边招非预付的三轮车，但得花许多时间去杀价——连人力三轮车都从400卢比开始出价，要杀到100卢比以下是非常困难的。基本上，公交车虽然车程较久，但却是最方便省钱的交通工具。

食宿

由于交通方便，因此建议下榻在异国气氛浓厚的瓦拉那西，从那儿到鹿野苑做一日游。至于吃饭问题，由于鹿野苑腹地不大，餐厅选择并不多。

蓝哥里花园餐厅（Rangoli Garden Restaurant）

价位：a. 素食餐点大约50~80卢比间

b. 一般餐则为60~140卢比间

位于UP省观光民宿左方约1公里处，附有户外花园座位，供应素食和非素食，由于食物都是客人点餐以后才准备，因此会等很久。

绿色小屋（Green Hue）

价位：一道菜约20~70卢比间

时间：AM07:00~PM21:00

提供素食和非素食餐点。

Where do you come from?

通常印度人在第一次见面之时，就会殷切地互相问候相同的话，尤其是当外国旅人出现在印度人群中，他们更会热情地围着询问你："What's your name?""Where do you come from?"

这看似热情与平常的问候语，其实另有深意在其中，因为所谓的家世、职业、身份、种姓阶层等资料，均包含在姓名与回答当中。这种有意无意的问话习惯，已深深烙印在印度人的生活中，所以当您旅游印度时，不论大人、小孩、男人、女人、七嘴八舌地围着询问你，甚至不管你是否正忙着别的事，劈头就问："What's your name?""Where do you come from?"待你回答后，人即满意地转身离去，可别以为自己受到偶像式的崇拜，因为这就是——印度！

❶ 在印度不论男女老幼皆非常喜欢拍照，镜头前的人总是热情欢喜。

❷ 瓦拉那西与鹿野苑间的公交车，方便又便宜，也不必怕会迷路，想体会"种姓共处、同居一室"的印度风味，千万不可错过喔！

王舍城

Rajgir 圣地之五

—弘法之域—

无上之导师，住那迦山侧，
千比丘眷属，奉事于如来。
大师广说法，清凉涅槃道，
专听清白法，正觉之所说。

——《大正藏·杂阿含经》第1219经

（佛住王舍城那迦山侧、婆耆舍所说之谒）

前页：竹林精舍——佛教史上第一座林园精舍在此诞生。
本页：灵鹫山说法台。

弘法之域

羯尼迦树，遍诸蹊径，

花含殊馥，色烂黄金，

暮春之月，林皆金色。

——玄奘《大唐西域记》

❶远眺七叶窟。

上茅宫城（Kusagrapura）是摩揭陀国早期的国都，因为盛产祭祀时垫座用的上好香茅而得名。上茅宫城的四周有多座高山作为屏障，因此又称作"山城"，而其中的灵鹫山即为佛陀经常净住说法的重要讲堂。

由于位居盆地，而且香茅易燃，所以上茅宫城内常有火灾发生，往往一家不慎，四邻遭殃，于是频婆娑罗王便制定了严厉的法规，处罚纵火之人：只要有人引发火灾，将被强制搬迁到郊外寒林（抛弃死尸之地）居住。

然而讽刺的是，法令颁布后不久，王宫内就不幸发生大火，于是贤明的频婆娑罗王便以身作则，自行迁都到郊外寒林，并修筑城邑。由于这里是国王最早居住之地，于是人们就称此寒林之地为"王舍城"，古名Rajagrha，原意为"王之居所"，一直到现在，我们仍然可以在城郊看见当时的城墙遗迹。由于这两座城相距不远，并且均为摩揭陀国首都，因此便以王舍城共称。

虽然今天的王舍城已将辉煌留给过去，只能以贫穷、脏乱、治安不好来形容现况，但在佛陀时代，它却是恒河十六国之中，最具有文化气息、最强盛的大国，而这一切都是贤明的频婆娑罗王治理有方的结果。

频婆娑罗王的年龄，据考证应与世尊的年龄相近，年纪轻轻即登基的他有着远大的政治理念，在与憍萨罗

王舍城，距离西南方的菩提迦耶约90公里，西北方的巴特那约100公里，是佛陀时代恒河以南强盛的摩揭陀国（Magadha）首都。

佛陀一生中在此讲经说法有十数个雨季，佛教僧伽们的第一座精舍即位于此城内，早期重要的入室弟子，如舍利弗、目犍连、大迦叶等，均于王舍城内皈依。此外，佛陀入灭后的第一次经典结集，亦在城郊的山中。佛陀的足迹踏遍了王舍城，它的地位有如佛陀正觉前修习智慧、正觉后弘法解惑之校园。

虽然阿阇世王在佛灭后不久，曾于恒河流域建立摩揭陀帝国霸权，不过，如今王舍城的面积已较过去大为缩小，并且落没成一个不太重要的观光中心，只有冬天时会有旅客前来泡温泉，享受附近少有的丘陵型气候。

❷悉达多成道后，回到王舍城为频婆娑罗王说法。

❶佛陀时代的修行人，大多住在苦修的茅草屋中。

❷通过山谷间的小路，即将进入王舍城境内。右边山坡上的石砌长城，是频婆娑罗王所建的厚实城墙与瞭望台，这些沉默的憨石，两千多年来依然忠实的捍卫着这已经凋零的国都。

国王室通婚的基础上，则展现了向外扩张的强烈企图心。同时，频婆娑罗王更是印度诸国中最早强调效率管理的人，他亲自选择大臣，也因为从不忽视部属的忠告而受人称颂。由于礼遇贤人，大力护持供养修行者，因此有许多著名的论师和沙门团体，均喜欢在摩揭陀国的国境之内游化讲学、修行安居，让王舍城成为北印度的宗教重镇。

对于偏远山区的抑郁贵族——悉达多而言，王舍城犹如20世纪的美国纽约：它是奇人异师、人文荟萃的文化之都，犹如强力的磁铁，吸引着无数困惑的心灵前来寻找慰藉与答案。这也就是为什么离家修行的悉达多，会远从五六百公里外的迦毗罗卫城，一路游行往王舍城方向前进的主要原因！

来到王舍城寻求真理的悉达多，虽然未能获致解脱之道，但是却与频婆娑罗王成为莫逆之交。在往后游化说法的生命中，佛陀对频婆娑罗王倾授清净圣法，而国王亦大力护持僧团之四事所需，因此，许多对佛陀影响甚巨的重大事件都发生在此地，在时间的主轴上贯串了佛陀的一生。

一般说来，在王舍城中值得记载的佛陀事迹有：

师事二沙门

根据经文记载，离家求道的悉达多在正觉前，曾经师事两位有学有术、聪明有智的禅定大师，即居住于王舍城附近的阿罗逻·迦罗摩和伏陀迦·罗摩子，这两位老师的

教学均是以"修习禅定以入解脱境界"为目的。

　　修学一段时间后，聪慧的悉达多已能亲身进入深的禅定，并品尝其中的喜悦轻安，但是心中的迷惑却依然存在。悉达多因而感觉到，光靠禅定并无法灭除苦恼，反而会有逃避人生的倾向。于是他毅然地离开二位禅师的座下，前往乌留频螺村外的苦行林圣地，追寻下一阶段的心灵成长。

　　比丘们啊！我忽然心生一念如下：这教法只能达到非想非非想处，却不能导致厌离、无欲、止息、寂静、智力、无上慧以及涅槃。于是，比丘们啊！我就不再崇信那教法，不愿奉行此法，于是我离开那里，继续我的旅程。
　　　　　　　　　　　——巴利文《中部经》第26经

　　悉达多虽然没有在此获得解脱之道，但是却学习到专注凝神的禅定，并体验到修行的团体生活，这些体验对于其日后思想之突破与僧团之组成，有相当程度的帮助。

　　挥鞭驭良马，精进勤修行，有信念、戒行、勤勉，具禅观及真理的智慧，知行兼备，忆念不忘，能熄灭诸多苦恼。
　　　　　　　　　　　——巴利文《法句经》第144经

频婆娑罗王的大力护佛

　　频婆娑罗王与世尊的相识甚早，在悉达多初入王舍城时，他那庄严宁静的神色与动静行止间的威仪，就已慑服了王舍城的居民与国王，而当频婆娑罗王知道他是位具有皇室血统的刹帝利后，据说曾以一半的国土相许，希望和他共同治理国家。

　　然而这个颇有政治结盟意味的提议（摩揭陀国与释迦族正好可上下夹击憍萨罗国），却遭到一心求道的悉达多的婉拒。不过，两人也因此订下承诺：他日若悉达多成就

悉达多庄严宁静的神色，与动静行止间的威仪，慑服了王舍城的居民与国王。
——佛陀像·犍陀罗·黑岩·公元2世纪

圣道，一定要回到王舍城为频婆娑罗王说法。因此，当世尊于正觉后率领千余僧人（大多数为刚皈依的事火外道）重回王舍城时，即受到了极为盛大的欢迎。

尔时频婆娑罗王法眼清净，得正知见，住法坚固，离诸所欲，离诸苦恼……我今虔心请佛世尊还王舍城，唯愿世尊哀受我请，当尽此身承事供养，及至衣服、饮食、卧具、医药、受用等物，悉皆具足，诸比丘众，皆亦如是。

——大正藏《佛说频婆娑罗王经》

由于频婆娑罗王的护持，佛教的发展与声势明显地超越当时的外道团体，俨然成为一股新兴的净化社会力量，这清流般的佛法迅速地滋润了摩揭陀国人民，但也因此广受到婆罗门与外道的嫉妒与诬陷。

虽然频婆罗王如此大力护佛，但在经典中却没有留下他热心问法求教的记录，而且王舍城内除了部分佛教遗址外，亦有众多外道团体的纪念遗迹，其中尤以耆那教为最

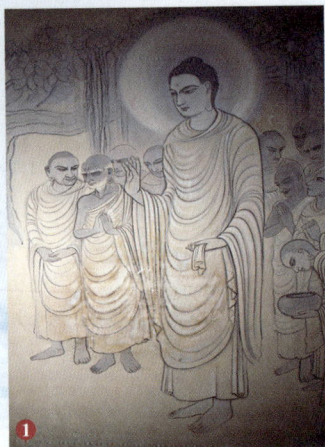

❶佛陀的魅力在当时席卷恒河流域，皈依的人不计其数。

❷王舍城有天然的山丘屏障，左方山凹处为入城隘口，佛陀成道后率领千余僧众，就是经此隘口回到王舍城。

盛，因此耆那教的典籍中亦说频婆娑罗王信奉耆那教。

就这方面看来，频婆娑罗王在当时应该是广护各种宗教，而非单一护持佛法。毕竟，对一位具有政治远见的贤王而言，广纳能人、武功强盛、贤才汇聚、文化鼎盛是成为强盛大国的必要精神条件啊！

舍利弗与目犍连的皈依

诸法从因生，诸法从因灭，如是灭与生，沙门如是说。

——阿说示尊者所说之偈

频婆娑罗王在物质上的护持，是佛教僧团得以迅速发展的原因，而舍利弗（Sariputta）与目犍连（Moggallana）两大弟子在王舍城的皈依，则是真正使佛法广布传续的强大助力。

住在王舍城附近村落的舍利弗与目犍连，年轻时是共同求道的好友，为了寻找无上的解脱之法，他们游遍整个印度，最后却失望地回到家乡。因此，他们两人许下承诺，若有人先寻得无上正法，一定要尽快通知对方，同证菩提！

一天，舍利弗在路上遇到了前来王舍城托钵乞食的阿说示尊者（Assaji，五比丘之一），由于被其庄严与安详的威仪所震慑，于是舍利弗恳请阿说示开示教说，当时阿说示尊者便谦虚地说了上面这段言简意赅的偈子。

舍利弗听闻此偈后，当下远离尘垢，得法眼净。他知道他已找到真正的道路，于是立刻雀跃地前去告诉挚友目犍连，不久后两人即相约前往竹林精舍，皈依在佛陀座下。从此以后，他们成为佛陀最得力的两大弟子，为佛法的传续与僧团的发展贡献了不可抹灭的极大助力。

这首偈子，后来成为广为

圣地小百科

僧伽的由来

古印度语的僧伽（Sangha），有集团、群众之意，在佛教兴起前已在印度使用。比如说，社会上依不同职业而组成的团体，在当时即称为Sangha。而在政治上，佛陀时代已有共和制国家，以会议政治体制治国，也就是推选民意代表，组成议会共商公众之事，这样的组织亦叫做Sangha。

因此，世尊对于教团的组织概念，必然受到Sangha制度的影响，进而参考其模式来制订出家僧团的和合轨范，而这个印度社会通用的名词，也就渐渐为其他宗教团体所使用。时至今日，"僧伽"已演变为专属于佛教的名词了。

目犍连（左）与舍利弗（右）尊者的真身舍利。

雨季安居竹林精舍

在原始印度语中，"出家"这句话的意思就是"离开家"、"不睡在屋檐下之地"，也就是"睡在大自然中"、"不黏着于任一处"的意思。所以当佛陀离开迦毗罗卫城的那一刻开始，他就与林栖梵行的婆罗门一样，开始过着漫游世间、不住屋舍的终年苦修生活。

对上古印度而言，出家苦修最受人民所称颂与尊崇，然而正觉后重返王舍城的佛陀，却接受了"一座建有房舍的林园"供修行的比丘们居住。这对于当时崇尚露地居于林中、洞穴或冢间的传统修行者与人民而言，可说是给他们带来了极大的震撼！

其实从原始阿含经典看来，佛陀并没有定居在竹林精舍，因为他到王舍城时，有时栖身灵鹫山顶，有时居于寒林丘冢，有时净住七叶树林，可见竹林精舍在当时也只是被僧团当做雨季期间短暂的栖身之所。

❶ 天然的石窟，经常成为修行人的房舍。

❷ 据考证可能为象征竹林精舍的雕刻；左右两边为竹林，中间台座代表着佛陀接受善男信女的礼敬。

——桑奇大塔·北门·公元1世纪

流传的佛偈之一。千百年来，它一直诉说着"法"的真实语，也告诉着人们舍利弗尊者初闻佛法的故事。

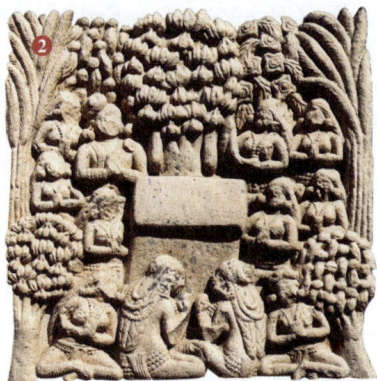

竹林精舍的出现

竹林精舍对佛教的发展而言，是一个重大的转折点，因为它是佛教史上第一座供僧团安居净住的僧院林园。它的起源，有两种较为可信的说法：

一是当时的国王——频婆娑罗王为了让佛陀在王舍城中安居说法，特意贡献了一片竹林，并在其中建造僧院精舍，然后请佛陀和比丘僧团于此净住修学。

另有一种说法是，当时在王舍城中，有一位经常护持各宗教修行人的大富豪，人称"迦兰陀长者"（Kalandaka），在一次偶然的机会中听到佛陀的教法，在欢喜净信皈依三宝后，他将原本布施给外道的林园收回，转而奉献给佛教僧团安居使用，这就是为什么竹林精舍又被称为"迦兰陀竹园"的原因。

不论何种传说为真，竹林精舍的出现在当时的摩揭陀国社会中，似乎曾引起不小的议论。因为当时的人对于"出家修行"有些约定俗成的看法。因此民间开始出现批评的声浪，指责"释子沙门"的戒律松散，修行不够精勤，甚至引起日后恶弟子提婆达多刻意提倡近乎苦行的五项主张（其中一项就是终生居住野外之地），以获得人民舆论的支持，进而造成教团分裂的事件。

在这些纷纷扰扰的现象背后，其实隐藏着一个事实；那就是当佛陀从独自一人修行到初转法轮时的五比丘，再重返王舍城的"释子沙门千余人"时，僧团的情况已不再单纯了！他已不再是一个人独自过着简单的修行生活，而是和一个庞大的团体群居共修。为了僧团的长远发展与共住僧众的和合无净，佛陀必须以开阔的胸襟与周延的考虑，因时、因地、因事、因人而做出种种的对应变革。因此，为了解决印度雨季洪泛期间，众多比丘行脚不易、生活艰困的问题，佛陀沿用其他宗教的雨季安居制度，令比丘们在雨季期间暂时避居于一处信众捐赠的静修之所，或许是有其必要的！

如同在乌留频螺村外舍弃苦行时，五比丘斥责悉达多已堕落放逸而离去；佛史上第一座精舍——竹林精舍出现时，佛陀也同样受到世人的责难与批评，但是这些非议如同雨季的大雨，一阵滂沱地下来，又无声地蒸发散去。留下来的，是让世人得以深思与警醒的——舍离偏激的苦行与无益的逸乐后，所展现的中道足迹！

以柔和胜嗔怒、以良善胜不义、以布施胜悭吝、以真实胜虚妄。

——巴利文《法句经》第223经

❶竹林精舍内的迦兰陀水池周边，种满整排高大的树木，景色宜人。

提婆达多（Devadatta）的叛教

芭蕉生果死，竹芦实亦然，驱驴坐妊死，士以贪自丧。
常行非义行，多知不免愚，善法日损灭，茎枯根亦伤。

——大正藏《杂阿含经》卷38第1064经

❷提婆达多（左）与阿阇世王子（右）共商篡位与叛教之事。

这是佛陀晚年眼见其堂弟提婆达多因贪图供养，野心勃勃地与阿阇世王子里应外合，共谋佛教僧团之领导地位与摩揭陀国的王位时，感慨而说出的偈子。果然，就在不久之后，提婆达多即直接向佛陀要求继承佛教僧团之领导地位，结果却被佛陀严词拒绝并呵斥他的无知。

嫉妒心甚强的提婆达多图谋不成后，心生嗔恨，于是聪明狡诈的他对大众提出五项几近苦行的主张，企图以更

❶ 灵鹫山上有许多天然的洞穴，非常适宜修行人居住，且由于位于王舍城近郊，因此佛陀也经常安居于此。传说恶徒提婆达多曾有一次躲在山中的某处，趁佛陀不注意时丢下大石，因而砸伤了佛足。

艰困的修行方式，获得广大视苦行为最崇高神圣的王舍城民与僧团的支持：

一者尽寿着粪衣（终生只穿着粪扫衣）

二者尽寿常乞食（终生只靠托钵乞食）

三者尽寿唯一餐食（终生奉行日中一餐）

四者尽寿常居回露（终生只在野外居住）

五者尽寿不食一切鱼肉血味盐酥乳等

这五项师法外道作风的苦行主张，让王舍城的僧团分裂为二，从而引发了社会人士的诸多评议与负面影响。虽然事后在舍利弗和目犍连尊者的努力之下，稍稍挽回了教团分裂的颓势，但是此事件显然已造成佛教僧团在王舍城内的元气大伤，致使佛陀晚年逐渐减少在这里说法安居的次数，也因此给了外道势力一个日后崛起的机会。

持邪见的愚人，诽谤应受礼敬者、圣者、净行者的教诲，
结果自取毁灭；如芦苇的果实，果实自枯死。

——《法句经》第164经

❷ 由于恒河流域一片平坦，所以雨势常又大又急且挟着狂风而来，出于安全考虑，雨季是所有印度修行者每年群居安住于一处的季节。

从最初离家修学禅定，到入灭后的教法结集；从得力弟子的皈依，到恶弟子的害佛；从正法流布、兴盛一时，到衰微没落、归于平静……佛教在王舍城上演了一场浮浮沉沉的人生际遇，在这丰富的人文背景幕后，留下的是许多珍贵的历史遗迹。亲身走访这些史迹，了解背后深藏的故事，探寻佛陀是如何在此度过生命中几个最重要的阶段，然后，人们才会理解，王舍城对佛弟子的不凡意义！

王舍城巡礼

不论是从巴特那乘车而下，或是由菩提迦耶驱车北上，在经历了数小时一望无际、非草即田的平原路程后，远远地看到一条绵亘的丘陵山脉雄伟地盘踞前方时，就知道王舍城到了。

"西驰鹿苑去三轮，北睨舍城池尚在，南睎尊岭穴犹尊，五峰秀、百池分，粲粲鲜华明四曜，辉辉道树镜三春。"

——唐·义净·公元7世纪

灵鹫山（Gridhakuta Hill，又称耆阇崛山或灵鹫峰Vulture Peak）

在两千五百多年前，世尊率领着千余名出家弟子，沿着这条山路小径，一路行脚进入王舍城内。如今，循着相同的路线，我们即将前经王舍城，参访第一个景点——灵鹫山。

穿过现代的王舍城城门之后，就进入古代群山环绕、屏障坚固的摩揭陀国国境了。在通往灵鹫山的途中，已可以瞥见由巨石建造的城墙遗迹，由东到西地绵亘在一座座山峰之间，这片城墙包围着整座城市，据估计曾经有40公里长，是由贤能的频婆娑罗王所建。

进城后不用多久，就会看到一座白色的现代牌坊矗立在马路右边，牌坊的左右两边分别写着"多宝山佛舍利塔"和"常在灵鹫山"两行大字，右转穿过牌坊后，就能看到前方不远处的灵鹫峰。

灵鹫山，是佛陀在

❶由迦耶北上经过此牌坊后，就算正式踏入王舍城的势力范围了！

王舍城位于菩提迦耶及巴特那之间，交通不太方便。虽然有公路通往迦耶和巴特那，但路况不是很好，火车才是最佳的联外方式，不过一天也仅有两个班次。至于定点观光，由于这里的景点都相距一段距离，为了省时省事，不妨租一辆车花一日走访，会比较安全方便。

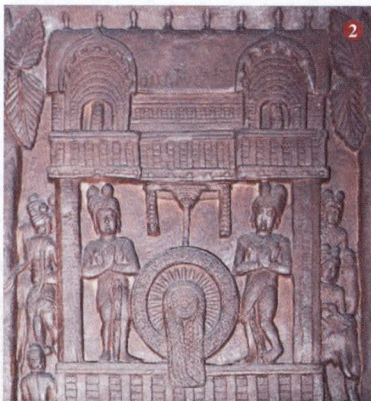

❷礼敬佛陀的场景，其中的法轮象征佛陀。

——巴呼特石刻．公元前2世纪

❶ 灵鹫山入口的牌坊。

❷ 阿难石窟藏匿在登山小路边，因无告示牌故不易辨识。

❸ 松纳山（Sona hill）位居王舍城南方，山势虽不高但绵亘数公里，它与右方的乌旦雅吉尔山（Udayagiri hill），共同扼住由南方入城的山径要道。

❹ "退凡处"之故基，正上方与之遥遥相对的就是赫赫有名的"说法台"，由眼前裸露的岩块可看出，灵鹫山是以大量岩石、少量泥土堆积而成的，因此免不了会有许多洞穴、怪岩奇石与虚构、幻化的神异传说。

王舍城结夏安居期间，除了竹林精舍外，另一个常常居住与说法的地方，在经典中常以"耆阇崛山"称呼。灵鹫山的名称来源说法不一，有人说是由于山上常有鹫鸟栖息而得名，另有一说是因为山上有一块形状酷似鹫鸟头的奇岩而以此称呼。

在通往灵鹫山顶说法台的山径两旁，散布着许多据说是从佛陀时代遗留至今的历史遗迹：

●下乘与退凡

顺着频婆娑罗王修筑的石阶山路往上爬，沿路会看到两座由砖石建造的四方形平台基座，据《大唐西域记》记载："中路有二小窣堵波，一谓下乘，即王至此徒行以进；一谓退凡，即简凡夫不令同往。"因此第一座平台应是频婆娑罗王下马步行上山之处，而第二座平台则是王屏退左右侍卫，由此独自上山面见佛陀的地方。两座平台原是窣堵波（Stupa，佛塔之意），可惜塔已毁坏消失，仅余基座。

从"王下乘处"往山谷方向望去，就会看到旧王舍城——上茅宫城之所在，而从"退凡处"向前仰望，则可看到灵鹫山说法台就在眼前巍峨矗立。

●阿难窟

再往山上走去，离山顶不远处有几座石窟，是当时在此修行的比丘们的天然居所。其中一座石窟被认为是"阿难窟"，传说"多闻第一"的阿难曾在这里禅修。进入洞

窟后，左手边有一块凸起的长条平台，看似一张石床，而窟内正中央，则安奉着一尊小佛像供人祭祀。

> 昔日好友逝，新友不伴随，而今只余我，
> 独坐修觉观，如鸟困笼中，又遇雨绵绵。
>
> ——阿难长老偈

看着潮湿空寂的阿难石窟，不禁也感受到阿难尊者晚年，在舍利弗、目犍连等教内善友相继凋零后的深深唱叹。

● 佛禅定所

继续往上走，会看到路旁有一座石阶梯，阶梯旁另有一座石窟，传闻是佛陀禅定之所（另有一说是舍利弗居住之石窟）。在这里流传着一个故事：

据说在某一天夜里，阿难正在石窟中禅定，而魔王为了要干扰他，化成一只巨大的鹫鸟，趁着夜黑风高，盘踞在阿难石窟前的大石头上，发出凄厉的鸣叫声，故意惊吓阿难。此时世尊知道阿难的内心相当恐惧，便将手穿透过石壁，轻轻抚摸阿难的头，并用慈爱的言语安慰他说："这是魔王变化出来的，你不要害怕。"阿难受到世尊的鼓励后，不再感到怖畏，于是收摄身心，得到安乐。

这个故事虽然带着浓厚的神话色彩，但是倒不妨将其

王舍城 RAJGIR

1. JIVAKAMRAVANA 耆婆芒果园精舍
2. VISHWA SHANTI STUPA 多宝山和平塔
3. GRIDHAKUTA HILL 灵鹫山
4. BIMBISARA JAIL 频婆娑罗王牢房
5. MANIYAR MATH 摩尼耶摩达古塔
6. SONBHANDAR CAVE 松班达石室
7. AJATASHATRU STUPA 阿阇世王塔
8. VENUVANA VIHARA 竹林精舍
9. HOT SPRING 温泉
10. PIPPALA STONEHOUSE 摩波罗石室
11. SAPTAPARNI CAVE 七叶窟

❶ 王舍城地图。

❷ 有着得天独厚、五山为屏障的王舍城，就位于群山的另一边。虽然山势并不高，但却足以睥睨周围诸国。

❶ 看着自然天成的隐蔽石洞，似乎可以想象离世出家的修行人，在此暂居的情景。至于这洞穴究竟是佛陀禅定之所？还是舍利弗的居所？或许已经没有那么重要。

内涵视为，由五蕴之渴求所幻化出的魔王，令人身心怖畏，但佛法却能令人身心平稳，苦恼止息。

从渴爱生烦忧，从渴爱生恐惧，离渴爱无烦忧，何处有恐惧。

——巴利文《法句经》第216经

● 僧院遗迹

离开石窟，爬上阶梯，即会看到左手边有一座僧院的遗迹。根据记载，这座精舍原本既高大又坚实，而且制造奇特，可惜如今只剩下毫不起眼的基座了。

● 灵鹫岩与说法台

在爬上最后一段窄小的石阶梯后，往阶梯右侧的山壁看去，会发现有一块形似鹫鸟头的岩石，这就是灵鹫山的名称由来之一。

登上阶梯后，大名鼎鼎的"说法台"就出现在眼前了！台上有一座砖石砌成的四方形遗迹，当地人说这就是佛陀当初说法的所在地，但其实这是公元5世纪笈多王朝时期所建的佛塔残座。目前遗迹内安置了一尊小小的佛像，供信徒们礼拜。

在凛冽的山风中，于说法台边环顾四野，一片宽广壮阔的景象就在眼前展开：左侧是绵亘的青葱山岭，怀抱着一片绿色密林，正前方则可以远眺山凹处的进城公路，几

❷ 灵鹫山顶上的说法台。

千年来，这都是进入王舍城的主要通道。看着在山谷中曲折蜿蜒的路径，不禁遥想到两千五百年前，世尊带着刚在菩提迦耶弃邪从正的事火外道，一千多位僧众静静徒步进城、展开托钵弘法生命的情景。

想象着佛陀也曾站在这里，看着那威德并具却烦恼炽烈的频婆娑罗王徐步前来，在山脚下辇，屏退随从，独自走向心中唯一的平静希望，这贵为一国之君的人，身影却是如此悲凉……

触目所及，这整片被群山环绕着的平原，就是古王舍城——"上茅宫城"的旧址。"崇山四周，以为外郭，西通峡径，北辟山门。东西长，南北狭，周一百五十余里。"这就是它当时的写照。

再往右上方看去，日本山妙法寺现代化的白色大佛塔——世界和平塔，就矗立在对面的多宝山（Ratnagiri Hill）山顶上。从半山腰的一条小路步行约20分钟便可到达。如果有兴趣却没体力，也可以搭乘缆车，享受另一种趣味。缆车单程只需七分钟，每个成人往返一趟约30卢比，搭乘地点在灵鹫山下，营运时间为每日AM8：15～PM1：00；PM2：00～PM5：00。由于印度几乎没有类似设施，所以这条空中缆车也成为现代王舍城最吸引当地游客的景点。

由于在大乘经典中，认为佛陀在这里宣说了"妙法莲华经"、"楞严经"等重要的典籍，因此许多虔诚的信众会在清晨时分，以朝山的方式朝礼灵鹫山说法台。旺季的时候（十月到翌年三月）这里更是热闹异常：有人经行，有人持咒，有人祭祀上香……各式各样的仪式，让灵鹫山上下弥漫着浓厚的宗教气

圣地小百科

捐献Donate？

登上灵鹫山顶的说法台，飒飒冷风中，一位穿着单薄白袍的印度人躬身迎来，热心递上垂头的鲜花和燃香，指引着要在哪儿脱鞋、要如何上香与献花，最后，手往佛前一指，你将看到几张面额为50和100的美金或卢比，暗示你"捐献一点香油给佛陀吧！而且面额一定不能太少哦！"

然而你心里清楚知道，在无人监督的情况下，这些钞票必然是直接进入这位印度庙公的口袋，那么，该怎么办呢？或许，看在他独自瑟缩在山顶等着为你服务的份上，就给个10块钱卢比作为答谢吧！

当你贡献了香油钱后，这位庙公就开始准备下一出剧目。只见他郑重其事地从说法台上的砖墙缝隙中取出一块预藏的小石砖，说这是佛陀当时居住僧院遗址的古物残片，"听法无数，功德无量"，如果喜欢，他愿意割爱。只要你还没有被强风吹坏了脑袋，就会知道这十足是个骗局！不要看，不要听，坚定地拒绝，把他抛到脑后，恣意地欣赏眼前壮丽的风景，才是上上之策！

息。然而，说法台上的面积并不大，只要朝圣者有数十人以上，就会出现摩肩接踵、难以通行的情形，因此最好尽量避开人潮。

此外，王舍城的治安并不是很好，提醒旅人们在天黑前一定要下山。攀登灵鹫山来回大约要一至两小时，安排朝礼时间时，不要忘记预留下山时间，以确保自身的安全。

耆婆芒果园精舍（Jivakamravana）

在通往灵鹫山的路上，进入白色牌坊后不久，会看到左手边有一片被铁网围起来的草原，里头散布着一排排石砌的建筑基座，孤零零地站在路旁。印度史学家认为，这就是佛陀时代、摩揭陀国著名的御医——耆婆（Jivaka）奉献给佛陀的芒果园精舍遗址。

根据史料记载，耆婆原是摩揭陀国频婆娑罗王的庶子，对医学很有天分，曾经到印度北部的塔克西拉（Taxila，今巴基斯坦）修习医学，由于当时的北印度已开始接受西方的学术文化，因此耆婆应该学习过西方的医疗技术。

学成回国之后，耆婆即因为医术高明而受命担任频婆娑罗王和阿阇世王的御医，而频婆娑罗王和佛陀之间深厚的知己关系，也就间接地给了耆婆接触佛陀的机会。当佛陀在王舍城一带说法净住时，若遇有病痛，均由耆婆为其诊治医疗。其中最著名的事件就是，当佛陀被嫉妒的提婆达多投掷巨石砸伤脚时，就是耆婆在旁细心照顾医治。

在佛陀的潜移默化中，耆婆自然而然地成了一位虔诚的佛弟子，并且将一大片芒果园改建为僧院，奉献给僧团比丘们净住修学，这就是"耆婆芒果园精舍"的缘起。

除了医护佛陀与贡献芒果园精舍外，耆婆另一项为人称颂的事迹就是"劝化阿阇世王皈依佛陀"。阿阇世王是频婆娑罗王所立的太子，个性暴虐，传说他为了篡夺王

❶世界和平塔的造型皆为洁白巨大
的覆钵造型，此图为世界和平塔。

位，不惜监禁父亲，最后甚至使其饿死狱中。就在背上了
弑父的罪名后，阿阇世王终于因为良心不安而开始心生悔
意，在罪恶与良知拉扯的苦恼中，耆婆适时伸出援手，劝
服他听闻正法，并将他带到佛陀面前忏悔后皈依三宝。从
此以后，解开心结的阿阇世王转而成为如同父亲频婆娑罗
王一般虔敬的佛教护持者，并且使摩揭陀国在他手中，成
为称霸恒河南岸的富强大国。

　　现在的"耆婆芒果园精舍"只剩下建筑底部的基座
了！然而，不论怎么看，总令人觉得那遗迹的规划与基座
的石材，似乎不像是两千五百年前的古物。是的！印度的
考古复旧方式总是如此——直接在古老遗迹上以现代建材
重现旧观，并且擦洗得光亮如新，而真正的遗迹就被埋藏
在新建的"遗迹"之下了。如果这样实在无法使你满意，
那么，不妨在新建遗迹下和附近草丛间巡逻一番，运气好
的话，或许可以找到一些残砖颓墙，这些才是能发人思古
之幽情的真正古迹。

❷耆婆的芒果园精舍位于前往灵鹫
山的路旁，而正前方的山顶上就是
世界和平塔与灵鹫山。

印度式的古迹重建，往往令人感到"耳目一新"，有时不免会怀疑这是在维护
还是在兴建新古迹？！图为耆婆的芒果园精舍遗址。

即使经过翻修重整，仍然可以从石块堆砌的基座排列看出原来的建筑形态：马蹄形的大佛殿、长方形的聚会大厅以及小间小间的僧房……占地广阔的遗迹显示这曾是一座兴盛的佛法修学中心，而那位正觉者——佛陀，就住在旁边不远的灵鹫山上，诲人不倦。

度过了两千五百年的耆婆芒果园精舍，如今只有成群的牛儿悠游于遗址间，不问世事地吃着青草。一片静谧中，只有草儿被拔起的喳喳声。望着牛儿墨黑如渊的铜铃大眼，平静得仿佛这儿从来也不曾发生过什么似的，虽然天蓝云白，风清气爽，心头却淡淡地染上了一抹人事不再的凄凉……

❶在这宽厚的石墙里，发现有疑似拴铐犯人的铁环，因此学者们认为此地应为频婆娑罗王的牢房。正前方可遥望灵鹫山，而左方山坡上的长条状建筑则是古时的城墙。英明一世的频婆娑罗王为了防御外敌而建了坚固的城墙，而他的儿子——阿阇世王却为了权势地位而将他关在这里！

❷提婆达多与阿阇世的连手，让佛陀与频婆娑罗王皆遭受身心的迫害。

——佛陀立像·鹿野苑·笈多王朝·公元5世纪

频婆娑罗王的牢房（Bimbisara Jail）

离开灵鹫山区，出了白色牌楼，右转回到进城的公路上，车行约一至两公里，就要开始留心了！在公路右手边，藏着一条被树丛杂草遮蔽着、几乎不可辨识的窄小路径，里头隐没着另一个历史的痕迹。

把车子停在公路边，顺着小径走进去，眼前赫然出现一片如小型棒球场般大的广场，这个数百平方米的广场四周，围绕着约1.5米宽的石墙地基，从地基的厚度看来，这里曾经矗立着非常高大而坚固的城墙，把陷入其中的人牢牢禁锢着，永无重见天日之望。

广场中某些部分还可看出单人小房的隔间石墙痕迹，显示这儿原本是分割成一格一格小空间的，而在其中一个小房间里，考古学家发现了一只古旧的铁圈，铁圈的一端还铸有一个小环，根据考证，很可能是用来拴铐居住在这儿的人。是的！种种迹象都指向这是一座牢房、一座监狱，而且印度的史学家们相信，这就是传说中，阿阇世王用来监禁其父频婆娑罗王的地方。

这个悲惨凄凉的故事是这样的：在印度还是邦国分立的两千五百多年前，强盛的摩揭陀国盘踞着恒河南岸的广大地域，然而这个强国的统治者频婆娑罗王却为了一个预言而苦恼着，因为这预言断定，国王日后将会死于自己的亲生儿子之手！

既害怕又彷徨的国王，在此时遇到了仍在修行中的悉达多太子。慑于其庄严清净的仪表，国王提议将一半国土分其共治，却被悉达多拒绝了，于是国王只好退而求其次，订下日后若成圣道，一定要回来相度之约。这段偶然的因缘，为二人深厚的情谊拉开了序幕。

后来频婆娑罗王有了孩子，取名叫做"阿阇世"（Ajatasatru），意译为"未生怨；无敌者"。仿佛呼应那预言似的，这位太子长大后，有着残暴的性格。而且，不知是为了故意反抗，还是另有原因，这位太子并没有跟着父亲信奉佛教，反而大力支持当时另一大宗教——耆那教。

为了篡夺王位，阿阇世王子和利欲熏心的提婆达多相互勾结，一个将亲生父王囚禁于大牢中，却不供应食物；另一个屡设毒计，欲杀害恩师兼堂兄——佛陀的性命，以取得佛教僧团的领导地位。在彼此合作下，阿阇世成功地登上王位，而被囚禁在大牢中的频婆娑罗王，只能靠王后瞒着儿子偷藏夹带的食物勉强维持生命。

值得庆幸的是，这儿毕竟离灵鹫山很近，于是，频婆娑罗王每天从这铜墙铁壁般的石牢中，远远望着世尊所居住说法的灵鹫山顶，期待着能瞥见世尊上下山径的渺小身影。这可说是这位不幸国王抚慰其悲苦心灵、支撑其生存意志的唯一凭借了！

站在残存的石墙基座上，的确可以遥遥望见远方的灵鹫山，以及蜿蜒群山间的古老城墙遗迹。不过这并无法证明什么，因为这段悲剧只传述于北传大乘佛教的经典中，故事的下文是，为了安慰夹在儿子与丈夫间矛盾痛苦的王

圣地小百科

合诵传法

古印度吠陀时期，并无以文字书写、记录的习惯，所有知识的教诲完全是以口授与背诵的方式代代相传。据说有一个古老而有趣的说法："雨季期间，大批的蛙群聚在一起，彼此模仿着其他蛙的声音，在雨水中呱呱直叫！"这个描述后来被拿来形容学生跟在老师后面，口中喃喃自语，重复背诵师长所教授知识的模样。

同样的，古印度的佛教结集亦并未被书写为文字，而是采用当时传统的"合诵"（Samgiti）方式：由一位上座比丘回忆世尊在世时于某时、某地开演之教说，并说于大众，再由与会之诸位长老比丘合议"此是否为佛所说、所示之意"。确定无误后，就将其编列为世尊所说之经文，由僧团传诵于后世。

由于合诵的记忆方式必须高度的系统化，才有办法记下繁多的经文戒律，因此，今天我们阅读早期的圣典《阿含经》，会发觉有许多部分以规律的方式重复，而且有固定的起、承、转、合来贯串经文，其真正的原因就在这里。虽然不能尽如佛陀当时对众生开示的语气，但大多能符合世尊所宣说的法义。

阿姜塔第九窟的塔堂，曾是僧侣聚会诵法之处。

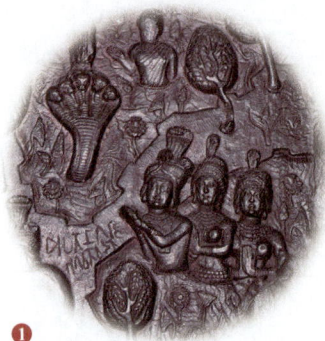

后，佛陀为她开示了"观无量寿经"和"涅槃经"。因此，对北传大乘而言，这里是这两部重要经典的诞生之地，一些虔诚的信众们也会选在此地举行宗教仪式以兹纪念。

然而，原始南传的经典中，却有不同的说法：长期接受佛法熏陶的频婆娑罗王在得知阿阇世的动机后，很豁达地让出了王位，因此这样的悲剧并不曾发生。

一切众生都恐惧伤害，一切众生都害怕死亡，
以自心比他心；不杀生，不教人杀生。

——巴利文《法句经》第129经

❶ 印度的龙王信仰自古就很昌盛。图为巴呼特佛塔栏楯上的龙王本生雕刻，描述佛陀曾转身为龙王修行的故事。

摩尼耶摩达古塔（Maniyar Math）

从"频婆娑罗王的牢房"回到进城的主要公路上，往北行约一公里的左手边，会出现另一条岔路，转入这绿意盎然的小径，抬眼又是好一座遗迹广场！新绿的草坪上盘踞着一座方形高台，一条笔直的石阶通往台顶。高台中央凹陷处掩护着一座红砖砌造的圆柱体建筑，顶上以一片铁皮波浪板搭成的圆形棚架遮阴着，整片遗迹公园中罗列着圆形、方形不等的石造建筑基座，看来颇费了一番维护修缮的功夫。

在印度著名的古典叙事史诗《摩诃婆罗多》（Mahabharata）中，曾描述两只敌对的龙王——摩尼蛇（Maninagar）和斯伐苏卡（Svasuka），而其中的半神蛇精摩尼蛇正是王舍城的守护神，因此史学家认为这座摩尼

❷ 摩尼耶摩达古塔占地广阔，除了中央主塔之外，园区周边也有许多砖塔的基座。漫步上主塔的楼梯，仿佛身处印加帝国神殿一般。

耶摩达古塔遗迹，很可能就是当时奉祀守护神"摩尼蛇"的寺塔。从它的规模可以想象，这座塔在当时应是香火鼎盛的宗教中心，摩揭陀国历代的君主应该都曾在此地主持过祈求国泰民安的祭典仪式吧！

这个遗迹的发现过程也是蛮有意思的：在古塔尚未被发掘出来前，这里原本是一座小土丘，丘上有一座高约6米的耆那教神龛，其中供奉着蛇王（Naga亦称龙王）、药叉（Yaksha）等王舍城最原始的民俗信仰神祇。

公元1861至1862年间，英国考古学家亚历山大·康宁汉，在没有破坏耆那教祠堂的情况下凿穿地面，发现内部是中空的，他在距离地面下将近6米的地方挖出三尊小雕像：第一尊在台座部分描绘佛陀的母亲摩耶夫人斜躺在床上，台座上则坐着苦行中的佛陀。

第二尊是耆那教主"大雄"的立像，头上覆罩着一只七头眼镜蛇，象征龙王的庇护。第三尊则因为风化太严重，无法辨识细节。这三尊雕像证实了这块土地下埋藏着一座等待重见天日的古印度遗迹。

到了公元1905年间，另一位考古学家布拉克（Block）更进一步挖掘此地，他直接拆毁盖在其上的耆那教祠堂，发现下方有一片厚实的砖造建筑，基座周围装饰了保存良好的灰泥雕塑，大部分是印度教神祇，像毗湿奴、湿婆、龙王以及象征阳物崇拜的"灵迦"（Linga）等，这些雕像的风格手法显示，这是公元5世纪间笈多王朝时期的作品。

很明显，摩尼耶摩达古塔是经过好几个世纪层层堆栈增建而成的，其中所供奉的神像也是随着王舍城人民的信仰而不断改变。这座遗迹虽然并不属于佛教，然而，看到王舍城中密集交杂着各个宗教的塔寺遗址，似乎也能感受到数千年前，佛教和其他宗教在这座繁荣国都中，彼此竞争、冲突、消长、共存而后混杂的激烈与紊乱。

近千年来，佛教和耆那教、印度教这些佛经中所称的外道，在这座古塔中"三教共荣、和平共存"，但在塔外

❶据说摩尼耶摩达古塔供奉着王舍城的守护神——摩尼蛇，实际上此塔是印度、耆那、佛教在不同时期叠建而成。目前已空无一物的塔中，只留给前往一探究竟的民众满腹疑惑！

❷从摩尼耶摩达古塔顶俯瞰古塔园区，圆形砖台是昔日小塔的残留基座。

❶松班达石窟位于白跋罗山南面，人工开凿的半天然石洞内部虽然不大，但苦修者的气魄却有如陡峭的山壁，不得不令人仰头叹赞。

❷阿阇世王率众出城参访世尊。

——桑奇大塔·北门·公元前1世纪

却是外道香火日盛，而纯朴的佛教，早就已经消失在繁复仪式与神力崇仰的迷雾中……

松班达石窟（Sonbhandar Cave）

出了摩尼耶摩达古塔园区，左转顺着来时的小路继续往内走到尽头，将会惊喜地发现一片巍峨山壁，在光滑险峻的石崖上，雕凿着两座相连的石窟，这里就是白跋罗山（Vaibhara，亦即经典中所称的"负重山"）南面。其上的石窟曾经被认为是佛教第一次经典结集之地——七叶窟，不过目前的考古证据已经推翻了这个说法。

事实上，这是一座耆那教的苦修道场，在其中一个洞窟内部的南面墙上，雕有六尊耆那教圣者的浮雕，而洞中的铭文则说明了这座石窟是公元3世纪或4世纪时，由耆那教的苦行者所雕凿。左边的窟穴是一座空旷、宽广的大厅，右边洞窟前半部屋顶已崩毁，形成露天的前庭，据当地人说是用以静坐之用。

整座石窟的构造装饰就如同耆那教一向所呈现的风格—— 单调而简洁，然而在几近垂直的险恶山壁上看到这样一个修行石窟，不禁令人对古印度修行人所展现的意志与气魄，感到强烈地震慑与深深地感动。

王舍城与阿阇世王佛塔（New Rajgir & Ajatashatru Stupa）

现代的王舍城，是古代王舍城广大范围的一小部分，在往那烂陀的主要公路上，可以看到古代王舍城的城墙遗迹。根据法显的记载，这是当时阿阇世王建造的王城，但是玄奘却认为这是频婆娑罗王自行搬迁到此而建立的王舍新城。

曾经环绕整座城池的坚固石墙，现在几乎全部毁坏消失了，只余下一小部分保持得还很好。城墙是由未磨饰的巨大石块堆砌而成，表面并未涂抹任何灰浆来接合修平，就这样豪迈地昭告着自己粗犷、坚实的防御功能。

车行过温泉前热闹的旅馆餐饮区，再走一小段路，就会看到公路旁有一座石砌高台，上面竖立着几根倾颓断柱，这座高台就是阿阇世王特别建造来安置佛陀遗骨舍利的舍利塔遗迹。

根据记载，佛陀过世后，当世八个强国都想争取佛陀的舍利，最后八国协议将舍利平均分成八份，每国各取一份回国供养。据说阿阇世王得到自己那一份后，就在交通要道上建了这座塔，将佛舍利安置其中，供来往的人民礼拜供养。

后来阿育王统一印度，把这八份佛舍利收集起来重新分配，再于全国建84000座塔，将舍利分散至各塔中安置奉祠，借以教化人民信受佛法。

竹林精舍（Venuvana Vihara）

沿着主要道路走到王舍城知名的温泉区，在温泉区旁边约100米，有一座简陋到一不小心就会错过的铁栅门，被湮没在群聚小贩和杂乱的泥泞小径之中。这座被遗忘而掩藏着的林园，就是佛教经典中赫赫有名、意义不凡的"迦兰陀竹园"；或许，人们更熟悉这个名字——竹林精舍！

缴付了令人咋舌的100卢比入园费，踏过铁栅门，仿若与世隔绝的宁静林园就任您徜徉了。眼前的竹林精舍是

❶印度最常见的路边摊，贩卖香烟、糖果、甜点及印度槟榔（paan）——一种类似烟草碎末的干燥植物。

❷竹林精舍入口处尚存有一大片茂盛的竹林，而园内游客稀少，环境清幽。

❶ 站在白跋罗山腰俯瞰王舍城温泉区，图中粉红庙宇为拉克修美·那罗延寺。

❷ 在印度干湿分明的气候中，僧团若要群居一处，最需要解决的就是水源不足的问题。因此托钵行脚的僧人会以溪边或水渠旁为暂居之所，而僧院精舍则会挖掘蓄水的池塘，以作为住众日常生活的饮用水，图为竹林精舍中的迦兰陀水池。

一个经过规划整修的绿色公园，离入口处不远的左手边，穿过一片茂密竹林，有一座小石房，房中供奉了一尊佛陀坐像，偶尔会开放供人们礼拜（"偶尔"就是说你愿意给看守者一些好处的时候）。

继续往里走，林园中央有一座巨大的长方形水池，池子两端各有一座从岸边延伸入水中的阶梯平台（Ghat），供人们汲水或沐浴。池子北方有一座由日本妙法寺出资建造的亭子，亭中安奉着一尊白色的世尊坐像。广阔园区中散布着一些土堆、坟冢、粗糙的叙事雕塑，还有一个小型的动物园，养了一些鸟儿、鹿儿、孔雀等小动物。

严格说来，一直到今天，考古学家们仍然没有找到强而有力的证据，证明这儿即为古时的竹林精舍，因为这儿原本只是一片稠密的森林，而且只挖掘出少数的古物。唯一的线索是园中那座巨大的池塘，被史学家们认为应该是当时"迦兰陀水池"的遗迹，因此这片森林就这样被认定是竹林精舍的遗址了。

温泉（Hot spring，或称Saptdhara，意为"七座温泉"）

就在竹林精舍旁不远，有一座醒目的粉红色尖塔，这即是为了保护七座硫黄温泉而建的印度寺庙——拉克修美·那罗延寺（Lakshimi Narayan Temple）。寺庙前方有阶梯、停车场和充斥着小贩的广场。车行至此，你自然就会知道自己已置身于王舍城最热门的旅游中心——温泉区了！

这群从王舍城白跋罗山脚涌出的热泉，自古即见于史籍中，被记载为神所赐与的神圣赠礼。据说在现代科学的测试下，人们发现泉水中不但富含矿物质，而且具有很高的放射能，长期浸泡对风湿痛、关节炎等有很大的帮助，因此传说佛陀也曾为了治疗关节炎而在此沐浴。不过，考虑到安全与卫生，请不要为了"亲自体验佛陀曾沐浴过的泉水"就轻率下水，毕竟那儿是非政府规划管理的大众浴池啊！

说来有些讽刺，这座具有疗效的历史温泉，似乎是王舍城留存在印度人民心中最鲜明的印象，加上环绕四周的巍峨山岭、浓郁葱绿的繁茂密林，以及独一无二的多宝山缆车，使得王舍城成为现代印度的冬季度假胜地。至于这座曾经叱咤古印度的强大国都与佛教圣地所背负的重大历史意义，似乎都已被人们在不经意间忘记了。

白跋罗山（Vaibhara Hill）

七座温泉所依傍的，就是白跋罗山了！这看似平凡的山上，藏着许多极具历史意义的遗迹，如七叶窟和毕波罗石房，往返一趟耗时约一个半至两个小时，是不可错过的地点。要参访此处最好安排在清晨前往，不过山区的治安非常差，时有盗贼出没抢劫伤人，因此出发前务必请一位当地警察陪着上山，一来保护，二来带路。

警察的驻所就位于温泉旁边登山口附近，询问当地人即可得知，保护费大约是每人50到80卢比，还算合理。

● 毕波罗石房（Pippala Stone House）

沿着温泉旁的阶梯拾级而上，没多远就会到达由巨石建造的一座奇特建筑——毕波罗石房。

它的背景众说纷纭，有一点复杂。当地人因为印度神

圣地小百科

印度的温泉不能摸！？

一般说来，王舍城的温泉区是禁止非印度教徒进入的，但为了赚取观光客的银子，当地人还是想出了方法：一个自称大祭师的人会热心的带你入内参观，并四处导览，最后还会用杯子盛满温泉水，热情地请游客试试温度、洗洗手，为您不能入浴的遗憾稍做一些心理补偿。不过这当然不是免费的服务，而且他们事先绝不会告诉你要多少，许多人为了安全脱身，就这样被敲了竹杠。

因此，切记印度旅游的基本守则：面对太过热情的当地人时，绝对要加倍小心谨慎！

舍利

舍利一词原是梵文Sarira的音译，本义为"身体"，又指遗体火化后之"遗骨"、"骨灰"等。原本只是一个印度的日常用语，但由于圣者的崇高地位，以至于这个语词逐渐演变为专指具有宗教地位或神秘力量的圣人遗骨。

加尔各答博物馆收藏的佛陀舍利。

话中一位曾活跃于此的国王杰拉桑德（Jarasandh），而称呼它为"Jarasandh‐Ki‐Baithak"。有些考古学家则认为这是一座防御用的守望塔，证据是靠近基座处每一边都有一些小洞，他们认为这些小洞应是作为斥候守望之用。此外，也有学者根据玄奘在《大唐西域记》中的记载，认为它很像是当时提婆达多进入禅定之所。

不过，目前被证实的主流说法，是根据古印度巴利文典籍中所记录的：这是佛陀的重要弟子之一、佛教第一次经典结集的主持者——摩诃迦叶长老（Mahakashyapa，亦译为大迦叶）年轻时的修行住所。因为摩诃迦叶长老的名字是"毕波罗"（Pippala），所以这个石房才会被称为"毕波罗石房"（Pippala stone House或Pippala Cave）。

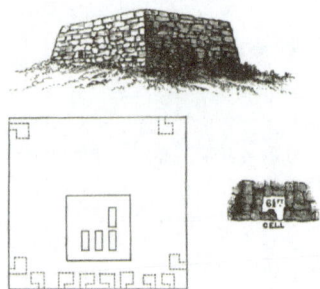

❶ 毕波罗石房的手绘平面图。
——摘自亚历山大·康宁汉的考古报告书

❷ 顺着温泉后方的小路往上走，就可通往七叶窟，图右上为毕波罗石房。

"迦叶托钵归，独自登上山，身心无恐怖，清净修禅观。"
"山深无人迹，野兽常聚集，群鸟齐翱翔，我心常欢喜。"
"人当独自居，不宜与群聚，群聚心烦乱，难得清净智。"
"应酬在世间，疲累亦无益，既知如此意，不喜与人居。"

——大迦叶长老偈

这就是大迦叶尊者留下的修行心得，多么孤僻的一个人啊！然而，这正是大迦叶尊者之所以受到人们敬重与崇仰的主要原因之一。

在流传民间的故事中，大迦叶原本出身于一个十分富裕的家庭，自小就一心追求心灵的自由解脱，到了适婚年龄仍不愿成家，最后在家人的强迫下娶了妻子。没想到这位妻子也是一个立志求道的女性，于是两人相约互不侵犯，只作名义上的夫妻。后来当两人都再也无法忍受世俗生活时，他们便各自离开家，并约定如果谁先找到真正能指引人们摆脱苦恼的明师，一定要告诉另一人，到时再一起修行。

① 据说有一次大迦叶身体微恙，佛陀曾亲自来毕波罗石房探望他。

② 大迦叶为僧团中辈分最高也较年长的比丘，平日总是形单影只，独自修行。

经过长久的行脚苦修，大迦叶终于遇到了生命中最重要的导师——佛陀。在亲身体验了佛陀所了悟的真理后，他依照约定引介妻子前来共同修学，这位女性即是后来僧团中极为杰出的"跋陀比丘尼"。

进入僧团的大迦叶仍旧维持着清净、艰苦的头陀行生活：不住屋舍，只住于林野冢间，穿着破旧弃之于地的"粪扫衣"，饮食仅靠行乞托钵……数十年如一日，至死不曾放弃。然而，这样清苦的生活毕竟不是人人都能接受，因此，大迦叶完全没有志同道合的共修友人，经常处于孤单一人的景况。一些修行尚浅的比丘们，甚至还会为了他因修苦行而显得破烂肮脏的外表，而出言耻笑他。但是生性不喜与人相处的大迦叶，坚决为了"展现笃实修行的重要性"与"强调修行应亲证苦灭而非一味思维辩论"而不改其志。

在原始佛典《杂阿含经》中曾多次提到，佛陀对大迦叶如此实践离欲道路的毅力都深感敬佩，每当有人轻视大迦叶时，佛陀都会在大众之前极力赞叹他，为他扳回一城，而向来独居不多言的大迦叶，却在佛陀辞世后主动肩负起经典结集的重任，或许，这就是他用以回报佛陀教导恩德的方法吧！

劈凿整齐的巨石堆砌成的毕波罗石房，方正而宽敞，想

耆那教

早在佛陀出现前，耆那教就已先萌芽了！当公元前6世纪的摩揭陀国逐渐繁荣壮大，而王舍城也逐渐成为各宗教家弘法诤辩的重要场所时，耆那教就因为贯彻严厉的苦行，而受到王舍城民的敬重与支持，渐渐发展成为一个独特而活跃的宗派。

相传耆那教第20位祖师圣者（Tirthankara）就是诞生于此，而第24位祖师圣者"尼干陀·若提子"（Nigantha Nata Putta，亦称Jina，意为"胜者"，又称为"大雄"，他是耆那教的实际创立者），更在此讲道长达14个雨季之久，据说他早期的入室弟子几乎全都长眠在这山岭之中，由此可知王舍城对耆那教的重要性了。

佛陀和耆那教的大雄同为当代知名的宗教导师，又都以王舍城为说法传道的主要舞台，因此我们不难想象，公元前6世纪的王舍城，当时双雄并立、百家争鸣的论法盛况！

❶ 印度艾罗拉石窟群中的耆那教石窟，赤身裸体的神祇雕像，令人印象深刻。

❷ 王舍城周围的山岭上建有不少的耆那寺庙，但大部分都已荒置。

来是后人加以重建过的结果。虽然环境已不复当年，但大迦叶尊者亲身实践示教的风范，至今依然引人怀思敬仰。

●耆那寺

经过毕波罗石房后，继续往上爬，沿途会陆续出现许多造型简单、灰白色调的耆那教寺庙。事实上，王舍城周围的山头散布着许多这样的庙宇，大部分是属于耆那教天衣派（Digambara），他们主张不持有包括衣着在内的任何财物，认为最自然的状态——裸体最能导向涅槃解脱。

这些庙宇的年代均相当古老，早在玄奘的《大唐西域记》中即已记载，可见这座山自古即为耆那教的修行重地。目前有些庙中还住着修行者，但大部分都已无人居住，成了单纯供奉"圣者"（耆那教对修行有成者的尊称）的祠堂。有趣的是，这些寺庙的屋檐廊柱上，大都雕刻镶嵌了许多"卐"字，这个在北传佛教中大量使用的符号，在印度却是耆那教与印度教代表吉祥的古老象征。

除此之外，庙宇的造型并没有什么特别，多是单独一间圣殿，入口正对面安置了神龛，其中供奉着曾在此修行的圣者雕像，有时旁边还贴了这位圣者的照片相互对应。不过大部分的雕像均已失踪，只留下大约5世纪时所刻的模糊铭文，诉说着自己的久远岁月。

●七叶窟（Saptaparni Cave）

爬上白跋罗山顶的平坦处，右手边会有一条小小的石阶梯，沿着阶梯走下，数到第64阶时，已绕到山

壁后方的长条平台上，右边是毫无屏障的险峻悬崖，俯瞰着山下一览无遗的平原风光。左边的垂直山壁上有几个深邃的洞窟，这就是我们的目的地——佛教第一次经典结集之处：七叶窟！

七叶窟是因洞窟前有七叶树而得名（七叶树：学名 Al s tonia Scholaris，是一种高达七八米的常绿乔木），据说原本应有数座巨大且深邃的洞窟聚集于此，但目前只看到五至六个较为明显的洞穴，其中保存得还不错的只有四个。

洞窟前的平台还算宽敞，但洞口和洞内通道并不大，旺季时可让人进入洞中，洞窟内部安置了一尊佛像供人奉祀礼敬。不过，在淡季时，由于少有访客，这里就成了蝙蝠理想的窝巢。才刚走近洞口，就会闻到空气中刺鼻的蝙蝠粪便的恶臭，再要向内探索，就会听到蝙蝠们不安的振翅声和鼓噪声。为了安全，还是不要去打扰它们比较聪明。

第一次经典结集可以说是佛教史上最重要的事件，如果没有这次集结，后世的人们或许根本没有机会聆听到佛陀的教诲。至于为什么一向宣说"万法依因缘生灭而无常"的佛教僧团，会有这次"希望佛法能如佛陀在世时那般纯正地流传下去"的结集呢？

据说是因为这样一段插曲：

　　诸位同修呀！不必悲伤了，世尊在世时，时时以戒律约束我们，使我们不得自由，如今世尊不在了，从现在起我们可以随心所欲了！

　　——六恶比丘之一 跋难陀语

❶ 前往七叶窟的山路就是这一条笔直的道路，由于顺着山脊而上，所以风势强劲。这里的治安非常不好，曾经有独自上山的观光客被盗匪抢劫，所以务必聘请警察随行，并注意自身安全。

❷ 七叶窟是一群长条带状的山洞，但部分内部已崩毁。

❸ 大般涅槃雕像·犍陀罗·贵霜王朝·公元2世纪。

❶ 从七叶窟可远眺一望无垠的大平原，而王舍城就在你的脚下一览无遗。七叶窟的诸大阿罗汉，每天就是面对着这片广阔的大地，辛勤地诵念着结集的经文。

❷ 七叶窟里非常阴暗且潮湿，旺季时朝圣者来来往往，淡季时却被蝙蝠、昆虫、蛇所盘踞，自古以来它就不属于任何人。据当地人说，从此处可以通到山南的松班达石窟，但从地图上来看，距离过长，似乎并不可能。

正觉后45年间未曾停止游化讲学的佛陀，在80岁时因为肠胃疾病过世了！当时，众人都悲伤而哀恸，只有一位年老的怠惰比丘跋难陀，像松了一口气般地劝告大家："别哭了！长久以来我们一直被这个大沙门管得死死的，不准做这个，不准做那个，烦都烦死了！现在他死了，再也没有人会管我们了，我们这才叫做真正的解脱呢！"

听到这句话的大迦叶长老又惊又怒，这才发觉自己若是继续离群独修，少与人教授说法，那么这个跟随佛陀修学的僧伽团体，一定会在佛陀入灭后很快地分崩离散。难道他可以眼睁睁地看着佛陀用生命实证弘化的教法，就这样消失在世间吗？当然不行！世界上虽然有像跋难陀这样的比丘，但必定也会有为了不再受空虚、苦恼所逼迫而努力不懈的精勤行者才是。

于是，在唯恐"正法将亡"的心情下，一向独来独往、实践身教多于言教的大迦叶，毅然决定召开正法的结集会议，而结集的地点，就在他的家乡——王舍城。以大迦叶在僧团的地位以及民间的声望（其父为摩揭陀国大富豪，而他亦因修头陀行而受到人民及僧众的敬重），再加上阿阇世王的护持，终于顺利地将佛陀的教说结集成传世经典。

这是佛陀入灭后的首次僧团大结集，结集的时间就在佛灭后的雨季安居期，大约有三个月之久。因为有近五百位清净解脱的阿罗汉参与此次会议，因此史称"第一次结集"、"七叶窟结集"或"五百结集"。这次的聚会结集出原始经典——《阿含经》与《律藏》等，犹如为脆弱易灭的烛火罩上可遮风挡雨的外护，为世间留下了纯正的佛法与传承的法脉，对佛教日后的影响非常深远。

坐在洞口平台上，眼前是一望无际的恒河流域大平原，天气非常清朗，淡淡的云飘在湛蓝的天空中，倒映在分割齐整的水田上，凉风轻轻拂来，把时光推回了两千多年前佛陀入灭那年的雨季安居期。大迦叶尊者召集了500位证悟圣道的大阿罗汉（Arhat，正觉的人），鱼贯进入洞穴中，他们推选出长年照顾佛陀、多闻强记的阿难尊者，朗诵佛陀曾对大众说过的教诲；而持戒精严的优波离尊者，则负责诵读佛陀所制定的戒律，诵出的内容经由与会大众确认为佛所说之义后，再由数百比丘如"雨后蛙群"般集体诵念出至真至善的法典。

这铿锵回荡的正法之声，穿过整座洞窟、山岭、平原和村落，唤醒耄耋昏睡的人心，顺着轻轻的凉风，拂进21世纪的今天，继续滋润着人们干渴的心灵……

如是我闻；一时，佛住舍卫国祇树给孤独园，尔时，世尊告诸比丘：

"当观色无常，如是观者，则为正观。正观者则生厌

七叶窟位于坐南向北的山壁峭壁上，是一个隐秘却视野开阔的洞窟，据说另有一处也被认为是七叶窟，但以此地较为可信。

离，厌离者喜贪尽，喜贪尽者说心解脱。如是观受、想、行、识无常，如是观者，则为正观。正观者则生厌离，厌离者喜贪尽，喜贪尽者说心解脱。

如是比丘，心解脱者，若欲自证，则能自证；我生巳尽，梵行巳立，所作巳作，自知不受后有。如观无常，苦空非我，亦复如是。"

时诸比丘闻佛所说，欢喜奉行。

——大正藏《杂阿含经》第1经

七叶窟第一次结集是佛法传衍极为重要的一件大事，由于众长老比丘们的努力，纯正的佛法才得以走出昏暗、窄小的洞口，光耀全世界！

路真的长在嘴上!

在印度旅游,最困扰的就是交通的混乱与信息的谬误了。许多路名、景点名都有两个以上不同的称呼,不要说是观光客不熟悉路况,即使是印度的专职司机,在出了自己的势力范围后,一样会四处找路问路。

强烈建议您一定要学会看地图和用指北针,一旦发现方向与你去的目的地不同时,不要不好意思,马上请司机停车,问一下路边的当地人。只要能说出目的地的名字,就有机会找到正确的路。"多此一问"可以节省不少宝贵的时间和金钱哦!

❶ 随着印度经济的发展,汽车已经非常普遍,但贫穷的比哈省,仍大多以兽力如牛、马、骆驼等为交通工具。

❷ 王舍城的旅馆大多较为简陋,图为悉达多旅馆。

旅人info

现代王舍城的面积不大,重要的火车站、巴士站以及许多旅馆、餐馆等,都位于进城的主要道路上,而大部分的景点也多以"温泉"为中心,散布在这条公路两旁,形成一个完整的历史观光区。

交通

王舍城位于加尔各答和德里之间的火车支线上,每天有两班车往返巴特那(早上8点和下午3点),车程约要三四个小时,票价40卢比。中间还会经过那烂陀,只要15分钟,票价18卢比。如果要去菩提迦耶,这里也有火车可达转运站迦耶,车程约3小时,票价35卢比。

不想乘坐火车的人也可以搭乘巴士:从王舍城有车子往返迦耶(车程3个小时,50卢比)、菩提迦耶和巴特那(车程大约4个小时,票价约60卢比)。可向当地人或旅馆服务人员询问巴士站及火车站的确实地点。另外,最近的火车大站在"迦耶",最近的飞机场在巴特那。

住 宿

王舍城的住宿选择不多,几乎全是平价的简朴旅社,不过近年来因为日本和台湾的朝圣团来来去去,太过大方的出手使得住宿价格有上涨的趋势。以下列出的是旺季的价格,淡季或生意不好时,大约还可以再打个五折。

除了霍克大饭店以外,其他几个旅社都是低价住处,均不附寝具(棉被、毛毯等)、盥洗用具(牙膏、牙刷、香皂、卫生纸等)和浴巾,毕竟一分钱一分货!此外,比哈省观光发展公司(BSTDC)有三

间基本的民宿式住宿：阿阇世、乔达摩以及如来精
舍可供选择。

阿阇世（Ajatashatru）

电话：（06112）255027

价位：通铺，一个床位大约50～55卢比

乔达摩（Gautam Vihar）

电话：（06112）255273

价位：a. 双人房约350卢比

b. 冷气房约650～700卢比

　　房间还算大，尚称干净，而且有热水和电视，
有的还有阳台。

如来精舍（Tathagat Vihar）

电话：（06112）255176

价位：a. 双人房约500卢比

b. 冷气房约700卢比

王舍城旅社（Hotel Rajgir）

电话：（06112）255266

价位：双人房约250～350卢比之间

　　这是一间简单的旅社，有一座可爱的花园，但
房间则颇为简陋，附卫浴设备，加10卢比就有桶装
热水可用。

悉达多旅馆（Hotel Siddharth）

电话：（06112）255616

价位：约400～800卢比间

　　虽然外表看来很普通，房间里也因电力不足而
显得昏黄暗淡，但老板和服务人员都很亲切。内部
有一座林木茂密的天井花园和餐厅，位于温泉区的
斜对面，距离各个景点都很近，是十分方便的下榻
处。

霍克大饭店（Centaur Hokke Hotel）

电话：（06112）255245

E-Mail：centaur@dte.vsnl.net.in

价位：约5000～6500卢比间

　　一间富丽豪华的顶级饭店，由日本人设计打
造，位于温泉以西约两至三公里处，有日式的室内
公共浴场、仅供房客使用的寺庙、冷气开放的印度

餐厅和日本料理。不过价格非常昂贵，很少有自助
旅行者住得下去！

餐饮

　　在温泉的对面有一片餐饮商店聚集区，当地人
叫它"康德商场"（Kund Market），它是这附近
除了旅社附设餐馆外唯一可以填饱肚子的地方。

绿园饭店（Green Restaurant）

价位：每道菜约25～70卢比

营业时间：每天AM7:00～PM10:00

　　它是这里最有名的餐馆，菜色多样化，食物很可
口，而且价格很便宜。

其他

　　位于全国最穷的比哈省中，王舍城几乎没有电
力可用，大部分商家都自备发电机，但似乎也没能
改善什么。电力时来时断，大部分的时候只能维持
一点点微弱的电力意思意思，因此手电筒在这里就
显得非常重要了，傍晚出外时最好记得随身携带。
当然，最重要的还是——天黑以后没事就别出外晃
荡了！

　　露天的绿园餐厅，是王舍城填饱肚子的不错选
择，但最好自备手电筒，以免吃到一半又不来电了！

那烂陀

Nalanda 圣地之六

─佛学大城─

僧徒数千，并俊才高学也，德重当时，声驰异域者，数百余矣。
戒行清白，律仪淳粹，僧有严制，众咸贞素，印度诸国皆仰则焉。

——玄奘《大唐西域记》

◎前页：舍利弗塔崇伟至极，不仅是那烂陀最壮观的建筑遗迹，也是印度佛教遗迹中，数一数二的华丽建物。

◎本页：厚实强基宛如城邑，那烂陀大学遗迹有古王宫城的气势。

佛学大城

此寺内僧众有三千五百人，属寺村庄二百余所，并是积代君王给期人户、永充供养。

——唐·义净《大唐西域求法高僧传》

那烂陀（Nalanda）意为"赐莲之地"，"Nalan"这个音和一种莲花的名称很相近，而莲花在印度是智慧的象征，"da"则有"给予"之义，所以那烂陀的地名又有"给予智慧"的寓意。

不过玄奘在《大唐西域记》中却另有解释，认为那烂陀是一位国王的名字。在当地的传说中，这里曾经出了一位悲悯众生、布施无限的国王，人民多称他为"施无厌"（Na-alam-da），并以此作为地名以示纪念，因此那烂陀又多了一个"施无厌"的义涵。

虽然玄奘于7世纪来此修学时，这里已名满天下，然而，在5世纪时到访的法显却并未记载这样一座佛教大僧院，只是提到当时这里有一个叫做"那罗"的聚落，是舍利弗的本生村。可见在公元5世纪之前，它一直是个沉静的小村庄，经典中也并未记载佛陀曾在此发生过什么重大事迹。

名闻世界的佛学中心

那烂陀真正发迹是在孔雀王朝灭亡之后，当时的印度陷入近五百年的黑暗局面，外族入侵、政治分裂、争战纷扰不休，直到公元4世纪，兴起于摩揭陀国地区的笈多王朝才又再度统一全印，而长期处于异族势力的混杂文化，也再次由恒河中游地区取回主导权。后来，公元5世纪时，在极力护持佛教的鸠摩罗笈多王（Kumaragupta）大力支持下，于那烂陀创建了这所那烂陀大僧院（Nalanda Mahavihara），并背负起推动佛教发展与传衍的责任。

蓝天绿草间的红砖遗迹，是那烂陀大学曾经辉煌的回忆。

那烂陀是世上最早的大学之一！

公元前五六百年，它只是一个平凡的农村，佛经中也只是提到，佛陀曾于附近一座波婆离捺芒果园精舍中安居说法。其他较明确的史实有：佛陀的两大弟子舍利弗尊者和目犍连尊者，就是出生于附近的优波提舍村（Upatissa）与拘律迦村（Kolika），而舍利弗晚年亦回到这出生之地入灭。除此之外，就没让人想起它的理由了。

但是，那烂陀却在佛灭后的一千年，成为规模庞大、名师辈出、育才无数并享誉国际的佛教最高学府。各种佛教宗派在这里沸沸扬扬地讨论了八百年，然后，伊斯兰教徒来了，一阵烧杀掳掠后，那烂陀——也就沉寂了。

① 那烂陀园区十分广大，总面积超过15公顷，目前仍在持续开挖。

② 印度考古协会在这里发现大量笈多王朝时期的钱币、雕刻、碑文，以及三百余座的僧舍。

鸠摩罗笈多王之后的继位者，承续了护持佛教的传统，更积极地建设规划，使其成为一座完备的佛教学府，于是，佛教发展的重心再度移回佛陀当年游化弘法的重点区域——摩揭陀国境。

到了公元7世纪，王位传到戒日王（Harshavardhana）手中，护法更为热忱，他积极地增建寺院僧房、扩充修学设施，将那烂陀推向国际化，使其成为世界上最早的大学之一。自此，那烂陀正式从一个默默无名的小村落，一跃而为名闻世界的佛教修学中心！

这里最著名的学生就是中国的玄奘了！他不畏艰难，千里迢迢西行求法，在此度过五年的留学生活，既是学生，也任老师。他对这里的第一印象是"印度伽蓝，数乃千万，壮丽崇高，此为其极"。一语道出那烂陀建筑难以笔墨形容的华丽堂皇。而其教育规模之庞大，亦是当世少有。据说在全盛时期，光是教师就多达两千余人，学生则逾万余人，其中包括来自中国、日本、韩国、爪哇以及苏门答腊等国的佼佼者。到后来，不论僧俗皆可入学时，修学状况就更热烈了。

除了学生多，这里的经藏之多亦令人咋舌：据说藏书共九百余万卷，分别收藏在宝彩、宝海、宝洋三个大殿内，其中的宝洋殿更高达九层楼，可以想见其壮观。而为了容纳万余名师生及如此可观的书籍，实际建造的讲堂、

学舍、浴室、厨房等，数量之多、雕饰之华丽，更是难以
尽述。

面对如此庞大的人口，要如何维持日常生活所需的一
切开销呢？

> 国王钦重，舍百余邑，充其供养。邑二百户，日进糖、
> 米、酥乳数百石，由是学人，端拱无求而四事自足。
>
> ——玄奘《大唐西域记》

也就是说，戒日王以一百多个村庄的税收，作为对那
烂陀大学的供养，此外，附近二百户人家也每天供应食品
原料及日用品，让僧众师生们不必再出外托钵乞食，而能
于寺中研读经书，专心修学。

那烂陀的学生生活

那烂陀大学的学习内容相当广泛，几乎包含了当时知
识分子应涉猎的所有学科。除了佛教学说和经典外，还传
授婆罗门教的吠陀典籍及逻辑学、文法学、医学、数学，
并附设艺术、建筑、农学，乃至于冶金术的修学。

至于上课的方式，则采取研讨辩论的形式，亦即将学
生与老师分为大大小小数百个班级，由老师出题学生作
答，或学生发问老师回答，以激荡出不同的看法与思维。

以优渥的物质条件，以及佛学、外道、世间知识广泛
学习的环境，让那烂陀大学"学者信出，写书立着，个个
穷理思辨，清论高谈，口才便给"。当时最盛的学风就是
"辩论"，学僧们"抗异端如驱野兽，善辩解如沸云融
雾"。玄奘曾记载道："他们一天到晚请教问题，谈论深
奥义理，互相警诫，不论长少，互相促进，如果不谈论三

❶ 国王与民间丰渥的供养，造就那
烂陀大学的世纪盛况。

❷ "供大人米"——大如乌豆、饭
香百步，是专门供应国王与大德
们的御米。当时的那烂陀三藏法师
们，每日可得供大人米三升，由此
可知那烂陀的崇高地位！

藏深义，这个人就要自惭形秽了……想入寺论辩的人，大多因为回答不了守门人的问难而败走，只有学识渊博、通达古今的人才能进去……但最后也无不锋芒全失，名声扫地。"真是比现在念大学恐怖很多啊！不但同学之间彼此竞争督促，还得随时准备应付校外的挑战者，稍稍不慎就可能身败名裂，压力一定很大。

不过，如此皓首穷经、侧重思辨，却使修习"佛法"慢慢演变为知识分子的专利，再加上笈多王朝以梵语为通用语言，因此，离当初世尊以市井俗语广说正法，让一般百姓易听善解的用心已愈来愈远。

自此以后，佛教急速地"阿毗达摩化"（理论化），各名师大德依自己对佛法的见解而著述的"论藏"不断增加，导致解释"经"的"论"比"经"本身还难懂，而解释"论"的"疏"又比"论"更艰涩。若是不曾受过高等教育，面对这许许多多的佛教论理，肯定是不知所云。因此，当时的那烂陀大学，虽然在形式上是佛教学术化的黄金时期，但与民间普通大众的距离却是渐行渐远了。

仅因多言，不是奉持正法的人。
听闻虽少，而以身行正法、对于真理不放逸之人，才是真正奉持正法的人。

——巴利文《法句经》第259经

佛教势力衰微

在公元8世纪到12世纪间，帕拉王朝（Pala）统治东印度时，那烂陀大学依旧在皇室的大力护持下持续发展，包括印度尼西亚、爪哇、苏门答腊等国的君王，都曾派遣使节前来晋见国王提婆波罗（Devapala），并携带丰厚的礼品供养，作为建设寺堂僧院的护持，那烂陀至此可说

据说那烂陀园区内有许多纪念塔，是为那些来自四面八方、负笈异地却不幸往生的各国学子们所建。千年丘冢，重新出土，颇为可观！

① 那烂陀除佛学外，还传授医学、数学、艺术、农业，甚至还有畜牧场。

是达到前所未有的极盛巅峰。

然而，此时的佛教由于受到印度教怛特罗神秘学派（Tantra）的影响，以及与传统民间信仰自然地交融糅杂，开始崇尚咒语、法术与神秘仪式等，渐渐的，佛教与印度教愈来愈像，最后几乎没有差别！

其实在玄奘访印时，佛教在印度民间的势力已经开始走下坡了。早期许多重要的佛教修行中心已逐一荒废，佛教在大部分地区都已失去民间的信任与支持，只能靠皇室的护持。那烂陀这样的大型佛学中心，也只能看似活跃、实为苟延残喘地存在着。

这样的发展导致佛教更加远离了平民大众，过于形而上的学理哲思，不仅无法打进为迷惑所苦的人心，反而促使外道哲人的论理功夫不断提升，婆罗门教的知名导师如雨后春笋般冒出头来，并开始推动婆罗门的改革运动。

大火与战争的摧残

一场失控的大火引燃了那烂陀急速衰颓的命运。

据说有一天，两位婆罗门苦行者来到那烂陀附近托钵乞食，几个年少顽皮的沙弥却轻视地用污水泼向他们。受辱的婆罗门立刻展开报复，他们举行了一场火祭，并从献

② 广大的遗址中，尚有许多文物等待出土。

祭的火坑中取出燃烧的火炭，投入那烂陀的各个寺院，造成了一场无可挽救的剧烈火灾。在此事件中，许多建物遭到焚毁，其中还有一座宝贵的图书馆完全化为灰烬。

摇摇欲坠的那烂陀在12世纪时，遭受了最后的噩运！

来自中东土耳其与阿富汗的伊斯兰教侵略者，为那烂陀敲响了灭绝的丧钟。他们残暴地对佛教和印度教的寺院圣地展开世上罕见的彻底破坏——抢夺财宝、击毁圣像、焚烧庙宇、虐杀僧尼，令那烂陀的堂堂基业在一夕之间毁于兵燹。少数在战火中幸存的比丘们，从混乱的残砖灰烬中抢救出一部分极具价值的经籍原稿，慌乱地逃往尼泊尔等地，从此以后，那烂陀就在历史上销声匿迹，不复存在。

同样受到巨创的印度教，在一段时日的休养生息后，又悄悄地在民间萌发出新芽，并且在成长时顺势将衰败的佛教融入印度教的神教信仰中，以更为圆熟的样貌，在广大民间深深扎根、蓬勃发展，直到今日！

不过，佛教却再也没能东山再起，就这样，静静地消逝在佛陀的故乡。

在战场上，击败百万人；不如战胜自己，才是最上的胜利者。

——巴利文《法句经》第103经

伊斯兰教徒侵略那烂陀时，大部分的僧侣逃往尼泊尔，从此以后那烂陀的蓝色天空转为黑暗。

公元1861年，为了寻找古老大学那烂陀的遗址，由亚历山大·康宁汉领导的考古团队，依着《大唐西域记》中记载的方向和距离，展开了搜寻挖掘的工作。

经过长时间的努力，终于在距离巴特那东南90公里、王舍城北方约11公里处的巴贡村落（Bargaon）附近，发现了一枚古印度政府的印信，上面刻有铭文：Sri Nalanda Mahavihara Arya Bhikshu Sanghasya，意为"住在那烂陀雄伟僧院之比丘组成的庄严僧团"。因着这个明确的证据，此地区正式被证实为名震一时的那烂陀大学旧址所在。

目前，考古学家在那烂陀一带发掘出土的面积，已经超过15公顷，并且仍在挖掘中。

❶ 刻有那烂陀僧院的古老印信，目前被收藏在孟买的韦尔斯博物馆中。

❷ 舍利弗塔雄伟壮丽，是那烂陀遗址的主角，不时有信徒在塔寺角落进行祈福祭拜仪式。

那烂陀巡礼

那烂陀遗址的出土与确认，对佛弟子可谓意义非凡，因为这让人们得以更明晰地厘清佛教在印度的兴衰历程，因此目前整座园区都受到良好的规划与维护，可以说是佛陀圣地中保存较完整的遗迹区之一。

那烂陀大学遗迹公园

在那烂陀旧址中，考古人员发现许多珍贵的文物，包括大量鸠摩罗笈多王时期的钱币、雕塑及重要碑文等，而出土的建筑遗迹更为可观，有一座九层楼高的建筑、六座寺庙和十二座僧院，建材一律采用红砖。

僧院主要分布在那烂陀东区，其中有一座是苏门答腊国王于公元9世纪时护持兴建完成，而第四与第五号僧院则是鸠摩罗笈多王所建。从现存的遗迹看来，当时的僧院设计包括学生宿舍、讲堂、浴室、厨房、图书馆、贮藏室以及蓄水池等。

僧院的内部造型大致相同：大批的小僧房，围绕着一座开放的四方形天井，门前有回廊和栏杆，每一群建筑都有一座主要的

圣殿，供奉着巨大的佛像，应是僧众们聚会布萨之所。此外，这里也挖掘出巨大的锅炉，有人猜想可能是供学僧烹煮饭食的公共厨房，但也有人认为是让僧众煮染袈裟之用。

那烂陀西区则分布着许多塔寺，其中最雄伟、庄严的建筑就是舍利弗塔（Sariputra Stupa）。这座塔的起源是因为舍利弗尊者在此地诞生并入灭，于是阿育王特地建了一座小型的纪念塔以示尊敬与怀念。之后继任的国王同样不遗余力地护持佛教，于是不断地修建扩充，终于成为现在所见的壮丽大塔。

这座塔共分三层，外观雕饰繁复，在角楼的展示壁龛中，刻有许多尊佛陀像，内容多为描述当时佛陀在菩提迦耶、王舍城及鹿野苑等地的弘化事迹。塔底有阶梯可通达顶部平台，在那里可一览那烂陀的全景。一眼望去，整片绵密齐整、高低排列的红砖建筑群，盘踞在占地广阔的校区中，令人遥想千百年前，万余比丘身着赭黄僧衣，在栉比鳞次的校舍间穿梭，每一位都才高硕学，意气风发，嗡嗡的论法声回荡在长廊天井间，展现着知识分子的自信相轻……

舍利弗塔的四周立有许多大大小小的纪念塔，这是享

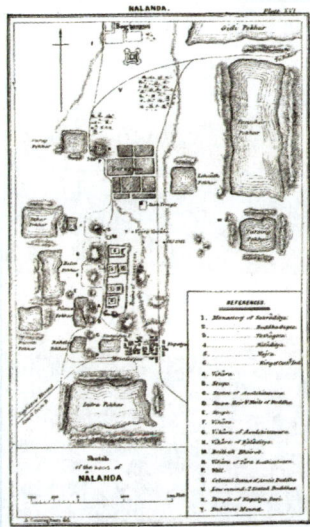

公元1861年亚历山大·康宁汉的考古团发现那烂陀大学，此为当时所描绘的遗址地图。

❶那烂陀园区广大、景点分散，建议最好找一位专业导游解说。

❷那烂陀博物馆中，收藏此地出土的文物，但较为珍贵的古物多已分散收藏在印度主要大城市的博物馆中。

誉盛名背后的淡淡惆怅——许多千里迢迢从世界各地慕名前来修学的佛子，在留学过程中不幸过逝，于是校方便为他们建塔纪念，让后人能记得他们求法的虔心与毅力。

遗迹公园门票：印度人5卢比，外国人100卢比

开放时间：AM9:00 ~ PM5:30

售票处在遗迹公园正对面的小路口，亦出售"那烂陀导览手册"（Nalanda Guidebook），一本40卢比，但常常缺货！

那烂陀博物馆（Nalanda Archaeological Museum）

那烂陀遗迹公园对面，有一条绿荫小径通往那烂陀博物馆。博物馆规模不大，收藏从遗迹中挖掘出来的雕塑、器物以及一些9到10世纪帕拉王朝时期的精美铜雕，不妨抽空一游。

门票：每人2卢比；停车费10卢比；摄（录）影费25卢比

开放时间：AM10:00 ~ PM5:00 周五公休

那烂陀佛法修学中心（Nava Nalanda Mahavihara）

印度独立后，曾在那烂陀附近建立了一座巴利文及佛法修学中心，开设了中文、日文、梵文、巴利文及藏文等佛学课程，并接受世界各国留学生来此修学，里面收藏着一些珍贵的文献原稿和巴利文研究论文。

玄奘纪念馆

距离那烂陀两公里外的地方，有一座看来像是世界和平塔的巨大建筑，那是玄奘纪念馆，里头陈列着与玄奘相关的文物及纪念品，开放时间为早上9点到下午5点，有时间可顺道一游。

旅人info

交通

那烂陀距离王舍城仅11公里，可从王舍城直接租一辆电动三轮车前往，来回一趟车程约一小时，很适合一日游或半日游。

如果想省钱，或是想融入当地生活，可以从王舍城搭公共吉普车到那烂陀村，8卢比，再从那烂陀村搭公共四轮马车，颠簸10分钟到遗迹公园，10卢比。若住宿王舍城，就循原路回旅馆。若参观完那烂陀要继续往北到巴特那，就搭公共四轮马车回到那烂陀村，再从那儿花5卢比搭另一个方向的公共吉普车到"比哈沙利夫"（Bihar Sharif），从那儿可换巴士前往巴特那，车程4个小时，车资50卢比。这可是很折腾人的旅程，非经验丰富的旅人可是会抓狂的哦！

住宿

由于距离很近，一般人大都住宿于王舍城中。

现在的那烂陀已经成为一座规划良好的历史公园，每一座出土的遗迹都编上了号码，并竖立告示牌介绍这里曾有的辉煌岁月。

经过仔细清洗整理的红砖墙缝中，偶尔会冒出一小株菩提新芽，翠绿的心形叶片在趁隙而入的阳光中，轻轻地摇曳着。

尽管环境艰困，总会在某一个小角落中发现生命的坚韧，就好似佛陀开演之法，永远在某一个角落中，静静地发光。

那烂陀的黄昏时分。

舍卫城

Sravasti 圣地之七

─祇园之声─

佛告长者:"汝可于彼建立精舍,令诸比丘往来宿止。"

长者白佛:"但使世尊来舍卫国,我当造作精舍、僧房,令诸比丘往来止住。"尔时世尊默然受请。

——大正藏杂《阿含经》592经

犍陀俱提精舍遗址。

祇园之声

池流清静，林木尚茂，

众华异色，蔚然可观。

即所谓祈洹精舍也。

——大正藏《杂阿含经》第592经

帕耆俱提遗迹，又称为鸯掘摩罗塔。

据说，舍卫城是因为一位传说中的贤者——舍卫陀（Savattha）居住于此而得名，这里最早本是宗教修行之地，后来才逐渐发展成一座城市。另有一种说法是：由于这里民生富庶、安和乐利，举凡人们生活所需之物，此地无所不有，因此被称为"一切有"（Savatthi）！

纯真的波斯匿王

在这个"一切有"的丰饶王城里，出了一位在佛教经籍上颇具盛名的君王——波斯匿王（Prasenajit）！这位强大的国王统治着称霸恒河以北的憍萨罗国，和摩揭陀国的频婆娑罗王一样，波斯匿王不但在政治上武功鼎盛，对佛教僧团也是大力护持，只不过他似乎比频婆娑罗王具备了更多求法向学的精神，因为佛典中留下了许多波斯匿王向佛陀热心问法的经文。比方说在《杂阿含经》中，就有一个相当有趣的故事，透露了波斯匿王的纯真性格。有一天，波斯匿王前来祇树给孤独园拜访佛陀：

时波斯匿王，其体肥大，举体流汗，来诣佛所，稽首佛足，退坐一面，气息长喘。尔时世尊告波斯匿王："大王！身体极肥盛。"

大王白佛言："如是，世尊！患身肥大，常以此身极肥大故，惭此厌苦。"

尔时世尊即说偈言："人当自系念，每食知节量，是则诸受薄，安消而保寿。"

——大正藏《杂阿含经》第1150经

在佛陀时代，广大的恒河平原有十六个国家，维持着政治、军事上微妙的平衡。其中，位于恒河中游北岸的憍萨罗国（Kosala）和南岸的摩揭陀国，隔着滔滔大水相互竞争对峙着。

由于憍萨罗国的首都舍卫城正好位于三条重要商道会合之处（其中一条通往王舍城），使得它成为公元前6世纪时繁荣的商业中心与贸易集散地，城内商贾云集、富豪辈出。经济的发达导致宗教的兴盛，不仅佛教团体在此非常活跃，婆罗门教更以此地为研习吠陀思想的重要聚点。

然而，这城市之所以会在佛教历史上占有一席地位，却不是因为它的富强，而是由于世间的导师——佛陀，对憍萨罗国的国王与臣民投注了非常多教化心力的缘故。

1 刻绘波斯匿王与大臣们，外出舍卫城前往佛陀示现奇迹之处的雕刻。

——桑奇大塔北门·公元前1世纪

波斯匿王听完佛陀要他"饮食要知所节制"的话后，觉得非常受用，于是特别要求一位年少侍从将这段偈子背诵下来，每当要用餐时，就让他随侍在侧，不断地复诵世尊这段话作为警策。

果然没有多久，波斯匿王就身体纤细，容貌端正，恢复了年少时英挺的身材。为此波斯匿王特于楼阁住处，面向佛陀的方向，右膝着地，合掌恭敬，虔诚地礼敬感谢佛陀对他的开示，令他得到实时的利益。

只因笃实遵行佛陀之言，为肥胖所苦的波斯匿王就能现世得到"减肥瘦身"的利益，相对照于"知法却不行法"的大多数声闻弟子而言，波斯匿王可爱也踏实得多了！

除此之外，另有一个特殊的事件，展现了波斯匿王宽大为怀的胸襟。有一次，阿阇世王率领着四军——象军、马军、车军及步军，浩浩荡荡地来到憍萨罗国挑衅，波斯匿王在仓猝间结集军队迎战，结果各有胜负伤亡，最后波斯匿王生擒了阿阇世王与他的象、马、车乘及财物，并将他们押送到佛陀的座前。在念及与频婆娑罗王亦亲亦友的关系下，波斯匿王当着佛陀的面，释放了前来侵犯的阿阇世王。这样宽宏待人的心量，不仅获得了佛陀的赞扬，也赢得了世人的感佩。

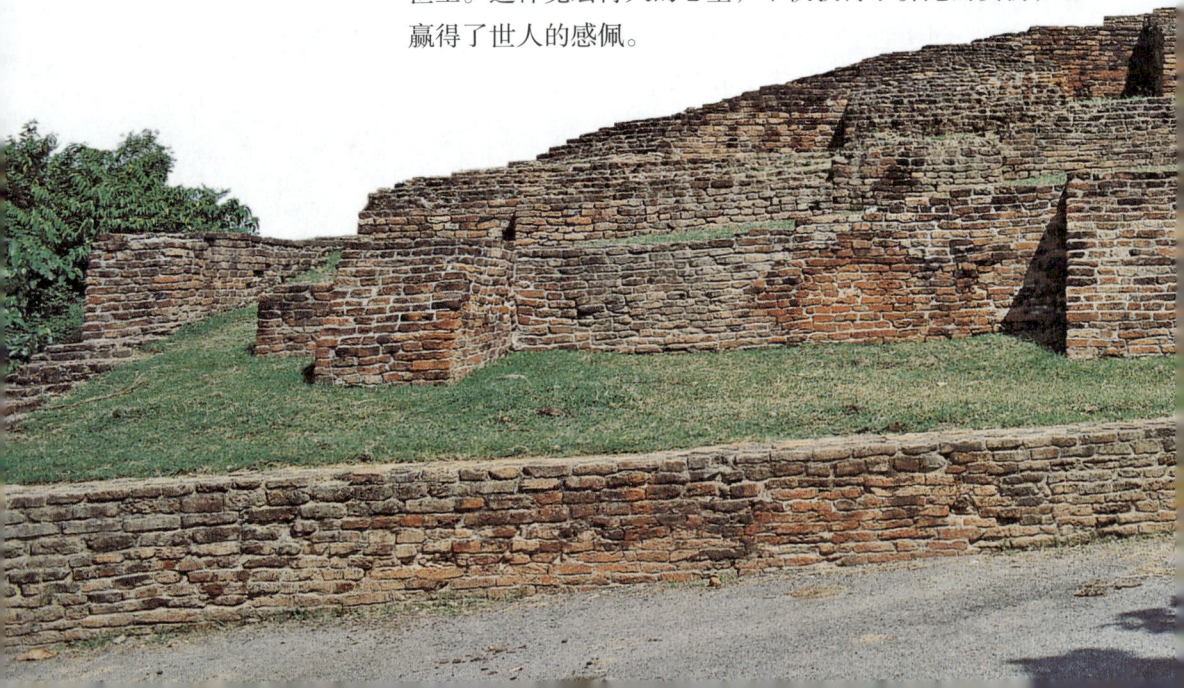

战胜增怨敌，败者卧不安，胜苦二俱舍，卧觉寂静乐。

——大正藏《杂阿含经》第1236经

不幸的是，波斯匿王晚年似乎与他的好友频婆娑罗王一样悲惨。在一次前往迦毗罗卫城与佛陀会面时，憍萨罗国发生政变，留在国内的毗琉璃太子与大臣们（据说亦有外道团体支持），将其罢黜并自立新王。波斯匿王悲愤之余，立即赶往王舍城向阿阇世王求助，打算夺回王位，但走到王舍城外，就因劳累含恨而死。

在那个弱肉强食、父为子伤的年代里，波斯匿王虽然无奈地走完了他的一生，但他与佛陀间隽永交流的法音，却静静地留在佛弟子们心中！

❶❷在商业鼎盛的憍萨罗国中，富甲一方的贸易商人，其财富有时更胜于王室（图为卡耆俱提——给孤独长者的故居）。

祇园精舍的诞生

除了波斯匿王依于王权对佛教的支持外，舍卫城民间最广为周知、引人感怀的，就是祇树给孤独园的故事了！

祇树给孤独园（Jetavana Vihara）的兴建缘起，传说是这样的：大约在公元前6世纪，舍卫城里有一位家财万贯却仁慈悲悯的长者，名叫须达多（Sudatta），由于他非

常乐善好施，经常济助贫苦的人们，因此大家都称他为"给孤独长者"（Anathapindik），意思就是"无可比拟的布施者"。有一次，他前往王舍城做买卖，无意间巧遇到正居住于寒林丘冢间的世尊。

> ……给孤独长者遥见佛已，即至其前，以俗人礼法，恭敬问讯："云何世尊，安稳卧不？"尔时，世尊说偈答言："婆罗门涅槃，是则常安乐，爱欲所不染，解脱永无余。断一切希望，调伏心炽然，心得寂止息，止息安稳眠。"
>
> 尔时，世尊将给孤独长者往入房中，就座而坐，端身系念。尔时，世尊为其说法、示教、照喜已。世尊说诸法无常，宜布施福事，持戒福事，生天福事。欲味，欲患，欲出远离之福。给孤独长者闻法已，见法、得法、入法、解法，度诸疑、惑，不由他信，不由他度，入正法律，心得无畏。
>
> ——大正藏《杂阿含经》第592经

佛陀至少在祇树给孤独园度过了24个雨季安居期，这几乎占了佛陀传法生涯中一半的岁月。

听闻佛陀说法的给孤独长者，当下就皈依三宝，成为虔诚的在家居士，并告诉世尊他将终生虔敬供养僧团——包括衣被、饮食、房舍、床卧及随病汤药等一切所需，希望世尊能到舍卫城净住说法，而佛陀默然地接受了这位仁善长者的请求。

给孤独长者回到舍卫城之后，立刻开始积极物色合适的土地，以便建造精舍恭请佛陀前来净住。几经挑选后，舍卫城南端一座美丽的花园吸引了他的注意，那是属于当时舍卫城王子——祇陀（Jeta）所有的祇陀洹花园，于是给孤独长者直接向王子表明想要购买花园的心意。

不过，王子相当喜爱这座林园，又不想明白地拒绝这位善良长者，就故意刁难道："要买祇陀洹园可以，但价码是铺满整座花园的金币。"王子打的主意是："任您再富有，也无法弄出那么多的金币来铺满我的花园吧！到时不必我开口，您就会自动打退堂鼓了！"然而，虔敬的给孤独长者并未因此退缩。

他打开家中的金库，变卖所有值钱的物品并换成金币，一块一块地铺在花园之中，最后，金币用尽了，但还差一小块空地未能铺满。此时，祇陀王子来到花园中，告诉长者："既然这块土地和旁边的树木都未被铺上金币，那么它们仍然属于我。不过，看到您如此诚心尽力，使我深深感动，这件事也算我一份，就用我的树木在这块空地上盖一座精舍，献给那智者吧！"

就这样，由祇陀王子捐树、给孤独长者献地所造就的这座林园精舍，就普遍被称为"祇树给孤独园"。

❶

❶祇园精舍的布施，让给孤独长者成为佛经上最出名的在家居士。
——巴呼特石雕·公元前2世纪
❷桑奇塔门石雕，据信是描绘佛陀在祇园内最常居住的两座精舍。
——桑奇大塔北门·公元前1世纪

太子戏言："金遍乃卖。"善施闻之，心豁如也，即出藏金，随言布地。少未满，太子请留，曰："佛诚良田，宜植善种。"即于空地建立精舍。世尊即之，告阿难曰："园地善施所买，林树逝多所施，二人同心，式崇功业。自今已去，应谓此地为逝多林给孤独园。"

——玄奘《大唐西域记》

❷

战遮女与孙陀利

当然，祇园精舍启建缘由带有浓厚的戏剧性，所谓的黄金铺地购买林园，在现实中实有难以克服的困难。

古印度妇女沐浴石雕，让人可以在心中描绘出战遮女和孙陀利的形貌。

——秣菟罗·贵霜王朝·公元2世纪

然而，早在公元前2世纪的印度古老遗址上，就已经有描述这个故事的雕刻出现，可见它很早就开始在民间广为流传了。不论真相究竟为何，唯一可以确定的是，在两千多年前，人们对于尽心尽力的护法者，就已极力地赞扬与称颂，并有相当程度的憧憬与崇仰了。

可是，这并不代表佛陀在舍卫城的弘法之路就是一路顺畅，事实上正好相反！经典中，佛陀在舍卫城受到外道诬蔑陷害的事例屡见不鲜，甚至比其他地方的干扰更多。其中最有名的，就是"战遮女的谤佛"与"孙陀利弃尸事件"。

战遮女（Cinca）是一名笃信外道的女子，她因为见到佛陀在舍卫城的声望日益高涨，心中十分不服，于是设下一个计谋：她先请外道于城内四处散播谣言，说"战遮女怀了佛陀的孩子，这个大沙门原来是个伪君子！"然后，在一次世尊为大众说法的正式场合里，战遮女在腰间绑上一个木盆，冲上讲台扯住佛陀的袈裟，向大众宣称："这个口口声声自称觉悟的人，使我怀了他的孩子，却又抛弃我、不认我，而你们竟然还会相信他的胡说八道，让他在这个台子上高谈阔论？"

就在大众半信半疑、议论纷纷之际，得意忘形的战遮女绑在腰际伪装成大肚子的木盆，却在拉扯之间咕咚一声掉了下来，戳穿了她的谎言。当场战遮女就在众人一片耻笑与谩骂声中，慌乱羞愧地逃离现场。一场原本可能会对世尊造成伤害的毁谤闹剧，就幸运地以喜剧收场。

而另一件"孙陀利弃尸事件"就更为阴狠残忍了！据说，当时嫉恨佛陀的外道买通一位妓女孙陀利（Sundari），请她天天到祇园精舍听佛陀说法。经过一段时日，当舍卫城民都知道妓女孙陀利在祇园精舍学法后，几位外道就聘请凶手残忍地杀害了孙陀利，并偷偷将尸体埋在祇树给孤独园中。

接着，他们对外大肆宣称佛教僧团杀害了孙陀利，而当尸体在祇树给孤独园中被发现时，可以想明祇园精舍的比丘们是如何的百口莫辩！一时之间，舍卫城民对僧伽们大加挞伐，愤怒不已，幸而没几天，百姓们抓到因分赃不拢而起内讧的凶手，这才还给僧团清白。

外道激战舍卫城

想想也难怪，憍萨罗国原本就是外道兴盛之地，不但传统的婆罗门教在此扎根已久，势力庞大，其他的新兴宗教也都把这里当做布教重镇，彼此竞争。直到今天，耆那教徒依然把这里尊称为"明月城"，因为有两位耆那教的圣者——"尊生主"（Sambhavanatha）和"月光主"（Candraprabhanatha）就是在此诞生的。

在这种情况下，原本可安享城民崇敬与供养的诸外道们，突然之间遇上佛陀朴质无华、落实人间教法时，争又争不过、打又打不赢，眼见城内富商王侯纷纷转而信受护持佛法，可以想象外道们心中的忧急与嫉妒会是多么的炽盛啊！

在这样宗教杂处、诡谲多变的环境中，外道对佛教僧团的处心迫害已令人难以招架，偏偏僧团内部还有破僧者提婆达多来凑热闹！据说一心想取代佛陀领导地位的提婆达多，曾在佛陀于舍卫城净住期间，把毒药涂在指甲中，企图在礼敬佛陀时乘机杀害他。

这些事件的真伪目前已难以探究，但在公元5世纪法显游历舍卫城时曾提到："憍萨罗国有九十六种外道，各有各的信徒……且在城中仍有提婆达多的徒众，他们供养

❶ 憍萨罗国原本就是婆罗门教的兴盛之地，婆罗门教特别强调借由禅坐修行，可达到梵我一如，解脱升天。

❷ 位居北印度接近尼泊尔的舍卫城，还有待印度政府投入更多经费维护与更深入的考古挖掘。

雕刻中的佛陀展现无畏的手势，告诉世人若能见法知法，将无所畏惧。

——秣菟罗·公元2到3世纪

过去三佛，却不供养释迦牟尼佛。"由此可知这些传说绝非空穴来风，至少透露出当时佛陀在舍卫城中的传法环境是多么的困难与险阻。

无畏于外道的挑衅冲突，佛陀在这个繁华都城度过大半生岁月，渡化无以数计的舍卫城民成为虔心护法的优婆塞、优婆夷。而在佛陀的诸多弟子中，除了舍利弗、目犍连与大迦叶等为王舍城出身外，其余诸大长老大都是此城的子民，由此可见佛陀对舍卫城的苦心教化依然是十分成功的！

如今，站在数千年前的舍卫城故地，想象当时佛门四众与各种异端思想，齐聚在这商贾云集、辩者辈出、人文荟萃、雄霸一方的大城市中，犹如百川汇入大海、群鸟争鸣树端，虽免不了遭遇狂风暴雨、暗潮汹涌，但世尊也因此得以针对诸多不同的因缘条件一一开示，留下许多珍贵的智慧言语，供后人细细思量。

时至今日，不论是初闻或久学的佛弟子们，读诵到："如是我闻：一时，佛住舍城祇树给孤独园。尔时，世尊告诸比丘……"这耳熟能详的章句时，都必然兴起对祇园精舍与舍卫城的无限向往，宛若展读家书，亲切之感，跃然纸上，怀思之情、油然而生……

　　如是我闻：一时，佛住舍城祇树给孤独园。尔时，世尊告诸比丘："过去、未来色无常，况现在色！圣弟子如是观者，不顾过去色，不欣未来色，于现在色厌、离欲、正向灭尽。如是过去、未来受、想、行、识无常，况现在（受、想、行）识！圣弟子如是观者，不顾过去识，不欣未来识，于现在识厌、离欲、正向灭尽。如无常、苦、空，非我亦复如是。"

　　时诸比丘闻佛所说，欢喜奉行。

——大正藏《杂阿含经》第8经

舍卫城巡礼

公元1863年，英国考古学家亚历山大·康宁汉率领着一支考古研究队，在印度UP省（Uttar Pradesh）境内拉普提河（Rapti）南岸的双子村落莎荷（Saheth）与玛荷（Maheth）中，发现了一群小土丘，初步探查发现其中掩埋了不少遗迹古物，在更深入的挖掘与考据后，他们欣喜地宣布：此地即为古老的憍萨罗国首都——舍卫城！

在莎荷村中，考古队于一座土堆里挖掘出一尊佛像的头和肩膀，而在另一个土堆里，又挖掘出一座高逾两米的立佛像。从这座充满细密小孔的砂岩雕刻风格看来，它显然来自著名的佛像艺术中心秣菟罗（Mathura）。于是他们更进一步挖掘，终于发现了一座古老寺庙的墙基与地板，地板上刻着佛陀的足印，足印旁则有一块石碑，碑文中描述这座雕像是"拘赏波俱提精舍的说一切有部（Sarvastivadin）老师所赠送的礼物"。就是这块宝贵的碑铭，证实了此地即是著名的祇树给孤独园所在地。

在这座遗址附近，有三个很深的大湖。根据玄奘的说法，这是当年提婆达多与其弟子瞿伽梨和战遮女三人，因为陷害、毁谤世尊而堕入地狱的地方，这个巧合更加令人深信，此地即祇园精舍的旧址。

经过持续不懈的考古工作，陆陆续续又有16座风格各异的遗址出土，不过多半是属于较晚期增建的佛塔和寺院。遗迹砖石中发现许多公元5世纪到12世纪的佛像及菩萨像，显示出佛教在舍卫城的活动一直相当活跃，直到12世纪遭到伊斯兰教徒的毁灭性攻击后，佛教的时代才在此画上休止符。

相对于莎荷村落以祇园精舍遗址为主要历史古迹，位于东北方约两公里的玛荷村落中的史迹就分散许多。玛荷的遗址是在1905年的挖掘工作中重见天日，其厚实城墙与壮观塔门，被确定是强盛繁荣的舍卫城遗址。虽然有高大的城墙遗迹易于辨识，不过人们的焦点却经常被祇园精舍

❶现今的祇树给孤独园经过规划整理，成为一座花木扶疏的林园。

在舍卫城这个经常出现于佛教经典的说法舞台上，遗留了许许多多重要的佛史轶事，可惜的是，传说继任的憍萨罗国王——毗琉璃太子为了一雪身世之耻，亲手吞并了世尊的故乡迦毗罗卫城，并对释迦族人进行残酷的灭族屠杀。从此以后，佛陀就很少再来这个令人遗憾的繁华都城了。

❷给孤独长者打开家中的金库，变卖所有值钱的物品并换成金币，一块一块地铺在花园之中。

——巴呼特石雕局部·
公元前2世纪

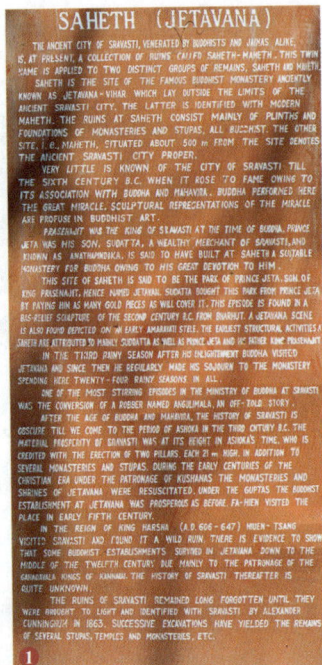

①

①莎荷遗迹区的祇园精舍介绍牌。
②舍卫城地图。

耀眼的光芒所吸引，而在不经意间冷落了它。

事实上，出土的只是古城一小部分，经过考证分析，仅有四座城门及后代增建的城墙基座尚可辨识，但附近并未发现有明显的皇宫或王国街市遗迹。另外，两座壮观的巨大土丘——帕耆俱提和卡耆俱提，则是此区最重要的佛教史迹。除此之外，大部分的古城都还沉睡在层层厚土之下，等待人们将它们唤醒，破解那朦胧、残破的历史谜团。

祇树给孤独园（Jetavananathapindi Karama）

池流清静，林木尚茂，众华异色，蔚然可观，即所谓祇洹精舍也。

——法显《佛国记》

祇树给孤独园又简称为"祇园精舍"（Jetavana Vihara），这个令佛教徒们记忆深刻、遐想无限的经典林园，占地大约十甲，目前种了一些低矮的灌木和几棵高大的树。随着季节轮放的各色花丛、铺设平整的参访步道、茵茵绿草衬着洗刷干净的遗迹红砖，让现代的祇园精舍俨然是一座雕琢美丽的小区公园，人们闲暇时分在此漫步休憩，却已不再记得它的光荣过去。

从四散分布的佛塔底座与僧房残基看来，祇园精舍在过去确曾度过一段辉煌的时光，只是，如果您满怀着思古之幽情，急欲找寻佛陀在此烙下的生命痕迹，那么，您唯一会找到的，只有深深的失落和莫名的怅然而已，因为那座给孤独长者铺金建造的原始祇园精舍早已颓圮消失，现有的所有残基都是后代王朝的重建扩充之作。

祇洹精舍本有七层，诸国王、人民竞兴供养，悬缯幡盖，散华烧香，燃灯续明，日日不绝。

鼠衔灯柱，烧花幡盖，遂及精舍，七重都尽。

——法显《佛国记》

这是公元5世纪初，法显游历印度时留下的记录，生动地描述出祇园精舍当时香火兴盛的热闹情景，可惜后来因为老鼠将灯芯衔出，引燃佛殿上的华盖布幡，进而波及整座精舍，结果七层楼的建筑全部毁于祝融之手。

到了7世纪玄奘来参访时，入口两侧还可以看到两根阿育王石柱，"左柱上作轮形，右柱上作牛形"，不过园区中已是"室宇倾圮、唯余故基"的衰败景象。时至今日，连阿育王石柱都湮灭消失了。现在人们所有的，就只有遗留在经典中得来的虚幻印象了！

拘赏波俱提精舍遗址，外围有一长条平台，据说是佛陀经行之处。

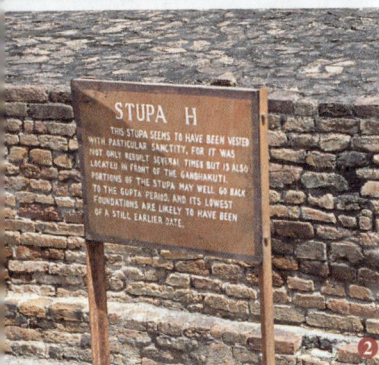

❶ 祇园中四处可见的僧房建筑遗迹以及佛塔基座。

❷ 祇园中每处遗迹都有解说牌。

❸ 祇园一隅，八个不同时期所建的佛塔聚集于一处，此地旧时为"塔林"。

● 僧院遗迹

现在的祇园精舍中，留有大批的僧院遗迹，其中大部分是贵霜王朝到笈多王朝时期的建筑。在这群遗迹中，位居最北的寺院是规模最大的一座，由于其位置正好在祇园精舍的东门和北门之中，因此有人猜测，这里可能就是当年给孤独长者铺设黄金的所在地。

从残址看来，内部原本应有礼拜堂和水井，大殿四周则井然有序地排列着许多小僧房，从位于较高的地势看来，透露出它代表着较重要与尊贵的地位。

● 拘赏波俱提精舍（Kosambakuti，三号寺院 Temple 3）

位于阿难菩提树的北方，是祇园精舍中有名的建筑遗迹。因为它被认为是当初给孤独长者所建的七层精舍所在地，并且因为佛陀曾净住于此而显得特别神圣。

精舍遗迹前有两座平台，据说佛陀曾在这长廊道路上漫步经行，因此建立平台以示纪念。考古学者在这里挖掘出一座巨大的雕像，根据上面的刻文记载，这雕像是公元1世纪贵霜王朝时期，竖立在拘赏波俱提精舍中的。

在这里，有一个关于佛像的有趣传说。根据法显记载，七层精舍被火焚毁后，各国国王与人民均感到相当难过，待大火熄止五天后，他们伤心地打开东边的小精舍，准备重整环境，却意外地发现原本以为被火烧尽的一座古

老栴檀佛像，竟然被放在里面，完好如初。一时大家士气大振、欣喜若狂，于是再度修治精舍，在原地重建了一座两重楼阁的庙宇，并将栴檀佛像安奉其中。

但是公元7世纪玄奘前来时，只见广大的祇园精舍中，"独一砖室，岿然独存，中有佛像"。人们相信，玄奘那时候看到的，应该就是拘赏波俱提精舍，只是其中的佛像想必已经不是那一尊传奇的栴檀佛像了吧！

● 犍陀俱提精舍（Gandhakuti）

"犍陀俱提"专指世尊所居住的房舍，一般又称为"香室"，也称为"佛殿"。

犍陀俱提精舍是园中另一座重要的遗迹，一般认为这是祇园精舍的故址，以及佛陀最早说法净居之所。但它真正出名的原因是，根据北传佛教的说法，这里是佛陀说"阿弥陀经"的地方，因此经常会有大乘佛教徒在这里举行各项纪念仪式。

精舍遗迹正前方有一座圆锥形的阶梯状小塔，是目前祇园精舍内的祭祀中心。来参观朝礼的信徒们，都喜欢在这里焚香祭祀，并且为小塔贴上金箔或挂上花环，以示虔诚崇敬。小塔后方有阶梯通往一座巨大的方形平台，这是以前主佛殿的遗迹。在遗迹的最深处，有一间凹下去的小室，许多人会在这里点上烛火、诵念经文，或是做一些私密的宗教仪式来纪念或

❶ 空荡的园区，高照的艳阳，过去无常、现在无常，况未来乎！

❷ 位居最北的僧院，是祇园内最大、最壮观的建筑物。

❸ 犍陀俱提精舍前的祭祀小塔，被信徒贴上金身，又被火烛烧灼出灰黑砖渍，使得色彩鲜艳的花朵看起来特别亮眼！

阿难菩提树的年龄写在裸裎的树身上，而它的
智慧就在微风、叶影之间。

祈祷。

人们在犍陀俱提精舍里所做的各种祝祷仪式，为冰冷的祇园精舍遗迹添加了些许宗教氛围，只是，现在的人间似乎已经很难再看到佛陀住世时那种纯朴实修的风气了。

●阿难菩提树（Ananda Bodhi Tree）

从入口处沿着主要的参访道路前进，远远地就会看到这棵尽情伸展枝丫、撑出绿色伞盖、美丽而巨大的阿难菩提树屹立在路边。在这个满是沉寂砖土的若大园区中，见到一棵绿意盎然的巨树，已为人心上洒下一片清凉，如果再听到那久远的传说，刹那间将为这苍凉的祇园披上一片轻柔的温馨……

故事来自斯里兰卡的古老典籍：在佛陀仍住世传法的时代，曾经规定比丘们一年之中只有三个月的雨季安居期，可以住在一个固定的地方，其他时间都必须到各地托钵行脚。也就是说，即使佛陀经常在祇园精舍结夏安居三个月，然而其他的时候，世尊仍是游化于印度各处，居无定所。于是，在下一个雨季来临前，舍卫城内的佛弟子们就必须忍受九个月的思念世尊之苦。

这一年，眼看着雨季又快要结束，世尊又即将离开祇园精舍。依依不舍的舍卫城民们，在一次机会中拜托阿难向佛陀请求，希望能在祇园精舍内留下一件纪念物品，以便世尊与弟子们游化他乡时，人们可以睹物思人，同时也能有礼敬的对象。为了满足众人的渴求，佛陀答应了阿难之请，于是众人便商请以神通著名的目犍连尊者，运用神足到菩提道场的菩提树上取下一株枝苗回来。

树枝取回来后，大家一致希望能由当时的国王波斯匿王亲手种植，但是国王婉谢了这项殊荣，于是给孤独长者被选为最具有资格的植树人。他在一次盛大的典礼

经行

"五天之地，道俗多作经行。直来直去，唯遵一路，随时适性，勿居闹处。"

步行，在印度是一件人们每天都在做的事情，除了工作或外出，古印度大部分的人——不论修行人还是一般庶民，都会在一天之中找一个适当的时间，在固定的路线上凭着自己的习性来回步行，这亦称为"经行"，一来可治病，二则有助于消化。

接近中午时分和午后近黄昏时，是经行的时间，可出寺长行，也可在寺内长廊下缓步。如不经常步行，身体必定多病，脚肿肚胀、臂膊疼痛、喉中痰淤不消，这些都是长时间不活动筋骨所引起的毛病。

故鹫山、觉树之下，鹿苑王城之内及余圣迹，皆有世尊经行之基耳。

——唐·义净《南海寄归内法传》

菩提树下有一小僧房的故基！

①祇园精舍中的犍陀俱提，据说是佛陀当时最常安住的精舍。

②帕奢俱提有着一段放下屠刀、立地成佛的传奇故事。

中，将菩提树种植在祇树给孤独园内。从此以后，每当佛陀不在舍卫城内时，人民就将这棵菩提树视为佛陀的亲身，向其礼敬与供养。而为了感谢阿难的传达之情，舍卫城民就将此树命名为阿难菩提树。

由于树身上的古老痕迹，阿难菩提树被当地人认为是从佛陀时代留存至今的古树。不过，从法显和玄奘的游记中均无记载，以及树木实际寿命有限的事实看来，这段故事无疑只是一则古老而美丽的虚构传说。事实上，根据印度考古部门的说法，这棵树是后人由斯里兰卡的阿努拉达普拉市（Anuradhapura）内，那棵具有历史意义的菩提树上切枝栽植而来的。

古树、新枝、残石、片瓦、羊肠小道、千年佛塔……如今，整个祇树给孤独园区内，已经找不到世尊当初在此度过二十四个溽夏雨季的安居房舍了。但是，每一寸翠草红砖间，都因为世尊曾在此宣说世间正法与律戒宝藏，而弥漫着神圣、庄严的气氛。随着足迹踏在砖石上的喀喀轻响，千年前那正法的诵念声似乎也隐隐回荡在淡淡的绿草香间。

遗迹公园门票：印度人5卢比，外国人100卢比

开放时间：AM9:00 ~ PM5:00

帕耆俱提（Pakkikuti，又称鸯掘摩罗塔Angulimala's Stupa）

从祇园精舍通往玛荷的主要道路上，可以轻易地到达帕耆俱提遗迹。这座土丘是由红砖堆砌而成的巨大建筑，正下方有一个明显的洞穴，通往遗迹中央，然后往上垂直穿凿，直通塔顶。当地人在塔顶围了一圈铁栏杆，让观光客可以从塔顶直接往下望见大塔内部。

从整座建筑的结构看来，考古学家推定此为舍卫城的遗迹，但是当地却另有传说，认为这个洞穴曾经是大盗鸯掘摩罗的藏身之处，同时也是他遇见佛陀而得道以及最后入灭火化的地方，因此人们均称这里是鸯掘摩罗纪念塔。

这位鸯掘摩罗据说曾是一个凶残阴狠、杀人无数的强盗，但他其实是一个充满戏剧张力的悲剧人物。传说鸯掘摩罗原名阿因萨卡（Ahinsaka），意为"善良"、"无恼"。他是憍萨罗国大臣之子，生性温顺且天资聪颖，12岁时就跟着一位年高德劭、学识通达的老婆罗门修行，对老师非常地尊敬与信服。有一次，师父有事外出，留下他和师母单独相处。谁知道这位师母竟趁着丈夫不在，诱惑这位俊美的弟子行非礼之事，正直的"善良"当然是严词拒绝了！恼羞成怒的师母于是向丈夫谎称，"善良"趁两人独处时意图对她非礼。受骗的老婆罗门想到自己对这位弟子教导爱护有加，而他竟恩将仇报，不禁怒火攻心，于是想出一个报复的毒计。

他将"善良"叫到房中，说要传授秘法："若欲成道生天，就在城中杀一千人，每杀一人，即取其右指，用线贯串成链，挂于颈间。杀满一千人，即成正道。"纯真的"善良"不疑有他，真的遵照老师的吩咐，每天站在城门口，见到人就杀，然后割下手指，挂在自己的颈上。不用多久，"善良"就成了人人闻名丧胆的大恶盗"鸯掘摩罗"（Angulimala，意译为"指鬘"，也就是手指项链之意）。

当他杀人累积到九百九十九人时，他的母亲前来劝诫

鹿野苑摩犍陀俱提寺内的壁画，大恶盗鸯掘摩罗将割下的手指挂在自己的颈上，直到遇见佛陀才放下屠刀。

❶蓝天绿草间的帕耆俱提一片宁静，然而那贯穿塔丘的垂直裂口，却又让它透出一抹凄凉。

❷在帕耆俱提旁休憩的牧童与牛儿。

他莫再行恶事，谁知他竟然意图杀害亲生母亲来凑满一千人之数。幸好这时佛陀及时出现，对他开示正法，令他当下悔悟成为一位比丘。在追随佛陀修行后不久，天性聪慧的"善良"终于也证得圣道，成为一位阿罗汉。

"鸯掘摩罗！我说常住者，于一切众生，为息于刀杖。汝恐怖众生，恶业不休息。"

"我住于息法，一切不放逸，汝不见四谛，故不息放逸。"

——大正藏《杂阿含经》1077经 世尊告鸯掘摩罗语

"服人用钩鞭，或是手锤杖，世尊均未用，却使我服降。"

"我名为'善良'，行为却残酷，如今已改过，名实已相符。"

"亲近无上世，佛法我尊行，苦轭已放下，爱欲已斩除。"

——鸯掘摩罗长老偈

一个杀人取指的江洋大盗，竟然能幡然悔悟，成为一位戒行清净的比丘僧，这样的转变让鸯掘摩罗成为佛教史上令人印象深刻的长老。据说，由于出家前所造作的恶业过于巨大，因此，即使在鸯掘摩罗放下屠刀成为比丘后，仍有许多人故意在他托钵乞食时，用石块、棍棒殴打他，以发泄对他的恨意。但是，他总是默默地承受这迟来的责罚，任人打骂与报复。

或许是有感于鸯掘摩罗长老"浪子回头金不换"、"放下屠刀、立地成佛"的伟大转变，舍卫城民在他逝世后，建了一座塔来纪念他的勇气与精神，以及那令造恶之心转而澄清的"法"的真谛！

卡耆俱提（Kachchikuti，又称须达多塔Sudatta's Stupa）

位于玛荷最北端的巨大土丘，就是卡耆俱提，它又被认为是须达多长老的故居遗址。

　　这座令人印象深刻的红砖建筑，曾经历过不同时期的增建，最早大约在贵霜王朝时代，最晚则大概到公元6世纪左右。不同时代不同的建筑风格，让这座砖丘呈现出相当复杂的建筑体。在主建筑物西北角的下方，有两座圆形的佛塔基座，这是唯一可以证明卡耆俱提是一座佛教建筑遗迹的证据。

　　巨大的红砖土丘内有一座笈多王朝时期的佛殿，其中陆陆续续挖掘出许多匾额、屋檐、门楣及陶器等古物。考古学者根据史籍上的记载，推断此处应为须达多长老（即给孤独长者）的故宅遗址，只不过至今并没有明确的出土文物可资证实。

耆那寺（Jain Temple）

　　在莎荷到玛荷之间，距帕耆俱提约一公里处的道路右手边，有一座中古式的耆那教寺庙遗迹。耆那教徒们相信，这里是他们教中第三位圣者尊生主的诞生地，因而对其礼敬有加。

　　根据法显在《佛国记》中的记载："其道东有外道天寺，名曰影覆，与论议处精舍，夹道相对，亦高有六丈许。所以名影覆者，日在西时，世尊精舍则映外道天寺，日在东时，外道天寺影则北映，终不得映佛精舍也。"就地理位置而言，我们有足够的理由猜测这座遗迹可能就是其中提到的天寺"影覆"，虽然无法证实，不过由于它就在大马路边，经过时倒不妨顺道一游。

　　它之所以值得旅人停下脚步，是因为其独特的半圆形

卡耆俱提遗迹位于道路的最尾端，被认为是给孤独长者的故居。

❶著那教的寺庙遍布在所有的佛陀圣地外围，它们在民间的势力与影响力，实与佛教有过之而无不及。

屋顶造型颇为少见。顺着阶梯绕到寺庙背面，即可看到如同剖面图的天寺全貌。由于大半部分都已崩毁，因此目前用钢梁支撑着，一眼望尽圆顶、钢梁、残砖，更觉其壮观。

天寺后方有一片广阔的建筑遗迹，显示这里曾经也有许多外道修行者净住共修。虽然目前只余萧瑟残基，但耆那教修行者们至今仍然以传统的修行方式，在印度过着苦行游化的生活，而曾经"让外道天寺无法覆影"的佛陀教法，却早已凋零萎谢，近乎灭绝了！

曾经欢舞笙歌，曾经圣哲竞起，曾经冠盖云集，曾经叱咤风云！历尽风霜、繁华落尽的舍卫城，如今沉默了！再没有三教九流的思想家咄咄逼人，再没有意气风发的大富商一掷千金，再没有打滚市集的愁苦小民汲汲营营……

林间骤然响起盛夏的大合唱，歌声中没有快乐，没有感伤，却也并非漠然，那歌声只是让人明白：世间并没有恒常永驻的事物，也没有可以消散湮灭的主体，如果一定要有什么，那么，只是许许多多因缘条件在电光火石间碰触的刹那所展现的当下罢了！

那歌声是用尽力气唱出来的："知了！知了！知了！……"数千年来，不绝于耳。

❷如同这半片的圆顶天蓬，耆那教在印度仍能撑起半个天空，相较于同时并起的佛教，耆那教的生命力很显然略胜一筹。

旅人info

交通

舍卫城遗址位于印度的UP省东方，在行政区域上隶属于贡达（Gonda）。由于现代的舍卫城并不是什么重要的观光点，距离主要道路或城市也非常远，因此搭乘公共交通工具前往是非常辛苦、费时的事。在时间就是金钱的原则下，建议直接从哥拉浦租车直奔目标，会更省时省力，也更安全。

食宿

舍卫城本身是一个相当偏远而安静的小村落，因此并没有什么食宿选择。唯一可供参考的旅馆只有一家：舍卫城日光莲花大饭店。

大部分的旅人会选择在19公里外的巴朗浦（Balrampur）或转运站哥拉浦落脚，住宿选择多，质量也会比较好。

舍卫城日光莲花大饭店（Lotus Nikko Sravasti）

电话：(5252)265291-92

网站：www.lotustranstravels.com

这是一所日本人经营的三星级旅馆，是附近最高级也最高价的住宿点，距离遗迹区约十分钟脚程，所有设施一应俱全。附设的餐厅可供旅人止饥，但价格亦不便宜。

❶ 乡间的孩子们通常打着赤膊，在大自然中恣意玩耍。

挂单也ok!

朝圣本身就是另一种修行方式，因此不怕吃苦又习惯寺庙生活的人，可以借住在僧院中，体验一下游化行脚的生活。这里的缅甸寺、锡兰寺和中华佛寺都接受旅人挂单，只需随喜捐献香油即可。如果可以，尽量事先预约。

❷ 落脚在乡村地区，可以体验许多难得的当地生活，图为印度小村中的蔬果摊，在阳光下展现缤纷的自然色彩。

憍赏弥

Kausambi 圣地之八

—法尽之地—

释迦法尽，此国最后，故上自君王，下及众庶，入此国境，自然感伤，莫不饮泣，悲叹而归。

—— 玄奘《大唐西域记》

◎前页：宁静清澈的亚穆那河边小村中，静静躺着古代政商大城憍赏弥的遗迹。
◎本页：憍赏弥的阿育王石柱，被重新竖立在水泥地上，最上端还可见破裂接合的痕迹。

法尽之地

无斗无有诤，慈心愍一切，

无患于一切，诸佛所叹誉。

——大正藏《增一阿含经》高幢品第24-3

憍赏弥，又译作拘睒弥，是佛陀时代北印度十六大国之一跋蹉国的首都，也是佛陀主要游化弘法区域里偏西之地。

关于这个城市的源起，最早出现于印度神话史诗《摩诃婆罗多》，故事主人翁之一的潘达阀五兄弟原本定都于哈斯汀那浦（Hastinapur，古印度文明之一，位于德里北方约110公里处），却因为一场大洪水冲毁了这个城市，不得已之下只好带着臣民往南迁移，到亚穆那河与恒河交汇处附近的小村重新建国。这个被选为新都的地方，就是后来举足轻重的政治文化大城——憍赏弥。

憍赏弥依傍着幽深的亚穆那河而建，恒河从北方激荡流过，在63公里外的婆罗门教圣城阿勒哈巴与亚穆那河汇合。因着这两条无比神圣重要的河流，憍赏弥有着得天独厚的交通优势：沿着恒河下行，可以一路往东通达鹿野苑与华氏城，直到孟加拉湾出海与国际接轨，或是沿途转运往南通往王舍城、菩提迦耶，往北达吠舍离、拘尸那罗与舍卫城。顺着亚穆那河北上，则可以到达秣菟罗等重要城市，也难怪古印度亚利安人会选择它作为新都之所。

便利的交通带进了人潮，人口的扩张造就贸易的发展，而政商都发达的城市，对宗教修行者一向有着不可抵

憍赏弥，一个总是被遗落在圣地名单之外的地名。

曾经，它是古印度政商繁荣的大城，各种宗教门派在此相互争辉；曾经，它是佛陀亲履说法与雨季安居之所，烙印下世尊许许多多的著名教诲；曾经，因为国王贵族的尊崇信奉，在这座城市里出现了佛教史上第一座佛像。然而，这儿也曾经因为一件小事而引发严重的僧伽斗诤，甚至佛陀亲临调解也无法解决，最后只好无语远离这座繁华大城……

恒河与亚穆那河的交汇处——阿勒哈巴，自古以来就是印度教的圣城。

❶图左的阿勒哈巴城堡内，收藏了一根阿育王石柱，可惜并不对外开放。

抗的吸引力，更何况苦行外道最重要的沐浴圣地——阿勒哈巴就邻近身旁，于是各种宗教异术纷纷在此抢占地盘，不论是婆罗门教、耆那教还是土著神鬼信仰，各宗教古籍传说中都有憍赏弥的身影留存，可见这座城市在公元前6世纪到公元5世纪间，的确是不折不扣的政商、宗教与文化中心。

佛陀，当然不会在这场盛会中缺席。

根据南传经典记载，佛陀在正觉后的第六年和第九年曾经来到憍赏弥，虽然一生只履足此地两次，但佛世时这里就已建立了四座著名的精舍林园——瞿师罗园、鸡园寺（Kukkutarama）、婆婆梨迦芒果园（Pavarika–Ambavana）以及跋陀梨园（Badarikarama），可见当时佛陀的教说在有力的传布下，必定很快就在此地打下了基础。

瞿师罗长者的美音林园

憍赏弥诸多出家在家弟子中，最重要且著名的，就是堪与给孤独长者媲美的另一位富商弟子——瞿师罗长者了。根据《四分律》记载，瞿师罗长者前世曾经是一只狗，他的主人负责每天敦请五百位辟支佛前往应供。有一天时辰到了，主人却忘了这件事，这只狗便独自上山对着诸位辟支佛大声吠叫，将他们请至受食处应供。因着这个因缘，他得以转生为富裕人家，并得名"瞿师罗"（Ghosita，意译为美音）。

瞿师罗长者是一位非常虔敬好施的佛弟子，为了护持佛教，他将自己位于城东南郊的林园房舍奉献给僧团作为精

❷瞿师罗园遗址被农田包围，相信有很多的古迹仍深埋在农作物之下。

舍，这就是著名的瞿师罗园。除此之外，《律藏》中还记载，瞿师罗长者竭尽一切家产供养佛陀与比丘，甚至狂热到连自己吃饭都成了问题，需要靠亲友日常接济粮食过活。

已经布施到贫穷见底的长者，仍旧有不少比丘天天到他家中乞食，并且每次都装一满钵而回，邻人实在看不过去，便出言呵责这些比丘。怨憎之声因此逐渐传开，佛陀辗转知道这件事后，便命比丘们到长者家中忏悔，并规定日后前来受食的诸比丘们须知有所节制，只能取三分之一钵的分量。

瞿师罗长者虔心奉献的心，让他的名字在千年后仍流传人间。虽然最终散尽家财、一贫如洗，令人感叹，但或许这就是瞿师罗长者体现生命无所执取的方式吧！

传说世间的第一尊佛像

我弟子中第一优婆塞……至心向佛，意不变易，所谓优填王是。

——大正藏《增一阿含经》清信士品第6

世上的第一尊佛像，据说是出现于憍赏弥，由优填王打造。图为笈多王朝的佛陀立像。

——笈多王朝·秣菟罗·公元5世纪

在佛陀时代，憍赏弥的国王是优填王（Udena，又译为优陀延那、邬陀衍那），由于他所宠爱的王后差摩婆帝（Samavati）虔信佛法，在王后的影响下，优填王也成为佛陀虔诚的弟子，经常以极丰厚的供养奉献僧团。不过，优填王最著名的护佛事迹，不是奉献大林园，也不是精勤问法，而是创造了世上有史以来的第一尊佛像！

《增一阿含经》卷二十八记载着，佛陀有一次到三十三天为母亲说法，一去三月未归，世人都十分想念，尤其是波斯匿王与优填王："二王思如来，遂得苦患。"优填王甚至对群臣说："设我不见如来者，便当命终。"为了排解这位君王对佛陀的思念之苦，群臣便想出一个点子，告诉优填王可以做一尊如来像，把佛像当做是世尊来礼敬。优填王听了十分欣喜，便命巧匠以牛头栴檀刻了一

佛陀从三十三天回归人间的叙事雕刻，阶梯上的圣树代表佛陀顺着阶梯走下人间。
——桑奇大塔北门·公元前1世纪

尊五米高的如来像，于是，世间诞生了第一尊佛陀造像！

一般认为，玄奘在公元7世纪到此旅游时曾看过此佛像："城内故宫中有大精舍，高六十多米，有刻檀佛像，上悬石盖"，但近代印度的考古工作却从不曾发现有公元前所遗留的佛像，仅有佛足印、金刚石、法轮、菩提树等象征佛陀的图腾，因此其真实性尚需考证。

然而，优填王毕竟以此经文而为人所熟知，而制造佛像也在佛灭后三五百年间日益昌盛，佛像雕工亦显华丽雄伟，甚至出现"三十二相"、"八十种随形好"等非凡异貌。时至今日，佛像艺术已成了佛教研究领域里不可忽视的一门学术，它不但填满了人心思念与情感的空虚，也为过去的时光留下了美丽的见证，更为晦涩难辨的佛教历史，提供了足以溯源与实证的珍贵记录。

无解的僧团斗诤

虽然憍赏弥在佛陀的弘化生命中占有一席之地，但在这儿留下最深的烙印，却是一个伤痕——那是连佛陀也无法调解的僧团斗诤事件。

据说，一开始只是一件小事，一位比丘做了一件有争议的事，经过布萨羯磨，被判定为犯戒。但这位比丘不服判定，便私下拉拢其他比丘议论说自己为是，布萨结果为非，于是导致僧团分为两派，相互斗争攻击，甚至严重到"刀杖相加"的地步。

斗诤事件愈演愈烈，终于传到当时居住于舍卫城的世尊耳中，根据《摩诃僧祇律》记载，佛陀原本先请优波离长老前往憍赏弥灭此诤事，但却怎么样也无法劝和双方，于是世尊最后还是从舍卫城千里迢迢来到憍赏弥，为相诤比丘们说了六和敬的教诫。

根据巴利文中部《随烦恼经》记载，当时佛陀苦劝比丘们："唉！诸比丘！勿斗诤，勿异论，勿斗诤，勿纷论。"但比丘却回答："世尊！法主之世尊，请待，世尊！世尊不被扰乱，唯请住现法乐住，我等应当镇静此斗净、异论、论难、纷议。"也就是请世尊不必多事，僧团自己处理就可以了。佛陀数次好言劝诫，但比丘们依然不愿和合。

劝解无效且受到不尊重对待的佛陀，不久后就收拾好自己的座具衣钵，在未惊动任何人的情形下，默默地离开了憍赏弥。从此以后，佛陀似乎就不曾再履足这个城市了。或许，这就是佛陀长达四十年的弘化生命中，只在此蜻蜓点水地待了两个雨季的原因吧！

无明的人心让人间的纷扰争斗轮回不休。

——阿姜塔石窟

释迦法尽人天感伤

因僧团斗诤而留名，已经够让人唏嘘了，然而，憍赏弥却还有另一个更让人心情沉重的传说——这里是佛法最后灭尽之地！

在《杂阿含经》卷二十五中，记载着佛陀令人震撼的预言。或许是预见自己将于不久后涅槃，为了让正法能常久驻世，世尊叙述了千年后佛法灭失时世间的悲惨状况。

佛陀告诉诸天世人，千岁之后将有四恶王在十二年间毁灭败坏佛法："百千眷属，破坏塔寺，杀害比丘，四方尽乱。"此时憍赏弥会出现一位叫做"难当"的国王，而摩揭陀国的首都华氏城则会出现一位名叫"弟子"的三藏法师，和一位名叫"修罗他"的阿罗汉。在修罗他阿罗汉和三藏法师的说法度化下，难当王"于佛法中，生大敬信"，并且发下宏愿："我当十二年中，当供养五众。"

讽刺的是，得到丰厚供养的诸比丘们，却成了佛法灭尽的导火线："诸比丘辈食人信施，而不读诵经书，不萨阇为人受经。戏论过日，眠卧终夜，贪着利养，好自严饰，身着妙服，离诸出要、寂静、出家、三菩提乐。形类比丘，离沙门功德，是法中之大贼，助作末世坏正法幢，建恶魔幢；灭正法炬，然烦恼火；坏正法鼓，毁正法轮；消正法海，坏正法山；破正法城，拔正法树。"比丘的恶行使得人天鬼神俱不欢喜，不仅不再护持，并且同声认为佛法即将灭尽。

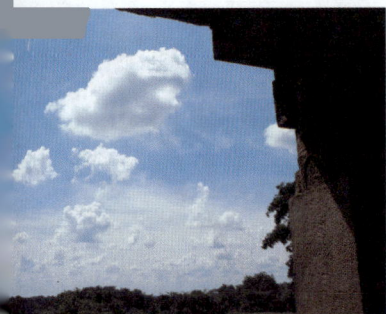

艾罗拉石窟外的天空。

　　到了布萨说戒的日子，修罗他阿罗汉知道现今只有憍赏弥仍有僧众聚集说戒，便来到这里参加布萨。当时世间仅存百千僧众，除修罗他之外世间已无阿罗汉。难堪的是，在这些僧众中竟无人能说戒，连最德高望重的三藏法师"弟子"都未学戒律。此时修罗他便挺身而出，告诉大家自己对佛所制律仪悉已备足，能为大众说戒。众僧不识修罗他，正有疑虑时，三藏法师的一位弟子即因不服气而起身辱骂，最后竟然手持利刃将这位世间仅存的阿罗汉给杀害了。修罗他的弟子见老师被杀，大为愤恨，当下也将世间最后一位三藏法师予以杀害了。于是，就在憍赏弥的最后一场布萨里，如来正法全部灭尽，再也无阿罗汉能说法传戒，也再没有通达三藏的法师能将如来的说法继续传衍流布。

　　这就是佛陀所预见的法尽之相！多么让人惊心与错愕，光是想象那动人心魄的混乱场面，就足以令人摇头叹息，亲历圣地遥想当年，又怎能不"感伤饮泣，悲叹而归"呢？

　　憍赏弥，优厚奉献于此，诤论发生于此，佛像出现于此，释迦法尽于此。即便是佛法，也必须面对世间的无常，但世尊真正想要传达的讯息，应该还是此经最后的教诫吧！

　　法尽之相，如上所说。是故汝等，今者不可不以勤力加于精进，护持正法，久令在世。

——大正藏《杂阿含经》640经

憍赏弥巡礼

公元1861年，印度考古研究所的总指挥亚历山大·康宁汉首度踏入柯桑村，在当时教育部相关人员的协助下，他来到遗迹所在地做了简单的勘查。这次调查虽然没有找到任何明确的证据，但康宁汉已十分确定，这儿应该就是佛陀时代的政经大城——憍赏弥。

康宁汉的直觉并没有引起考古学界的重视，这个小村又沉寂了近八十年，直到1940年，在阿勒哈巴大学的夏玛教授（G.R.Sharma）领导下，开始进行挖掘工作，憍赏弥几近灭失的遗迹才一步步重现天日。不过，挖掘工作进行到1966年，似乎就呈现停滞状态了，印度政府对于已出土的珍贵遗迹也没有予以应有的照顾，因此，目前出土的遗迹依旧孤独地在荒僻空旷的田野上受日晒雨淋。

坐着颠簸摇晃的闷热巴士，缓缓行过尘土飘扬的土石小径，来到现代的柯桑村。放眼望去尽是旱田农舍，烈日之下，偶见几棵枝繁叶茂的大树孤独挺立，倒颇有些玄奘大师所形容的"粳稻多、甘蔗茂，气序暑热，风俗刚猛"之感。在当地人的热心带领下，总算找到了藏在小村田野间的憍赏弥遗迹区。

遗迹区并不大，也没有任何路标或围篱，出土的遗迹包括：

阿育王石柱

孤独矗立在荒野田中的半截阿育王石柱，是整片遗迹区中最醒目的标志物。这根失去了柱头的石柱就和其他的阿育王石柱一样，有着结实光滑的柱身，上头刻着残破的铭文。较奇怪的是，柱身上还有一些如藤蔓般蜿蜒的花纹，看似随意的涂鸦，但又精美得仿佛是刻意的设计，令人驻足细观不忍离去。

❶ 憍赏弥的阿育王石柱，独自挺立在平野间，显得特别醒目。

憍赏弥的确切地址，在《佛国记》、《大唐西域记》和其他古籍中的记载差距很大，因此在考古工作上遇到相当大的困难。不过，目前比较普遍受到认定的，还是由亚历山大·康宁汉所确立，位于亚穆那河畔的小村落——柯桑村（Kosam）。

今日的憍赏弥，是一个安静地坐落在亚穆那河边的小村庄，仅存稀稀落落的红砖僧院遗迹，倔强地记忆着令人不想回顾的僧团诤斗。而那断残光滑、独自挺立在农田之间的阿育王石柱，就仿佛千年前佛陀默然离去时的背影，孤独却又坚毅……

❷ 阿育王石柱身上的敕文，见证历史的兴衰起伏。

圣地小百科

憍赏弥的阿育王石柱敕文

石柱刻文虽已残破，但对照桑奇及鹿野苑的敕文，可以解读其内容为：

"天佑慈祥王谕令憍赏弥之官员如下：任何人不得于僧团中制造纷争，僧团与尼僧团必须和合无诤，这和合必须维持到我的子子孙孙，与日月同寿。任何人若于僧团中制造分裂，不论僧尼，均令其着白衣，并摈出僧团。僧团长久的和合是我的期望，务将这期望广为告知僧团与尼僧团。天佑慈祥王如是说：你们务须将这份文告抄写一份告示于你们集会的大厅中，并另抄一份交予俗家信众。每个布萨日俗家信众务须前来监督这份谕令，特定官员亦须定期参与布萨，确认这份谕令的执行及通告。你们必须将这份文告确实地在辖区中广为流传，并确认这份严谨的文告发布于军事管辖区。"

这篇敕文证明憍赏弥在公元前3世纪时，仍是相当重要的佛教中心，所以才会被选为立柱刻文的地点。它同时也证实了，这里的僧团诤斗很可能从佛陀时代就一直持续到阿育王时期。

❶阿勒哈巴城堡内的阿育王石柱绘图。

❷当地居民每天需头顶水桶，步行到河边或水源处汲水

❸村落内的公共水井。

据说阿育王原本应该是在这儿立了两根石柱，其中一根在伊斯兰教王朝入侵时，被移到了阿勒哈巴城堡中。而在这根被移到伊斯兰教城堡中的石柱上，铭刻着阿育王极为严厉的敕文———谕令僧团不得分裂！

奇怪的是，法显和玄奘都没有提到这儿有阿育王石柱，玄奘只记载了城东南的瞿师罗园中有无忧王所建的窣堵波，高六十多米。一般而言，阿育王的塔和柱都是在同一处，玄奘只见塔未见柱，难道是石柱在公元5世纪前，就已经倒塌埋藏于土石中了吗？

依照印度考古学界对这片遗迹的态度，这个问题恐怕永远无人能解了。

瞿师罗园遗迹（Ghostarama Monastery）

根据觉音（Buddhaghosa）尊者记载，憍赏弥有三位富商——瞿师罗（Ghosita）、古古塔（Kukkuta，意译为鸡）和婆婆梨迦（Pavarika），他们一起乘象旅行至舍卫城，并且在祇树给孤独园接受佛陀的开示。三人闻法后非常欢喜，便邀请佛陀到憍赏弥说法。为了让佛陀在憍赏弥能有地方安住，三人回国后便各盖了一座精舍献给佛陀与僧团，这便是憍

赏弥著名的三座精舍：瞿师罗园、鸡园寺和婆婆梨迦芒果园。

根据夏玛的考据，阿育王石柱旁有一片红砖遗迹，应该就是瞿师罗园的遗址，不过这里已经看不到玄奘所说的无忧王塔，只见大片草地上罗列着红砖基座，有的看似小僧房，有的疑似塔基或说法台，在缺乏标示的情况下实在难以辨识。

阿育王石柱。

宫殿城墙遗迹

在这里还挖掘出约6公里长的城墙遗迹，有部分还高达9米。根据夏玛教授的观察，这些城墙很类似印度河流域的城市，因此它们的年代很可能可以追溯到公元前5世纪。在挖掘过程中，还出土了许多陶器、陶偶和钱币，现在都存放在阿勒哈巴博物馆中。

柯桑小村与亚穆那河

沿着遗迹旁的羊肠小道，可以顺道走访静静躺在亚穆那河畔的柯桑小村。秋末的玉米成熟期，一片金黄的穗花铺满田野，女人们头上顶着高高一捆玉米秆心忙收成，孩子们顶着水罐取水而归。村子里有几口石砌的水井，路旁几个男人仍忙着用简单的器具挖井抽水，生活的步调充满农情悠闲。

穿过矮房散落的村庄，眼前豁然开朗，亚穆那河宁静的河岸在面前展开。几捆稻穗，几只小船，展现出简朴的水岸生活。亚穆那河粼粼生光的潺潺流水，让人暑气尽消。

数千年的飞扬风光，几世纪的法音飘荡，这里有过虔诚奉献，有过僧团纷争，有过繁华荣耀，有过兵戎战火，然而如今这一切都止息了。只有偶尔出现的匆忙朝圣者，虔心在遗迹石柱旁，以双脚继续写着无声的历史，静静聆听亚穆那河缓缓流过的水声，轻轻唱着回忆的歌。

❶ 纯朴的柯桑村民在相机前露出腼腆笑容。

现今的憍赏弥——柯桑村，位于印度教圣城阿勒哈巴西南方约63公里的亚穆那河畔。这座曾经是叱咤一时的繁华大城，如今是一个非常朴实、安静的偏僻小村，村民多以务农维生，路上时时可见头顶农作收成的人们，以腼腆的笑容向旅人们打招呼。

❷ 水运是憍赏弥对外交通的主要方式，农作物在此集散，运往其他的城市。

旅人info

交 通

如果预算充裕，可以从阿勒哈巴租一辆汽车前往，费用大约在900到1200卢比之间，视个人议价功力而定。

如果想深入品尝当地的生活，就搭巴士吧！虽然所有旅游书都写着：在阿勒哈巴的立德路巴士站（Leader Rd. Bus Stand）有班车可以直达憍赏弥，但实际走访时却是在尼赫鲁公园巴士站（Nehru Park Bus Stand）搭到车，车资大约25卢比。只是车班并不定时，车速也因为路况颠簸而非常缓慢，偶尔司机老兄还要停下车来喝杯奶茶吃吃点心，63公里的路程可以走三个半小时，所以最好是大清早就出发。如果不赶时间，绝对可以充分享受到乡村生活的悠闲氛围。

巴士会停在柯桑小村，离遗迹区还有一小段路程，为了避免迷失在玉米田里，还是找个当地人问路会比较保险哦！

食 宿

安静的柯桑小村附近并没有食宿设施，顶多只有路边的小奶茶摊可以歇歇脚，因此不论是租车还是搭巴士，最好都下榻在阿勒哈巴，再从那儿开始一日游。参访过程应该会遇到午餐时间，建议在出发前先准备一些干粮以备不时之需。

圣地转运站——阿勒哈巴 Allahabad

想要一访憍赏弥，就一定得去阿勒哈巴。阿勒哈巴古名波罗耶迦（Prayag），意为"汇流处"，因为它正是印度两大重要河流——恒河与亚穆那河的交汇点。

十二年一次大祭典

阿勒哈巴最著名的景点就是"桑岗姆"（Sangam）了。翠绿、清澈而宁静的亚穆那河在此与鹅黄、激荡而奔越的恒河交汇，汇流点水色壁垒分明，河面上建了一排木造平台，人们坐着小船来此沐浴，热闹滚滚，蔚为奇观。

此外，"桑岗姆"每十二年还会举办一场全世界最盛大的宗教庆典——大壶节（Kumbh Mela）！在这个节日里，几乎全印度的宗教师、苦修者、朝圣者和小摊贩都会聚集到此，场面极为壮观。

"桑岗姆"旁有一座城堡，里头矗着一根从憍赏弥移过来的阿育王石柱，上头刻有阿育王谕令僧团不得分裂的敕文，可惜不对外开放。

市区的阿勒哈巴博物馆中，存放着憍赏弥出土的文物，不可错过。

交 通

阿勒哈巴位于瓦拉那西以西约135公里的地方，交通相当的便捷。

◎火车

大部分从德里到加尔各答的火车都会停靠阿勒哈巴火车站。

◎巴士

阿勒哈巴有两座主要的巴士站，一般线巴士站（CivilLine Bus Stand），往瓦拉那西（60卢比，三个半小时）、哥拉浦（150卢比，10小时）和苏诺里（200卢比，13小时）的车都在此起讫。

第二座是立德路巴士站（Leader Rd. Bus Stand），专门往返德里（300卢比，14小时）、阿格拉（240卢比，12小时）和憍赏弥（25卢比，3小时）。

食宿

大部分平价旅馆集中在南边的Old Chowk区，中高价位住宿则多位于Civil Lines区，可自行选择。

艾瓦特旅馆（Hotel Ilawart）

电话：(0532) 2601440
地址：35 MG Marg
价位：普通房约600卢比；冷气房约1000卢比

这是UP省观光局经营的旅店，干净舒适。但邻近巴士站，可能会比较吵，尽量选靠后方的房间。

亚崔克旅馆（Hotel Yatrik）

电话：(0532) 2260921
E-mail：yatrik-hotel@rediffmail
价位：普通房约1500卢比，冷气房约2800卢比
中价位，有美丽的花园和大厅，24小时服务。

欧陆饭店（Grand Continental）

电话：(0532) 2260631
网址：www.birhotel.com
地址：Sardar Patel Marg
价位：单人房约2000卢比；双人房约3000卢比

高级的选择，干净的房间装潢还附电视，不但有花园还有一座游泳池。

僧迦施

Sankisa 圣地之九

—天上人间—

却后七日如来当来下至阎浮里地僧迦尸大池水侧。尔时
四部众闻此语已，欢喜踊跃不自胜。

——大正藏《增一阿含经》听法品第36

◎ 前页：僧迦施因佛陀下凡而闻名，各国的佛子们，千里迢迢地寻找着人间
道路，来此朝仿佛典中的三道宝梯。
◎ 本页：阿育王所立之象形柱头，目前被供立在一开放式的亭阁之中。

天上人间

汝等当勤学，于佛法圣众，当灭死径路，如人钩调象，

若能于此法，而无懈怠者，便当尽生死，无有苦原本。

——大正藏《增一阿含经》听法品第36

一段悠久的人间传说，三道不复得见的天上宝梯，造就了僧迦施这座传奇的圣地。没有世尊的生活记录，没有如海的经卷佛典，没有著名的教诲流传，僧迦施有的，只是一个缥缈的神话——她是佛陀到天上为母亲说法后，回到人间的下凡地点。根据《增一阿含经》记载，整件事的起因是源于帝释天的要求："今如来母在三十三天欲得闻法……善哉世尊，可至三十三天与母说法。"

然而，真正促使佛陀决定离开人间的主要原因，其实是因为当时世间发生了另一件故事。

神话古老传说

传说当时人间有二龙王作乱，后来被目犍连尊者降服，皈依佛陀并誓愿受持五戒不复杀生。正巧此时波斯匿王前来朝礼佛陀，但二龙王所化成的人形却没有起身迎接，此举让波斯匿王心生瞋恚，私下盘算要将他们抓起来处死。二龙王知道波斯匿王的心念后心生怨恨，也计划要将憍萨罗国的全国人民尽取杀之。佛陀对双方的思绪了然于胸，于是暗中派遣目犍连尊者保护波斯匿王。事情过后，波斯匿王得知自己差点命丧龙王，惊吓之余，对世尊更是崇敬与感恩。

❶朝圣团体在巨大的菩提树下，听闻佛陀从天上回到人间的典故。

一般提到僧迦施，大约都只着墨在佛陀到天上为母亲说法后，经由三道宝梯回到人间。因着这个传说，阿育王在公元前3世纪建塔立柱时不能忘记它，5世纪的法显和7世纪的玄奘大师访印时不能错过它，18世纪英国学者在印度考古挖宝时也没有遗漏它……

直到今天，它依旧在远离尘嚣的小村郊野，等待全世界的佛弟子们，前来怀想圣者既真实又飘忽的容颜。

❷佛陀从三十三天回到人间，中间宝梯上下各有一对佛足印，象征佛陀由天上下凡。

——巴呼特石雕·公元前2世纪

圣地小百科

僧迦施之谜

不是知名的佛学讲堂，也与佛陀生命历程无关，一个原本默默无闻的小村落，只因佛陀下凡而声名大噪，这是僧迦施极其特殊之处。更特别的是，这里远离佛陀传统游化的场域，距佛教重镇王舍城与舍卫城至少有七八百公里。

佛陀若真有上天说法，为何选在这偏僻的郊野下来？又为何如蜻蜓点水般，日后不曾再回来？这一圈圈令人疑问的涟漪，令人难解再三。或许，远离眩人耳目的神话情节，回到真实的人间背景，才是寻得解答的途径。

佛教与龙王信仰

在现今王舍城里，遗留了一座摩尼耶摩达古塔，其中供奉的就是印度民间信仰的龙王——摩尼蛇。从古塔规模看来，龙王信仰在当时拥有一定的宗教版图，足以与当时的新兴宗教并驾齐驱。因此经文中提到的龙王，指的或许就是龙王信仰的宗教领袖。例如经文中描述龙王作乱之词："此秃头沙门恒在我上飞，我等当共制之，令不陵虚。"从带有鄙视的"秃头沙门"一词，可嗅出民间宗教师对于佛教凌驾于其上的强烈不满。

对于这件事，佛陀心中非常感慨，因为一方是长年护持的皇家大护法，一方是新近皈依的天神龙王，但他们在学佛之后，依然烦恼炽盛，满脑子打打杀杀。于是佛陀心想："此四部之众多有懈怠，替

僧迦施的小土丘，其实曾经是一座巨大的佛塔，每天皆有来自四面八方的朝圣者爬上丘顶虔诚礼敬，再循着原路踏上归途。

不听法亦不求方便使身作证，亦不复求未获者获未得者得，我今宜可使四部之众渴仰于法。"就这样，佛陀在没有告诉任何人的情形下，直接上三十三天为母亲说法了。

如来一去便是三个月，世间无人知道世尊到哪去，四部之众思念至切，其中尤以波斯匿王和优填王最甚，因此衍生优填王造世间第一尊佛像以解思念之苦的故事。最后世人得知世尊在天上为母亲及诸天说法，便请目犍连代表四部之众，请求世尊回到人间，而佛陀的第一句话就是："四部之众游化劳乎？无讼耶？外道异学无触娆乎？"目犍连告诉世尊大家都行道无倦，佛陀这才回答："却后七日如来当往僧迦尸国大池水侧。"于是各国人民齐聚于僧迦施迎接佛陀下凡。当天佛陀从三道宝梯中间的金梯缓缓步下，梵天在如来右侧的银梯上，帝释天则在如来左侧的水晶梯上随侍一同回到人间，并且为在场大众开演正法，当下六万余人诸尘垢尽得法眼净。这就是佛陀离开人间为母说法的因缘始末，也是僧迦施在佛陀生命中唯一一次的重要演出。

贪嗔痴恼的人间

这篇经文一开始花了整整三分之一的篇幅，叙述龙王作乱、目犍连降龙及龙王与波斯匿王的纠纷，而这精彩刺激的斗法，其实隐含着当时宗教与政治的竞争角力。佛陀

一生努力弘法，让许多民间龙王信众皈依成为优婆塞与优婆夷。也许是因为入门未久或虚假皈依，也可能是波斯匿王在处理民间宗教事务时，与龙王信徒产生极大的冲突，因此虽然同为佛陀弟子，但双方一度爆发杀戮事件。

若说新进外道弟子与波斯匿王的杀戮冲突，是优婆塞与优婆夷怠惰的最坏示范，那么比丘和比丘尼是否也做了让佛陀无言叹息的事呢？答案就在憍赏弥了！那儿的僧团曾为了一件小事引发激烈争执，连佛陀亲自前往调解都无法平息斗诤。四部之众如此不受教，难怪佛陀会心生"四部之众多有懈怠"的慨叹。没有告诉任何人就默默离开的佛陀，所选择的隐居之所或许就是荒僻的僧迦施小村。在交通不发达的古印度，只要离开平时惯常履足的区域，要找到失去音讯的人，将宛如大海捞针。因此当人们四处寻找不到佛陀时，会传出世尊已离开人间到天上去的说法，也是非常自然的事。

简言之，"天上说法"极有可能是佛陀在看到弟子无心向法且劝诫无用时，选择暂时远离人群的一段神秘经历，而这也解释了为什么在佛陀消失期间，波斯匿王和优填王思念会最为急切，因为他们心里应该很清楚，自己就是让佛陀失望离去的罪魁祸首之一。

在佛陀仍住世时，人间就已纷扰不休，如今的佛子世界，喧哗更甚于前。轻轻诵读佛陀在返回人间僧迦施之前，于须弥山顶所说之偈，蓦然间醒觉，不论佛是否真能神通往返于人天，对人们最重要的，还是他不倦的再三叮咛呀！

❶ 山丘上的一棵菩提树，是佛教在此丘顶上的唯一标志，其余皆为印度教所占据。

❷ 残存的佛足石雕，倒也颇能代表僧迦施圣地的精神。

汝等当勤学，于佛法圣众，当灭死径路，如人钩调象，
若能于此法，而无懈怠者，便当尽生死，无有苦原本。

——大正藏《增一阿含经》听法品第36

僧迦施巡礼

❶山丘顶上的南传比丘与菩提树。

公元5世纪法显到访僧迦施时，曾提到三道宝阶还留有七级在地面上，阿育王在宝阶上建了一座精舍和一尊佛像，周围遍布了许多小塔。当时的僧团还约有一千人，显示这里曾是相当兴盛的佛教修学重地。

公元7世纪玄奘来访时，佛学风气还算兴盛："伽蓝四所，僧徒千余人，并学小乘正量部法。"他也提到在城东二十余里处的大伽蓝内，仍留有三道宝阶的遗迹，不过已是后世国王所建。宝阶上有精舍，精舍中有佛像，旁有石柱，宝阶旁有佛塔、水池和经行石，都是佛陀曾经入定经行之地。但遗憾的是，玄奘之后就很少再有关于僧迦施的文献记载了。

僧迦施古名Sankasya，不论是现在还是两千年前，都是一个不太起眼的小村落，若不是因为各国佛教徒的虔诚朝圣，恐怕永远不会有人注意到它。僧迦施的传说至少在佛灭后不久就已经开始流传，因为在公元前3世纪时，阿育王就已经把僧迦施列为一个重要的圣地，他不但在此建了一座砖塔，还竖立了一根庄严、雄伟的象形柱头石柱。

小村经历了印度教洗礼乃至伊斯兰教的摧残统治，僧院崩毁，石柱倒塌。直到公元1842年，英国考古学者亚历山大·康宁汉循着法显和玄奘的旅行记录，首度确认了它的存在，但是一直到1862年，康宁汉才第一次亲自来到这里。在他精确的计算及挖掘下，僧迦施终于重现天日，也挖掘出此地曾经享有的宗教光环。

阿育王象形柱头

僧迦施最重要的史迹焦点，就是巨大雄伟的阿育王象形柱头了！虽然它的脸部、象鼻、象牙和尾巴都已毁损，又被石制混凝土凉亭与栏杆包围保护着，显得有些委屈，但仍不失其绝美魅力。阿育王石柱的精致雕工，在它身上样样具备——高度抛光、平滑无纹的

❷阿育王象形柱头比一个人的身材还要高大，虽然象鼻与脸部已损坏，但仍散发出雄伟的气势。

巨象身形，脖子与脚下垂挂着典雅的项链装饰，腹下与四脚似乎包夹着象征富足的金砖银块，稳稳地站在雕着繁花

卷草与菩提叶的圆形平台上，下方衔接着圆润流线的覆莲基座，一体成型，气势雄伟。遥想象头与象尾若依然完好，在艳阳的照耀下巍然挺立在平原之上，景象肯定令人震慑难忘。

根据康宁汉的记载，石柱原本应是矗立在阿育王佛塔的正北方，从这尊柱头的直径及法显的记载看来，石柱总高约有16到18公尺，因此康宁汉就以此为挖掘半径，希望能找到这个柱头的柱身。可惜除了一座方形的石柱基座遗迹，并没有发现任何柱身残骸。由于这尊柱头是在地面下约70厘米处出土，根据土壤堆积的速率推算，它应该是在公元750年时断裂倒塌，而柱旁的僧院也是在同一时期崩毁。从僧院的围墙厚度和石柱的直径看来："我强烈怀疑它们是毁于一场地震，因为僧院和石柱倒塌的方向完全一样。"康宁汉如此记载着。换句话说，在玄奘来访后不到一百年，僧迦施就毁于一场大地震，而残存的僧众或许也就此离散，僧迦施的佛教传承在此画下了句点。

在象形柱头旁一棵巨大的菩提树下，有一间小小的斯里兰卡风格的白色祠堂，里头供奉着一尊金色佛像，左右是随侍的梵天和帝释天，描绘着佛陀从天而降的传说。寺庙很小，勉强容一人弯身走进礼佛。佛像前留有蜡烛烧尽的残迹，从供品、香花和蜡烛的数量看来，这儿的礼拜人潮似乎比不上山丘顶上的毗娑利女神。

宝阶佛塔与菩提树

从象形柱头再往下走几步，右手边有一座巨大土丘，趋前细看会发现土丘上其实曾建有红砖砌建的房舍，只是目前已倾倒毁损。土丘前有一面小小的蓝色牌子，标志着它是政府保护的

❶菩提树是佛教的圣树，但树下的香火却大多由印度教信徒所有。

❷山丘顶上的毗娑利女神庙，香火非常旺盛。

❸在通往遗迹的大路边，另外建有一座造型独特的美丽建筑，门口高大的牌楼上写着"缅甸寺"，这是现代缅甸佛教僧团所建，也是附近唯一一座佛教僧院。如果有时间，不妨在遗迹区附近散散步，在充满农村风情的小村里，将外围的遗迹做一次简单的巡礼。

国家级古迹。人们络绎不绝地踩着土丘红砖台阶往上攀登，礼敬盖在丘顶的印度教毗娑利女神庙（Bisari Devi）和旁边的哈努曼猴神庙（Hanuman Temple）。

　　这座已经被踩出一条阶梯通道的土丘，其实曾经是一座高6米、直径49米的巨大佛塔。19世纪末康宁汉来此时，毗娑利女神庙已经存在了，大塔周遭散布着大大小小的土丘，推测应该也都是佛塔遗迹。这座大塔应该就是法显和玄奘所提到从天上下降至人间的三道宝阶遗迹所在处，可惜因为塔顶中央坐落着小小的毗娑利女神庙，而且香火非常旺盛，所以，康宁汉没有办法从塔顶挖凿竖井进入挖掘，探查塔心及后世扩建的轨迹，否则应该会找到更多的历史证物。

　　目前整座山丘几乎都被印度教占领，唯一能象征佛教的，是丘顶一隅的菩提树。树身娇小，树龄顶多不超过十年，应是朝圣的佛弟子们深感佛影凄凉，而特意栽植的吧！佛子们在树身上缠挂五色旗幡，树下则是纪念祈福的烛火燃香之地。然而印度教徒却也未忘记此处，随处可见神像图腾傍树而放，所有教派皆可在此抚额敬拜或烧香祭祀，山丘上的菩提树展现了人间最大的包容。

　　康宁汉初次到访时，僧迦施四周还散布着许多小塔遗迹，在柱头倒卧处，外围也挖掘出虽已倒塌但仍完好的石墙遗迹，可惜都被附近村民移走作为建材了。康宁汉认为它们很可能就是玄奘所提到的僧院遗迹，遗迹区东南方有一座水池，康宁汉认为这是玄奘所说的龙王池，当地人现在把它称作"卡利瓦"（Karewar），每年四五月与八九月间的五龙节（Nag-Panchami）以及需要祈雨时，村民们都会向池子举行祭并奉献香乳。

　　站在丘顶放眼一望，无际的农田与零星散落的简陋农舍，说明了今日的僧迦施是一个极度贫穷的圣地。佛教经文虽清楚描述了世尊从天上下凡来到此处，但似乎并没有为僧迦施带来丰饶的财富，有的只是烟雾与尘土、虚华与孤独，以及世代相传不断的人间故事。

旅人info

　　现代的僧迦施小村位于UP省的巴桑浦（Basantpur）小村中，是一个小到几乎找不到旅游信息的地方。距离它最近的大城市是207公里外的阿格拉（Agra），建议以此为僧迦施之旅的转运站，进行当天来回的一日之旅。

交　通

　　阿格拉有火车可以到达距僧迦施约十公里远的帕克那（Pakhna），再从帕克那租车或搭马车、大轮吉普车前往僧迦施遗迹区。如果不想被火车班次限制，可以先到坎浦（Kanpur）、法鲁卡巴德（Farrukhabad）或是费地迦（Fatehgarh），从那儿再搭巴士或租车前往。最简单的方式是直接从阿格拉租车，省时又省力。

食　宿

　　这么偏僻的小村当然是不会有食宿设施的，因此只能选择在附近较大的城市如坎浦等地找寻落脚处。不过上述几个城市对旅人而言还是相对偏僻，无法事先取得住宿信息，当然更别说是订房了。因此最好的落脚处还是阿格拉，由于这里是国际知名的观光重地（泰姬玛哈陵所在之城），信息非常丰富，可以在行前先上网查询。至于用餐部分，一定要在出发前带足饮水和干粮，否则就只能在经过的不知名城镇买些炸咖哩饺（Samosa）或煎蛋果腹了。

　　夕阳的金黄色光晕，映照滚滚沙尘，不时有往来车辆将一波波的朝圣者送往迎来。偶尔看到身着赭色袈裟的僧侣，在菩提树上的彩带间系上希望的经幡，才让人乍醒这是环绕着神圣光环的小村。

　　如果经费充裕，建议直接从阿格拉租一辆车前往，虽然要价较高（来回约2000至2500卢比之间），但可以省下转运的时间。

　　不过，僧迦施真的是一个很小的地方，即使是租车前往，阿格拉的司机都不一定听过它的名字，因此要记得把地图带在身边，并且随时问路哦！

❶❷虔诚的印度教徒，乘坐各式货车、卡车、农用车前来此地进香，但他们可不是来朝圣佛陀，而是来祭拜毗娑利女神。

巴特那
Patna 圣地之十

—孔雀之心—

阿难啊！当阿利安人仍常往还且商贾云集，此波吒厘子城
将成为一大都市与商业中心。但此波吒厘子城将有三种危险；
一者为火，二者为水，三者为邻友相争。

——巴利文《大般涅槃经》

©本图为肯拉哈尔公园内的阿育王石柱。

孔雀之心

> 吾今最后留此足迹，将入寂灭，顾摩揭陀也。百岁之后，有
> 无忧王命世君临，建都此地，匡护三宝，役使百神。
>
> ——玄奘《大唐西域记》

巴特那古名波吒厘子城（Pataliputra），Patali原是一种会开放淡粉红色花朵的树，而putra则为"子"的意思，因此中文译为"华子城"或"华氏城"。会有这样浪漫的名字，自然是因为它的起源来自一段浪漫的传说。

很久以前，有一位青年学子远离家乡，来此跟着一位婆罗门修学，却因为学业无法突破而心生郁闷。为了消解愁闷，青年与一群同学来到附近的波吒厘林中游玩，并学着当时的礼俗玩起婚礼的家家酒，还开玩笑地摘下一枝波吒厘花枝给他当"新娘"。

游戏玩到日薄西山，同学们一一回家，只有这位入戏太深的青年仍坐在树下回味。没想到就在此时，林中突然大放光明，一位年老的树精牵着曼妙美丽的花精少女出现，为他俩举行了一场真正的婚礼，并希望他就此定居在这林中。

青年又惊又疑，却也没有拒绝。第二天，只见人役来往，大兴土木，很快就完成了一座房舍林立的市镇，后来又加筑了城墙，于是一座新的城镇就这样建立了！由于该城的住民都是波吒厘花精的后代，因此人们就把这座新城称为"波吒厘子城"！

真是一段粉红色的浪漫传说，为波吒厘子城的天空洒下奇幻的云彩。不过，现实的人间可就没有那么美丽了！

❶ 肯拉哈尔公园一景。

波吒厘村（Pataligrama），在佛陀时代是恒河边一个不起眼的小村庄，世尊晚年从王舍城出发进行此生的最后之旅时，恒河渡船口就在这附近。当时佛陀已看出它优越的水路交通，因而说出"此地将成为一座伟大城市"的预言！

随着国与国之间的战争与阿阇世王的大力建设，波吒厘村在短短的时间内发展为繁荣大城，它的重要性随着摩揭陀国的壮大而与日俱增。佛灭后百余年间，印度出现了强盛的孔雀王朝，此渡口小村也跟着摇身蜕变为繁华的国都"波吒厘子城"，迈入了前所未有的极盛巅峰。时至今日，繁华虽已凋零，但它仍是车水马龙的比哈省政商与交通中心，扮演着举足轻重的角色。

❷ 孔雀石雕·巴呼特·公元前2世纪。

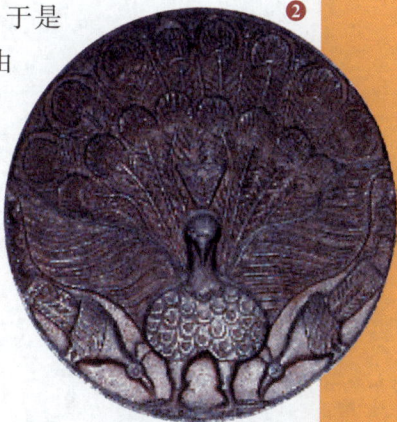

阿育王与华氏城

要谈波吒厘子城的发迹，就不能不从摩揭陀国开始说起。古印度的摩揭陀国在佛陀时代，掌握着从迦耶到巴特那一带的恒河流域领土，它最早的首都定在由五山围绕的上茅宫城，然而，随着频婆娑罗王的军事扩张政策，摩揭陀国的国土日益向外拓展。

首先，他向东征服了控制着恒河三角洲并拥有许多港口的鸯迦国（Anga），这些港口正是印度东岸及缅甸海港之间重要的贸易通道，得到这些港口的控制权，让摩揭陀国开始快速发展。此时，以攻防为主要考虑的首都上茅宫城，已无法灵活因应新的局势，于是摩揭陀国便将首都迁移到地势较为开放的王舍城。

阿阇世王继位后，更积极地实行扩张政策，只是他在军事行动之外，还意识到恒河与贸易经济的重要性——在交通不便的上古时代，河道航运与港口有如国家的命脉，控制了恒河就等于控制整个恒河平原，这点对军事战略与经济发展均相当重要！于是，阿阇世王将眼光转向北方和西方，并开始考虑将首都迁离王舍城。

几经选择，他先在恒河的五个河口附近建立了一座小要塞——波吒厘村，后来，他的儿子（一说为孙子）优陀延（Udayin）继位，开始在这里大力建设，并将首都搬迁至此。政治地位的提升加上地理交通的优势，使得这个小村庄快速地成长，最后终于超越了昔时的都城，成为后来著名的孔雀王朝首都——华氏城！

统一了全印的孔雀王朝，领土广大，国力富强，声势如日中天。借由贸易的往来，孔雀王朝和西方世界有了频繁的接触，许多西方国家均派遣使节在此任职。例如当时的叙利亚地区，即曾派遣"美加苏得尼斯"（Megasthenes）来到华氏城担任大使，他把在华氏城的见闻民情作了详细的记录，为当时的华氏城社会状况留下了珍贵的史料；据说当时有64座城门，570座箭楼，其中光是四个主要城门，每天的税收就有40万枚钱币。

此外，中国朝圣者法显亦曾在公元5世纪时，见识到尚未被毁损殆尽的"华氏古城"壮丽堂皇的屋宇楼阁，与依稀尚存的繁荣物质生活。

> 凡诸中国，唯此国城邑为大，民人富盛，竞行仁义。
>
> ——法显《佛国记》

阿育王是将孔雀王朝与华氏城搬上历史舞台的重要人物！他不但虔诚地皈依佛教，大力护持法脉的传承，并且将佛法所宣说的和平、非暴力、平等、慈悲等思想，运用于国家治理。

他派遣僧侣使节将这样的信息传播到印度乃至世界各个角落，使佛教在横向的空间上成为一个世界性的宗教，然后西方风格的石柱与石刻敕文，在纵向的时序中，为当时的佛教发展留下了历史的见证，其影响可说深达现世每一位佛弟子，实可谓无远弗届！

第三次佛法结集

阿育王的广护佛法，还衍生出一件对佛教意义深远的重大事迹，那就是在华氏城举行的"第三次佛法结集"。

在阿育王称霸印度时，佛陀已入灭三百多年了。在这三百年间，佛教僧团的发展和佛陀在世时已大大不同，不但在戒律持守上因为各地习俗不一而有不同的认定标准，在法义知见上也出现很大的分歧，僧团因此分裂成好几个部派。

阿育王初登基时，僧团的分裂还算单纯，仅分为大众系、上座系以及属于上座系统的分别说

图中的阿育王石柱原立于吠舍离附近的劳格利亚那但格（Lauriya–Nandangarh）村落，现被移到首都德里的印度考古协会里。

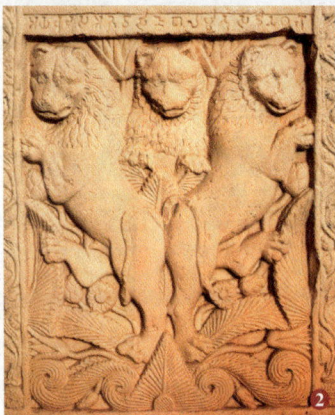

❶印度裘那迦（Junagadh）地区知名的阿育王石刻法敕。

❷孔雀王朝无疑是伟大的！而阿育王则是缔造这伟大帝业的人，他的功绩不只是在势力版图的扩张，同时也在于文化的深度开发与历史显像。由于阿育王的提倡，佛法得以快速地扩展于全世界，因着他颁布法敕刻文，印度的历史得以清晰而具体，不再模糊迷蒙。

部，然而在阿育王秉着诚心派遣僧侣四出传法后，分裂却反而日益恶化。为了打进当地社会，佛教渐渐融入各地风俗民情，导致每个地区都有一套不同的法与律，进而分裂出许多派别。

而原本一片赤诚全力推广佛教的阿育王护佛政策，不但未能改善这种情况，反而衍生出另一个重大问题——非佛教的外道修行人愈来愈不易得到崇敬与供养，为了生存，许多外道假扮僧侣混在僧团中，这些人被称为"贼住比丘"。他们只想求取利养，并无学法之心，甚至将许多民间信仰的传说与外道思想渗入佛教教义中，导致僧团中见解混杂、良莠难分而无法和合共住。

其中分裂最严重的就是阿育王所启建且护持最大的阿输迦园（Asokarama；意为"无忧园"），由于供养十分丰厚，以致贼住僧侣增多，于是见解分歧、戒律松散，导致七年无法举行布萨（每月定期集会，讨论戒法与忏悔生活中的违犯）。阿育王看这样不是办法，便派遣使节到阿输迦园为比丘们调停。

谁知不论这位使者怎么劝说，僧众们仍是各持己见，不愿和解，使者一怒之下，拔刀斩杀了一名僧侣。阿育王知道后又惊又惧，亲自到阿输迦园悔过请罪，并请教僧众："我的使者一时糊涂，竟杀害僧众，请问应如何定罪？"没想到僧众们各执己见，莫衷一是，让阿育王大起疑惑，不禁叹道："难道没有人能告诉我真正的佛法，解开我的疑惑？"这回大家倒是异口同声地推举了一位德高望重的长老——目犍连子帝须（Moggaliputta-tissa），他是优波离尊者的第四代弟子，是当时上座系分别说部的大长老。

于是阿育王从阿呼恒迦山（Ahoganga）请出目犍连子帝须长老，由长老招集约一千位长老大德僧，在华氏城聚集会议，重新整理佛陀的教法和律制，做成《论事》（Katha-Vatthu）一书，并乘机将贼住外道摈出正统僧团。

据说当时用的方法简单利落，由长老们组成口试团，所有僧众一个一个进入试场，阐述自己对佛法的理解，凡见解有偏失者，一律视为贼住，迫其还俗摈出僧团。这一次规模庞大的僧团自清行动与经律整理工作，就是佛教史上的第三次结集！而集结的所在地——华氏城，也就因此增添了无可抹灭的历史重量。从桑奇、鹿野苑及憍赏弥等地的阿育王石柱法敕均教诫"僧团须和合无诤，不可制造分裂，否则将摈出教团"的刻文内容来看，这次结集事件相当可信！

混乱的王城故都

继孔雀王朝之后的笈多王朝，是另一个在文化、艺术、经济等各方面均繁荣鼎盛的统一王朝，此时的华氏城仍是笈多王朝的首要都市。直到公元6世纪末，一场巨大汹涌的洪水吞噬了这座繁华都城，华氏城就此一蹶不振。公元7世纪玄奘来此参访时，它已是一座荒烟蔓草、残迹颓圮而充满神话的"故城"了。

殑伽河南有故城，周七十余里，荒芜虽久，基址尚在。
——玄奘《大唐西域记》

公元12、13世纪时，伊斯兰教徒的入侵再度摧毁这个刚萌芽一丝生机的城市，直到16世纪，才稍稍重振一些往日的辉煌。19世纪，英国势力入侵，在英国的殖民统治政权下，这座小城被塑造为典型的殖民城市，并被更名为巴特那。

现代的华氏城是一座令人傻眼的混乱小城，英印风格混合的建筑布满了市区，马路上拥挤着各种车辆：脚踏车、三轮车、牛车、马车、嘟嘟车、巴士、卡车、摩托车和小汽车，在这些车的缝隙间还漫步着优哉游哉的牛、马、羊、猪、狗和人，路上没有分向线，没有红绿灯，南来北往的人、车和动物们如同八仙过海，各显神通，引

❶ 巴特那阿育王石柱上的铭文，记载着阿育王曾经三次以难以计量的财富布施三宝。据说阿育王的晚年由于大权旁落，最后在郁郁寡欢中，结束了他伟大的一生！

❷ 巴特那是比哈省的省府所在，由于比哈是印度最穷的省份，繁荣富裕似乎仍活在逝去的年代，至今未曾醒来！

❸ 阿育王石柱与古王宫城的残基破片，散落在肯拉哈尔公园内，乏人照料！

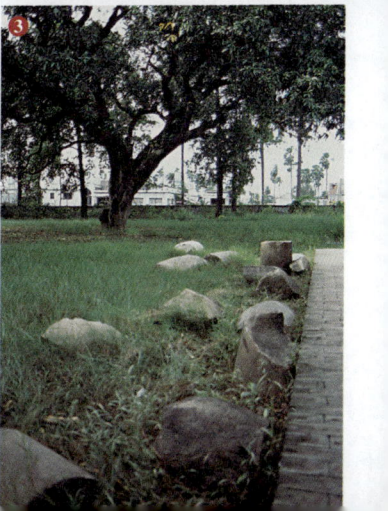

擎声、喇叭声、脚踏车铃声和人们的呼喝声，充斥于耳膜间。啊！真是怎一个乱字了得！

过去闪耀繁华的国都华氏城终究已逝去，再也寻不回了！

　　觉观万法如泡沫，觉观万法如梦幻，
　　这样观察世间者，死魔无法见到他。

——巴利文《法句经》第170经

巴特那巡礼

历史上的纷纷扰扰，使得巴特那几乎没能留下什么过往名震国际的帝国痕迹。值得一游的，除了著名的巴特那博物馆之外，就是位于市郊、保存了所有重要史迹的肯拉哈尔公园了。

肯拉哈尔公园（Kumrahar）

位于甘克巴路（Kankerbagh Rd）上、距离甘地广场（GandhiMaidan）约6公里的肯拉哈尔公园，是目前唯一可以追忆华氏城风采的遗迹公园。历经古代摩揭陀国阿阇世王、孔雀王朝阿育王与继起之笈多王朝等数代国王大力建设，繁华强盛近一千年时光，这座昔时的国际大城市，如今只余下一方园林供人凭吊。

●议会厅

1912年至1913年间，印度考古研究所在这里挖掘出一座占地广阔、呈长方形的集会厅，从遗迹上可以看出这里曾竖立着80根高大的圆形石柱，但是只有一根石柱被较完整地保存下来。

根据考证，这应是阿育王所建的宫殿。由于阿育王和西方国家如希腊、埃及、叙利亚等地有频繁的政商往来，受到西方文化的洗礼，因此在建设华氏城时，运用了许多西方石雕建筑艺术手法，例如这座由巨大石柱支撑的华丽议事厅，就颇有西方百柱宫的风格。

一般认为，法显

巴特那古名为"波吒厘子城"，现在是比哈省的省府所在。Bihar之名是由"Vihara"——"佛教僧院"而来，由此可知比哈佛教寺院众多。由于比哈省是目前印度最穷、最落后的省份，因此脏乱、嘈杂和污染在这里可以说是司空见惯的事。

❶这片沼泽传说是阿育王弑亲夺位的池塘，然而，除了空中凝结的猜测外，真相永远在人们的心中飘荡着！

❷阿育王朝拜菩提树石雕。
——桑奇大塔·东门·公元1世纪

①19世纪初，印度考古人员在巴特那考古的情景。

②肯拉哈尔公园中的议事厅遗址，雨季时变成一座水池。

来朝圣时，曾亲见这座大厅的雄伟壮丽，而留下了"城中王宫殿，皆使鬼神作，累石起墙阙，雕文刻镂，非世所造"的记载，不过由于这座遗址的地基深陷地下，每到雨季时常会积水成池，并将所有遗迹都淹没水中，因此最好是在旱季前来。

●阿育王石柱

根据玄奘和法显的记载，阿育王曾在此地竖立了一根石柱，并铭刻有碑文。公元7世纪玄奘来访时，看到的景况是："佛迹精舍侧不远有大石柱，高三十余米。书记残缺，其大略曰：无忧王信根贞固，三以赡部洲施佛、法、僧，三以诸珍宝重自酬赎。"石柱在1903年被重新挖掘出来，但已断裂且铭文已被磨灭。

现在在园区中只能看到一支折断的石柱残基，被保护在一座铁栏杆围着的凉亭中，一旁的草地上不时可见碎裂的石柱破片，其中很可能混有这座石柱的残片。从这些破片可以看出石柱原本都被精心磨制得光可鉴人，阳光洒下来，反射出金黄色的光芒，若是完好竖立，必定十分慑人，可惜如今只能随人想象了。

●僧院遗迹

公园里还有一座砖造的僧院遗迹，当地人说是阿难僧院，一起出土的尚有一些灰泥塑像及木雕门楣、横梁等，被放置在园中简陋的小贮藏室里。看管的人会热心地招手邀你入内参观，等你失望地走出来时，他们就会向你要小费。里面的收藏很贫乏，如果不想花多余的钱，可直接拒绝入内。此外，园中有一座大池塘，据说是阿育王当初为夺王位，残忍弒兄后的弃尸水塘。不过这只是后人的猜测，并没有实证。

进入肯拉哈尔公园，仿佛走入另一个时空，所有的纷扰杂乱在踏入公园的那一刻，就完全被隔绝在外，剩下的只有茂密的林木间偶然响起的一阵啁啾鸟鸣。阳光透过树叶温柔地洒在小径上，好一片宁静安详。由于只有对佛教和考古历史有极大兴趣的人才会来此参访，因此园中人迹稀少，偶尔几对浓情蜜意的青年男女坐在池边树下互述衷曲，为这个有着花精传说的古城遗迹增添了些许浪漫。

在这里，没有小贩，没有毛遂自荐的"导游"，行旅中累了，就尽情享受这没有闲杂人等打扰的片刻平静吧！

开放时间：AM9:00～PM5:30

入场费用：印度人5卢比，外国人100卢比。

圣地小百科

典藏巴特那

巴特那博物馆内最有价值的收藏品，是一只从吠舍离挖掘出土的舍利罐，里面保存了佛陀神圣的舍利遗骨。只是舍立罐目前存放在二楼一间上锁的展示厅中，入内参观需再付500卢比，令人咋舌。

此外，一楼大厅中丰富的石雕收藏亦值得细细品味，许多佛陀像、菩萨像以及犍陀罗风格（Gandhara）的故事性石板都相当有趣，其中最具代表性的，当属一座集希腊、印度风格于一身的药叉女像（Didarganji Yakshi），和黑色玄武岩雕刻、全身缀满饰品的多罗菩萨像（Tara）。

其他尚有许多孔雀王朝和笈多王朝时期的雕像，均是极具历史意义的古物。

药叉是古代民间自然崇拜中的神祇，专司守护财富，在一般石雕中很常见。这个著名的女药叉石雕是公元前3世纪的作品，身上的服装与项链等配饰，均是古时的贵族打扮。

巴特那博物馆 (Patna Museum)

巴特那博物馆位于佛陀路（Buddha Rd）上，是在1917年时由英国建造，收藏了超过五万件的珍贵古玩和艺术品，包括许多从巴特那、那烂陀和菩提迦耶等重要佛教遗址出土的文物及雕像，是印度三大著名博物馆之一，来到巴特那不要错过了。

开放时间：周二至周日AM10:30～PM4:30，周一公休。

入场费用：印度人5卢比，外国人250卢比。

交通：巴特那博物馆位于巴特那火车站西北方，步行约十多分钟，也可在火车站或巴士站搭电动三轮车前往。

巴特那博物馆外观颇为雄伟。

旅人info

在巴特那和旅人较有关系的是巴特那火车站、甘地广场和费瑟路（FraserRd）。只要认清这几个地标，大致上就不会迷失了！

交通

◎ 航空

印度航空（Indian Airlines）每天都有班机往返巴特那与德里之间，票价约125美元，电话为（0612）2222554。

◎ 火车

巴特那位于德里和加尔各答间的火车线上，印度的"火车一览表（Trains ata glance）"上可轻易查到相关车班信息，外国旅客可直接到七号窗口购票。

◎ 巴士

火车站南方的新巴士站（Mithapur Bus Stand）有巴士往返迦耶和王舍城，车程三至四小时，车资50卢比。

食宿

大部分的旅社和餐馆都集中在火车站附近的"车站路"（Station Rd）和"费瑟路"上。

新阿玛旅社（New Amar Hotel）

电话：（0612）2224157 价位：单／双人房附卫浴约 200／300卢比，这里是费瑟路质量较好的平价旅社之一。

摩揭陀旅社（Hotel Magadh）

电话：（0612）2321278 价位：400～800卢比，位于车站路上，服务亲切，房间舒适。

温莎旅馆（Hotel Windsor）

电话：（0612）2203250～58 价位：1000～1500卢比
网址：www.hotelwindsorpatna.com
位于展览路上，干净的房间和可以上网的咖啡厅，为商务旅人的最爱。

前往巴特那途中的田野风光。

巴特那是比哈省的省府所在，和印度各大都市的航空、铁路及良好的公路相连接，交通十分便捷，如果想要朝礼附近的圣地，可以这里作为转运站，有的朝圣之旅还会以巴特那为圣地的第一站。

不过，由于建设落后贫困，扒手、偷儿也相对较多，在车站与人多的地方请务必多加小心，不要让贵重财物离开视线。

吠舍离

Vaishali 圣地十一

—生命之旅—

尔时，世尊见人寻船、寻筏或结桴，欲用渡河，遂说偈曰：
"当于大结筏时，有人舍深处而造桥，依此得渡河与海，如是彼
为贤智者。"

——巴利文《大般涅槃经》佛渡恒河所说之偈

◎前页：夕阳下的舍利塔与阿育王石柱。
◎本页：斜阳落日之下，吠舍离的孩子与舍利塔。

生命之旅

无上佛世尊，理当受崇拜，将我与众生，引导出苦海。

苦谛已觉知，贪因已止息，如实知灭谛，住于八正道。

——大爱道长老尼偈

在印度古老的叙事史诗《罗摩衍那》（Ramayana）中，位于恒河北岸的离车族（Licchavi）之城——吠舍离，是强壮善良的国王吠舍离（Vishala，意为"广大"）的领土，许多古老的神话都是在这块土地上热烈地展开，而吠舍离之名也正是得自这位神话中的国王。

起源于神话的吠舍离，长久以来就是外道活跃之地，尤其对耆那教徒而言，这里绝对是必须礼拜敬重的圣地，因为他们第24位圣者祖师"尼干陀·若提子"（Nigantha Nataputta），就是在附近的小村落中出生，并在此度过他的青春岁月。

而在佛弟子的心中，吠舍离不仅是佛陀最后一次集结僧众开示法义并预示自己即将入灭之地，还有许许多多佛教史上的重大事件亦在此发生，不论是佛陀住世时或是入灭后，这儿有太多的人、事、物值得纪念与回忆。

比丘尼的出现

尔时大爱道即闻法已，深已欢喜从座而起，合掌向佛白言："世尊，颇有女人，于佛法中出家，近圆成比丘尼性，坚持梵行，得第四沙门果不？"

——《根本说一切有部毗奈耶·杂事》

就在吠舍离，佛陀做了一个足以在僧团和当代社会激起惊涛骇浪的重大决定，那就是女众得以受戒进入僧团学法修行！这不仅是

❶吠舍罗城池遗迹旁的贮水池。

在佛陀时代十六大国中的跋者（Vajji）联邦，是由离车、毗提诃及跋耆等八个部族共同组成，他们没有位高权重的国王，而是各部族推选民意代表，组成议会共商政策治理国家，因此跋者联邦很可能是世界上第一个共和国，而国都就是历史名城——吠舍离！

佛陀在39岁时初次来到吠舍离，日后亦经常在此游化讲学。在世尊过世前几个月，从王舍城展开最后的行脚，他渡过恒河来到吠舍离，留下很多珍贵的遗教。高龄的佛陀步履虽然坚毅地向前方迈进，但他的脚步已渐渐失去昔日的活力。

时光荏苒，正法不移！千年后的吠舍离，依旧深深拓印着佛陀最后离去时，遗落在荒野草丛间的智慧足迹！

❷女性不宜出家修行，源于古老的婆罗门思想，图为阿姜塔石窟中的女子画像。

圣地小百科

女性出家的难处

其实佛陀很清楚，在当时的状况下，女性出家的条件并未成熟，因为，妇女当时的社会角色是这样的：

女性幼时处在父亲监督下，青春期处在丈夫监护下，老年时处在儿子保护下，女性绝不可任意行动。

——《摩奴法典》93

当时的印度，是传统的婆罗门社会，不但实行严密的四姓制度，且刻意贬低女性的权利地位，女性基本上就是男人的附属品与所有物。

对佛陀而言，当初不顾社会的哗然指责，以平等法施的态度，接受首陀罗出身的优波离进入僧团，已引起舆论的压力，可以想象若是贸然接引女性成为出家众，势必再度掀起轩然大波。对于刚成形的佛教僧团而言，是否能够承受得了这样剧烈的冲击呢？

再说那时僧团的组织尚未健全，以寺院或精舍为居所的修行方式亦未成熟，所有离家修行的沙门比丘，仍然是过着四处游化与外道婆罗门杂处，或露宿林野间的简单生活，这样的方式绝对不适宜女性，单是考虑安全与生理方面就是一大难题。

巴呼特石雕中的女子雕像。

吠舍离这平静小村里的大事，更是佛教史上重要的里程碑。

第一位提请出家的女性，是如母亲般慈爱抚养世尊成长的姨母——摩诃波阇波提夫人（Mahaprajapati，意译为"大爱道"）。她那出家向法的念头，从佛陀正觉后回迦毗罗卫说法时就已经萌芽，但是直到净饭王过世以后，她才真正下定了决心。

趁着一次佛陀回乡说法的机会，大爱道召集了宫中所有的妇女，表达自己想要出家的心意，没想到宫中竟有许多妇女也有相同的想法。结果，和大爱道相约一起出家的释迦族妇女，包括佛陀俗家的妻子耶输陀罗在内，共有数百人之多。

于是，一群女众来到佛陀净住的尼拘律园中，请求佛陀接受她们进入僧团出家修行，然而世尊的回答却是："汝应在家着白衣服，修诸梵行，纯一圆满清净无净，此能获得长夜安稳利益快乐。"意思就是"请她们在家清静修行即可，不必出家为僧伽"。但是大爱道并不死心，连续又问了三次，世尊仍旧没有答应，于是大家只得失望地顶礼告辞。

回到王宫后，大爱道告诉同行的妇女们："多说无用，我们应向世尊展现坚定的决心。"于是数百位妇女便自己剃除了头发，换上修行的袈裟，第三天再度去见佛陀。但是当她们到达尼拘律园时，却发现世尊已在前一天带着弟子们离开，前往贩苇部落去了！

大爱道并没有因此而放弃，她更坚定地带领着一群女众，风尘仆仆地上路追赶世尊。然而，女子的脚力与男众们毕竟不同，不论她们如何日夜赶路，总是与世尊相距一日的路程。终于，到了吠舍离，世尊一行人在一座相思林中停下来休息，她们才总算赶上了。

可怜一群娇生惯养的王族妇女，何曾吃过

这样的苦？大伙站在大厅门口，"双脚肿胀，盖满尘土，满面愁容"，每个人都疲惫不堪。但是她们却没有休息，立刻就礼敬拜见世尊，待世尊为其开示说法后，大爱道再度提出出家的请求，然而，世尊仍再度告诉她们："你们可以剃除头发，披着无条缝的袈裟，在家清修，一样能得到清净、安稳的身心。"大爱道再三恳求，世尊依旧不允。

身心都疲累至极的大爱道终于忍不住了，她走出大厅后，靠在门边，就伤心地哭了出来。这时世尊的侍者阿难走了过来，阿难尊者原是佛陀的堂弟（大爱道算是他的伯母），他在得知原委后，十分同情这些女众同胞，于是便前往向佛陀请求答允女众出家。

阿难的说情一开始也被打了回票，世尊向他解释了许多无法答允女人出家的理由，但是阿难一再恳求，请世尊看在大爱道的抚育之恩上，能开女众出家的先例。

终于，世尊叹了一口气，在有条件的情况下，允许这数百释迦王族妇女们受戒出家。从此以后，在依循"八敬法"的先决条件下，女子终于也能够出家修学，趣向正道。而"佛门四众"——比丘、比丘尼、沙弥、沙弥尼，也就在吠舍离具足了！

其实佛陀再三地拒绝女众出家，绝非认为女众的智力无法确知法义，证得圣道，而是在当时的印度社会中，确有实际修行上的困难。虽说佛法的修证毕竟是个人身心的事，但是牵涉到僧伽团体的组织，身为师长的佛陀就背负起重大的社会责任了。

在百转千回地细细思维与诸般复杂因素的考虑下，世尊终究还是毅然决定承担所有责任，准允女性出家成为沙门。当时，世尊的心情必定是十分为难吧！想到日后女众在修行道路上可能必须面对的种种困境，以及僧团将要面对的社会压力，世尊不知道是以什么样的广大胸怀来承担、规划这一切？思忆至此，他那慈悲的心量与担当，在2500年后，依然令人赞叹！

阿姜塔第九窟壁画。

① 身材曼妙的女性，永远是艺术中不可缺少的主题。
—— 女药叉·桑奇大塔·公元前1世纪

右页：被认为"娇弱"的女众，毅然走出安逸舒适的王宫，迈向出家之路！此举感动了阿难尊者并代为向世尊求情，从此以后世间终于有了比丘尼众。

② 吠舍离佛塔、石柱与小女孩。

我心勤守持，智循解脱道；正法亲体悟，女性亦无妨；
远离诸贪欲，斩断瞋痴愚；摩罗当知晓，汝已被灭尽。
注：摩罗为烦恼之意

——索玛长老尼偈

度化庵没罗女

自女众正式加入僧团以后，历史上陆续出现了许多杰出的比丘尼众，在吠舍离，也有一位传奇女子，为佛教史留下一段佳话。

2500年前，吠舍离出了一位美丽的女子，名为庵没罗波利（Amrapali，Amra意为"芒果"，而pali则为"女保护者"之意）。这位庵没罗女天生丽质，姿色艳丽，举凡歌舞伎乐，无一不精，是周旋于王宫贵族间的吠舍离名妓。

一天，她听说佛陀游化至吠舍离，就住在她的芒果林中。当时世尊已八十高龄，身体状况并不是很好，这很可能是他最后一次来到吠舍离。因此，对这位导师相当崇仰的庵没罗女，就带着侍女驱车来到这块属于她的芒果林间拜谒世尊，而世尊也慈悲地为她解说法要。庵没罗女听了佛陀的开示后，非常欢喜信受，便恭敬地礼请佛陀在第二天中午到她的家中接受供养，而佛陀也默然答允了。

然而这个消息却间接传到了吠舍离的离车王族耳中，令他们大为震惊。佛陀是何等尊贵的圣者，怎能到卑贱的

女妓家中接受供养？婆罗门会如何攻击？人民又会作何感想？于是离车王族们决定，绝不能让世尊做出如此有失身份的事！他们找到庵没罗女，希望以十万金钱换取这次供养的机会，但是庵没罗女坚定地拒绝了。

第二天佛陀依约前来应供，斋后即开演无上清净之法，庵没罗女闻法后，心开意解，生极大欢喜，当下礼敬佛陀说：" 我以此园奉献以佛陀为首的比丘僧众。" 佛陀接受了这奉献，从此以后，吠舍离就多了一座供僧团安住的庵没罗女芒果园精舍。

而美丽的庵没罗女在奉献出芒果园后不久，就深刻认识到生命无法长久、美貌无法永恒、青春终将逝去的世间真实，于是剃除青丝，换上袈裟，成为一位精进修行的比丘尼。

八十岁高龄的佛陀，慈悲地接受被人轻视的庵没罗女的供养，并让她出家成为僧伽，圆满展现出对一切众生平等教化的崇高胸怀。而世尊平凡中见伟大的风范，也就这样从日常生活缓缓流泻到人们的心中。

"青春少年时，躯体美如玉；如今已衰老，干瘪满皱纹。佛法为真谛，如实第一义。"

"此身已衰耄，众苦居其中，好似老朽屋，颓败将崩毁。佛语为真谛，如实第一义。"

——庵没罗长老尼偈

最后的一堂课

世尊离开芒果林后，继续行脚至附近的白鹿瓦村。此时雨季来临，于是世尊决定在此度过雨季安居期。安居期间，年事已高、身体渐衰的世尊，突然罹患严重的痢疾而几乎丧命。勉强撑过病痛的折磨后，一天，佛陀与阿难坐在树下休息，阿难对佛陀说出在导师重病期间自己恐慌无

圣地小百科

佛陀无不传之秘法

佛陀于吠舍离听出阿难的话语中，透露出对导师的深深依赖，以及僧团对如来的期待，于是以极为严肃的语气，说出了关切慈爱的教说：

阿难，难道比丘僧众盼望我之遗教？阿难，我所说法或显或隐，绝无分别，如来于法绝无秘密，吝而不传。阿难，若有人做此念："我将引导僧伽"或"僧伽以我为依"，则此人应对僧伽设立教言，但如来不作此想。阿难，为何如来应留关于僧伽之遗教？阿难，我已年老力衰，衰耄矣，旅程将尽，寿命将满。我行年八十，如同旧车方勤于理，尚勉强可行。阿难，我想如来之身体亦复如是，应勤于摄养。阿难，当如来停止顾念一切，及任何感觉皆已息止而入于灭想定时，如来身躯，始为安稳。

因此，阿难，以自己为明灯、为归依，不以他人为归依；以法为明灯、为归依，不以他人为归依……

阿难，比丘当观身，精勤不懈，摄心住念，舍弃世间的贪欲忧悲。其观觉受、观意与观法。阿难，因此比丘以自己为明灯、为归依，不以他人为归依；以法为明灯、为归依，不以他人为归依。阿难，无论现在或我去世后，若有人以自己为明灯、为归依，不以他人为归依；以法为明灯、为归依，不以他人为归依。阿难，彼等依此而乐于修学者，在我之比丘中将达最高境界。

——巴利文《大般涅槃经》

措的心情，并对世尊说道："世尊生病时，我唯一可以安慰自己的就是'世尊绝不会不留下遗言教说就与世长辞！'想到这里，我就觉得心里好过一些。"

佛陀知道自己生命将尽，想到与自己最亲近的阿难都如此惶恐，那么其他许多尚在修学阶段的新进比丘，在佛陀过世后必定更加不知所措。一生都在推动法轮运转的世尊，在生命的最后几天，念兹在兹的仍是弟子的灭苦修学与法的传衍。

于是，不久后佛陀便找了一个机会，请阿难召集吠舍离附近净住的所有比丘僧众，齐聚于大林的重阁讲堂，做了生命中最后一次公开的说法开示，并告知大众自己将于不久后入灭。

佛陀一生说法45年，直到八十高龄仍未曾停止，为苦恼轮转不休的懵懂世间，留下有所依循的珍贵法音。在吠舍离的最后之旅中，佛陀为了抚慰、勉励即将失去人间导师的比丘僧众们，留下了比丘对如来说法应"善解、善行、善思、善布"并"自洲自依"、"精勤取证"的最后教导。这真诚而殷切的教示与提醒，让后世的人们在没有世尊的引导下，仍旧能依循内觉自省的实践修行，得见法的光明。

时至今日，世尊的殷殷教诫，依然为迷失在法海丛林间的佛弟子们，指引出一条澄澈明晰的清净道路，那慈悲的法轮，从来不曾停止！

我之生命已圆熟，我之寿命将尽，终将离汝等而去，独依靠我自身；诸比丘当自精勤、当具正念、时守戒行、思维摄意、慎守己心，若能精勤住于正法律，则能超越流转苦，而证得苦灭。

——巴利文《大般涅槃经》

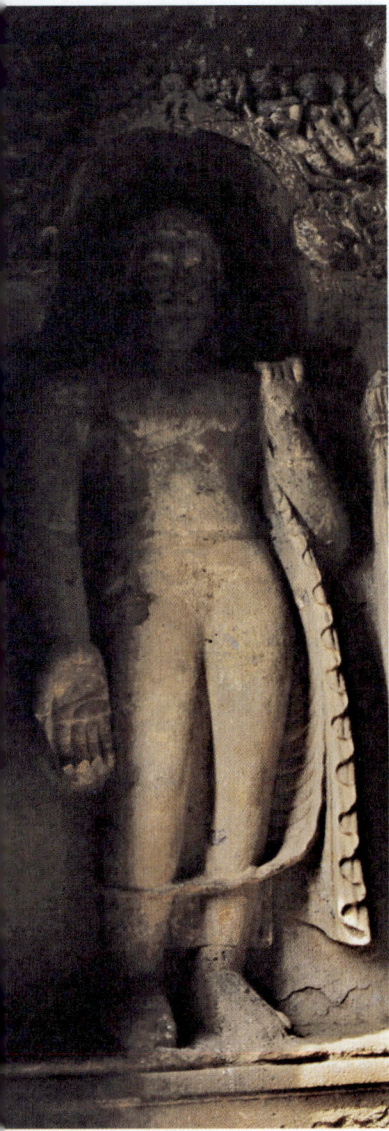

印度孟买附近的勘赫利石窟佛像（KanheriCave）。

佛教的第二次结集

佛陀辞世之后，他的清净教法在圣弟子们的人间普化
下，继续在恒河平原上活跃蔓延。然而，随着时光变迁与
地域隔碍，社会环境与佛陀在世时已大不相同，而后世的
弟子们也未必个个均能善解法义、精严持戒，因此，依着
不同地区、不同部落、不同风俗习惯，佛法开始在信解教
义上产生了极大的差异。终于，在戒律分歧、各持己见的
状况下，僧团中发生了一次重大的冲突！

那是佛陀入灭约一百年后的事。当时，一位来自
舍卫城西方的佛教中心——秣菟罗的上座长老耶舍尊者
（Yasa）游化到吠舍离，依例与当地僧团共住同修，第二
天清晨，便一起出外托钵。没想到这些跋耆族比丘在铜钵
中盛了水，告诉城中的信众："把金钱放在钵内水中，即
为'净施'，能得福利。"耶舍尊者见比丘们以这种方法
向人们乞取金钱，十分不以为然，因为佛陀在世时曾明确
教示：比丘不得收受金钱！

> 沙门释子自为受畜金银、宝物者，不清净故。若自为己
> 受畜金银、宝物者，非沙门法，非释种子法。
>
> ——大正藏《杂阿含经》第911经

于是耶舍尊者便向跋耆族比丘
提出异议："各位同修，向在家人
收取金钱是违犯戒律的行为，因为
比丘并不需要金钱，比丘是为了离
欲清净的生活而出家。"

然而跋耆族比丘并不这么认
为："不然！这位同修，人们将金
钱投入钵内水中，是为'净施'，
比丘拿的是净施的钱，因此这是清
净的行为，并不违犯戒律。"说完

❷朝拜佛陀。
——巴呼特石雕·公元前1世纪

❶佛陀头像。
——鹿野苑·笈多王朝·公元
5世纪

佛陀的最后一堂课

于是世尊从座起，走向讲
堂，就座已，告诸比丘说："因
此，比丘们，我所知及为你们所宣
说之法，当善解、善行、善思、善
布，因而清净之法可以长远住世。
此是为饶益众生之福，及慈悲此世
界，为人天之饶益、快乐与幸福。

比丘们，什么是我所知及为
你们所宣说之法，当善解、善行、
善思、善布，因而清净之法可以长
远住世。此是为饶益众生之福，及
慈悲此世间，为人天之饶益、快乐
与幸福？盖即：四念处、四正勤、
四神足、五根、五力、七菩提分、
八圣道。

比丘们，此即是我所知及为
你们所宣说之法，当善解、善行、
善思、善布，因而清静之法可以长
远住世……"

尔时世尊告诸比丘："诸因缘合
和法皆有坏时，当精勤取证！如来的
圆寂甚近，三月后如来即将入灭。"

——巴利文《大般涅槃经》

便将钵中乞得之金钱平均分配，并且也分了一份给耶舍尊者。没想到耶舍尊者不但不接受，而且还在吠舍罗城中向信众们开示说"比丘收取金钱是非法非律的行为"。这个举动惹恼了跋耆族的比丘众，于是不许尊者在吠舍离净住。

为了匡护正法律，耶舍尊者开始四处奔走，把跋耆族比丘的非法行为，广为告知西方佛教系诸位地位尊崇的长老，希望他们能出面净化僧众，使正法得以久住世间。几番往返劝说，终于请得诸位长老比丘们答应一同前往吠舍离作一个仲裁。但同时，东方的跋耆族比丘也没有示弱，同样在四方为自己的行为解释，求取认同，于是双方人马在吠舍离聚集开会，重新共诵戒律来论决是非。

这次集会是佛陀入灭后僧团第二次结集，共有七百位僧众与会，因此历史上又称为"七百结集"，结集的内容主要是针对跋耆族比丘们的净修行止中，十件在戒律上大有争议之事，包括了收取金银的行为。双方在会议上各推出四位代表，依据这十件事逐条审议，在西方上座部长

老们的努力与坚持下，讨论结果为"十事争议，均为非法"。对于这个结果，东方系的跋耆族比丘非常不服气，他们不但没有就此回归严谨的律制体系，反而自成一家，形成东方跋耆族比丘与西方上座长老僧团的冲突对抗，佛史上称此事件为"根本分裂"。

七百结集，原是耶舍尊者为了让佛陀后世僧迦弟子在法的重审共论下，从方便律法回归中道法脉的努力，谁能预料在集结后，虽然混沌的戒律澄清了，却也因为东西对峙、部族相争的复杂状况，导致原始僧团开始分裂为西方上座部与东方大众部两大系统。从此以后，和合的僧团正式进入分歧的部派时代，而佛陀以生命体证宣说的觉明之法，也就在混乱的部派迷雾中，渐渐模糊了原始的面貌……

"愚人之邪见，如暗夜无月；众人都远离，亲友不信从。"
"智者心觉明，如当空皓月；亲友均认同，人人都敬重。"
（参与七百结集、认为十事均为非法时而诵出之谒）

——桑普陀长老谒

吠舍罗城池遗迹。

"根本分裂"的社会背景

印度毗陀寇拉（Pitakola Cave）
石窟内的壁画。

其实早在佛陀僧团初组成之时，便明显有两种截然不同的修学学风，一种是注重精勤实践、修持严谨的苦修行者，如大迦叶、优波离几位尊者；另一种则为活泼善导、随机应化的智慧比丘，如舍利弗、目犍连诸位长老。只是，风格虽不同，但对"法"的体认却是一致无二，因此都能彼此体谅了解，和合共处，不曾因此出现分裂。

然而，不同学风的长老们所教导的弟子，在法的体认上，不一定都能如第一代长老们那么深刻透彻，因此，佛陀入灭后，这样的对比也就愈来愈鲜明。

根据历史记载，跋耆族是属于喜马拉雅山南麓的黄种人，亦即印度的土著民族，因此与外来的雅利安人——以信奉婆罗门教为主的国家，在宗教与民情风俗上大不相同，甚至彼此相轻。在古老的婆罗门法典中记载着，离车人是因不履行婆罗门宗教仪式，而被剥夺刹帝利身份者的后代：

> 被除名的刹帝利男子所生的儿子，叫遮罗、摩罗、
> 离车、那多、迦罗奈、迦娑和娑多娑多。
> ——《摩奴法典》10 -22

这深刻反映了以吠舍离为首都的跋耆国离车人等，与一般的雅利安社会之间，确有宗教冲突及种族对立的问题。

就另一层面而言，吠舍离是由跋耆、离车等八个部族所组成的联邦国家，实行民主的议会政治，也就是各宗族推选代表共商国家政策。这样的共和体制社会和君主政体比起来，自然更能包容反对者的意见与个人独特的想法，而社会中必然也能接受更多元的声音及较特立独行的行事作风。

佛陀入灭后，博学多闻的阿难尊者来到这里广为布教，其重视法义理解甚于戒律持守的自由学风，就在恒河以北蔓延开来。可以想象，在这样部族政治平等、修学学风开放与僧团互不干涉的情况下，跋耆族的比丘们会自行修改较严谨的戒律是很自然的事，因此，"十事非法"、"七百结集"的发生乃是意料中事，并不叫人惊讶。

吠舍离巡礼

从恒河南岸的巴特那前往现代的吠舍离村落，必然要横越著名的滔滔恒河，而旅人们一定要等到车子奔驰在横跨恒河两岸、总长约六公里的甘地大桥上时，才会真正知道恒河究竟有多辽阔浩荡！尤其是雨季时，水量丰沛、汹涌不绝，令人不禁生起一片干云豪气，心胸大开。

在世尊的教说中，经常将身心苦恼止息、解脱无明束缚的境界——涅槃，以渡河、行船、到彼岸等形容词来作比喻，想必是在广袤无垠的平原旷野中，面对着仿佛从天上泻落的大地之母——恒河之水，而心有所感吧！

> 比丘！舀去这船中的水，舀去水后，船行快速。
> 断除贪欲和瞋恚，能证得涅槃。
> 注："船"为人，"水"为无明
> ——巴利文《法句经》第369经

吠舍罗城池遗迹（Raja Vishal Ka Garh Vaishali，广博王之堡）

就在村落的主要道路旁，有一片广大的青翠草原，草原中央静静躺着由铁丝围住的古城遗迹，这就是印度古老神话《罗摩衍那》中所提到的善良国王吠舍离的都城，当地人称之为Raja Vishal Ka Garh。

公元1861至1913年间，英国考古学家康宁汉率领的考古工作队发现了这座古城遗迹，经过挖掘后，发现它曾在巽加王朝、贵霜王朝及早期笈多王朝时，分别历经了三个阶段的重建整修，其中的出土物涵盖了五个时期：最早的是公元前6世纪时的黑陶、灰陶及红土陶器的破片，最晚的则为

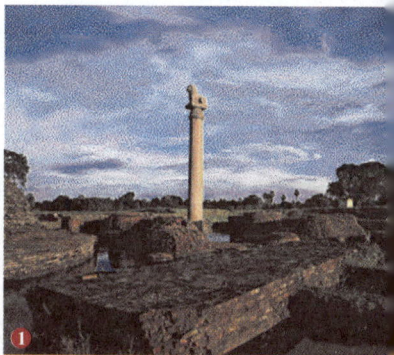

❶吠舍离的阿育王石柱，遗迹公园一景。

带着惊喜与开阔的心情行过甘地大桥后，循路前往巴萨罗村（Basarh），那儿就是被亚历山大·康宁汉确认是古代吠舍离的现代小村。经过数千年，这里已不再是联邦共和国的首都，而只是一个小得几乎会错过的贫穷村落。这里的电力堪称奢侈品，联外公共交通亦极不方便。最好事前能在巴特那租车前往，让这段参访行程更轻松愉快。

❷吠舍罗城池遗迹共有三层，分别历经五个时期。

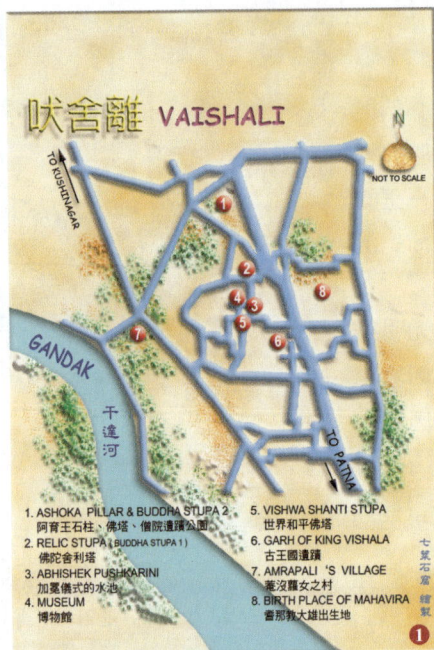

吠舍离 VAISHALI

NOT TO SCALE

TO KUSHINAGAR

GANDAK

干達河

TO PATNA

1. ASHOKA PILLAR & BUDDHA STUPA 2
阿育王石柱、佛塔、僧院遗蹟公园
2. RELIC STUPA（BUDDHA STUPA 1）
佛陀舍利塔
3. ABHISHEK PUSHKARINI
加冕仪式的水池
4. MUSEUM
博物馆
5. VISHWA SHANTI STUPA
世界和平佛塔
6. GARH OF KING VISHALA
古王国遗蹟
7. AMRAPALI 'S VILLAGE
菴没羅女之村
8. BIRTH PLACE OF MAHAVIRA
耆那教大雄出生地

公元12至16世纪时，以帕拉文字雕刻的碑文破片及蒙兀儿王朝时期的彩釉陶器等。

在这遗址的第二层中，曾发现约七百个印章，其中有些写着"吠舍离某某家主之印"的字样，由此可以想象这里确曾享有很长一段繁荣与兴盛的时光。

吠舍离是古印度恒河平原上的十六大国之一，从遗迹的规模看来，这里似乎曾经聚集了许多建筑，而且应该还有许多仍埋藏在尘土之下。其中有一座残迹被认为是古时的议会厅，但目前还没有找到明确的碑、匾或文字能够证明。另外在遗迹旁有一座水池，应该是当时城民沐浴生活之用。

在一望无际的青绿草原上，除了这座安静的红砖残基，就只有几头牧人放养的驴子。它们的四只腿被麻绳绑住，仅能小步小步跳着，彼此挨着身子低头吃草。看似轻风蓝天、悠然自在，然而实际上，想在山光水色间大步奔驰，也仅是可望而不可即的梦想罢了！

世界上真正自由的人，除了佛陀与诸位圣弟子外，又有几人呢？

加冕仪式水池（Abhishek Pushkarina，或称Coronation Tank）

距离小村主要道路约一公里远处，有一座巨大的长方形水池，据说是古时的加冕典礼用水池。当时的离车族会定期选出议会代表的主席，而当选的离车族统治者，便在这座池边举行加冕典礼。首先在池中沐浴净身，然后在池边涂抹香油并接受加冕。

目前的水池面积广大，池子四周都建了阶梯平台，让当地居民能入池沐浴、洗衣。池水平静湛蓝，雪白的云朵浮在水面上，清风吹来，拂起丝丝涟漪，让落在水面的绿

❶吠舍离地图。

❷吠舍罗城池已退尽繁华，只剩下杜撰的神话与残迹。

❸吠舍罗城池遗迹旁的贮水池，平时这里是放牧的平原、孩童的操场。

叶也随着白云轻轻兜着圈子。虽然正是艳阳高照时分，这潭池水却令人感到透心的清凉。

世界和平佛塔（Vishwa Shanti Stupa）

沁凉水池旁，有一座由日本妙法寺新建的世界和平佛塔。巨大而雪白的覆钵佛塔在阳光照射中散放出耀眼光芒，衬着身后的蓝天白云，让人忍不住要多看几眼。在吠舍离所发现的佛陀舍利，有一小部分被供奉在这醒目的佛塔中，供人礼敬怀思。

吠舍离博物馆（Vaishali Meseum）

这座位于加冕仪式水池边的遗迹博物馆，主要是收藏附近出土的文物，包括公元3世纪到6世纪的古物，其中以陶土烧制、风格迥异的猴头像最为有趣。

开放时间：AM10：00 ~ PM5：00，门票每人2卢比，周五公休

佛陀舍利塔（Stupa No1或 Relic Stupa）

同样在水池附近，有一条小径通往一座整齐干净的可

❶ 佛陀舍利塔好几次扩建的痕迹，你是否看得出来呢？几乎全毁的底座，原本被掩藏在树林杂草中，直到近年来才被人重视。

爱花园，花园正中央有一座圆形的铁栏杆围篱，上面盖着半圆形覆钵式屋顶，围篱中保护着一座佛塔遗迹。

佛塔几乎已全毁了，只剩下部分基座。从残存的基座可以看出这座佛塔原本应是直径约7米的小砖塔，并且经过四次扩建。虽然现在的佛塔已是泥菩萨过江自身难保，但曾经它是世尊珍贵遗骨的保护者，象征法脉的传承，接受无数的虔诚礼敬。

佛陀入灭火化后，恒河平原上的八个大国将佛舍利分为八分，每国各持一份，而离车族也分得了其中八分之一的舍利，于是便在这个地方建了一座简约的覆钵式佛塔，将舍利安奉其中，虔敬供养。后来，随着时代变迁、烽火战乱，这座佛塔就逐渐颓圯毁坏而消失。

直到公元1985年，考古学家爱尔提卡（A.S Altekar）在一片野地间发现了它的残基，才又拨开厚重尘土下埋藏的记忆。经过挖掘，发现残塔内部保存有一只滑石制的舍利罐，其中安奉着佛陀的舍利。这只舍利罐目前被收藏在巴特那博物馆中，继续着见证历史的工作。

庵没罗女芒果园（Amrapali's Village）

距离现代吠舍离小村约8公里处，有一座庵没罗村（Amvara），据说就是当初庵没罗女奉献给佛陀的芒果园精舍遗址，不过至今仍未有任何遗迹或文物在此出土。由

❷ 佛陀舍利塔所建的屋顶，仿原始覆钵型佛塔的形式。

❷

于那儿只是一个平凡的小村落，又颇有一些距离，因此当
地人并不太建议观光客前往。

主要遗迹公园（Kolhua Complex）

距离村镇中心约3公里路程的阿育王石柱、佛塔及僧
院遗迹公园，是吠舍离最著名的观光与朝圣圣地。这是一
座占地广阔的遗址，但目前只挖掘了部分区域，许多遗迹
都还湮没在青青绿草下。平常附近居民会到公园割取青草
作为牛的饲料，而幼小的孩子们则成群地在一旁玩耍，身
旁的大片遗迹对他们而言，只是生活的一部分罢了！

遗迹公园开放时间：日出到日落

入园门票：印度人5卢比，外国人100卢比

●阿育王石柱

车子沿着主要道路飞驰，尚未进入遗迹公园，远远就
看到这座传奇的壮丽石柱，巍然矗立在绿意盎然的田野
间，当地人对它的称呼是Bhimesn-ki. lathi，意为"频森
之柱"。

这是孔雀王朝阿育王为了标示佛陀最后一次正式开示
说法之地而竖立的，浑圆光亮、毫无刻文的平滑柱身高高
耸立，顶端倒扣着一朵造型优美的莲花，莲花上坐着一只
线条流畅、比例均衡、威风凛凛的石狮子。它雄伟有力地
张着大口，面向西北方对着佛陀入灭的拘尸那罗发出正法
的吼声。

在印度为数不少的阿育王石柱中，吠舍离的这座狮柱
不可思议地逃过了雷击与战火的破坏，在这片宁静的草地
上，奇迹似的保存了两千余年，依旧完整无缺。

不论是在初升朝阳的灿烂金光中，还是夕阳余晖的火
红深紫下，置身其中欣赏这座瑰丽石柱，都是令人感动莫
名而难以忘怀的经验。是什么样的高度文明才能创造出这

夕照阿育王石柱，遥想当年辉
煌的孔雀王朝。

看着吠舍离的阿育王石柱挺直地屹立在眼前，是个令人感动的经验；看着它圆润的柱身与威武的狮面，仿佛昔日壮盛的帝国又在眼前升起。

样杰出的雕刻技巧？一体成型的石柱在没有现代机械辅助下，又是如何被竖立在印度各地？这一切疑问都加深了阿育王石柱的吸引力与传奇性。

虽然有些学者因为不太相信这样的奇迹，而认为这支石柱可能并非阿育王所造之真品，应是后世所仿造，然而从石柱精美细致的雕工与高超绝伦的技术水平看来，不论真伪，其艺术价值与历史意义都是毋庸置疑的。

● 阿难舍利塔（Ananda Stupa或称为"2号佛塔"Stupa No2）

紧邻着阿育王石柱，有一座红砖砌造的覆钵式佛塔，据说这也是阿育王所造，印度考古学家爱尔提卡曾在此发现阿育王所埋藏的舍利容器。如同石柱一样，这也是为了纪念世尊在此地作最后的公众开示而建。它曾受盗墓者的破坏，幸好残余的砖垒尚称完整，目前佛塔和石柱相对而立，千百年来共迎日生月落……

2号佛塔之所以又称为"阿难舍利塔"，是因为一则有些凄凉的神话传说。

据说在佛陀过世后，阿难尊者继续大迦叶尊者的脚步，在恒河南北两岸传法布教。一次，尊者在摩揭陀国的林中散步经行，听到一个小沙弥正在背诵经文，但其中章句文辞不通、错误百出，于是阿难尊者好心前来纠正，并用心教导正确的经文，没想到小沙弥不但不领情，反而出言讥讽耻笑：

"尊者，我师父正值壮年，博学强记，声望清高，他教我的经文怎么可能会有错？倒是尊者您年事已高，恐怕是老眼昏花，头脑不清，记错了吧？"

阿难尊者听了，沉默地离去，心中却不免凄

然："众生太过愚昧，难以教诲。昔日的同修旧友一一入灭，留下我一人在世间，既无法教化新进的比丘僧众，又无力维系佛法的纯粹正统，独留又有何用？不如及早入灭吧！"

于是阿难尊者便离开摩揭陀国，想渡过恒河前往佛陀最后开示法要之地——吠舍离自行入灭。没想到此举却引发两国大队人马在恒河南北岸对峙的紧张局面：摩揭陀国因为感念阿难尊者长年游化教导的恩德，希望能劝得尊者回头留在摩揭陀国安度晚年；而吠舍离则是听说阿难尊者将渡河而来，特地整军赶来迎接，两军对峙，旌旗蔽日，彼此叫阵，互不退让。

船正行至恒河中央的阿难尊者见到这一触即发的紧张情势，心想："可不要让两国人民为了我而大动干戈、引发战事。"于是他从船中起身，飞升到恒河上空，以神通力自行火化身躯，舍利在空中分为两半，一半落在恒河南岸，一半则落在恒河北岸，就此入灭了。见到这样的状况，两国军队都忍不住号啕痛哭，各自带着所分得的一半舍利，回国建塔供养。

这就是阿难舍利塔的由来！

虽然现今的考古研究已经推翻了这个说法，不过民间神奇的佛史传说，读起来还是比枯燥、严肃的残砖考古来得有趣，也流传更久。其实，去除掉为了丰富故事添加的夸张描述，不难看出在佛陀过世后，阿难在人民心中的崇圣地位。而当时僧团素质的良莠不齐、国族之间的对抗冲突等社会情势，也都昭然跃于这民间故事中，使后世的人们在礼敬感怀阿难尊者的同时，也不禁为他晚年独处的心情感到一丝凄然。

大比丘阿难，亦将入寂灭；多闻法与律，诸法胸中藏。
法眼即将灭，世间入黑暗。

——阿难长老偈

❶ 由于阿难晚年以恒河以北的吠舍离地区为主要游化之地，因此有许多以阿难为名的史迹传说在此流传着。

❷ 斜阳落日下，吠舍离的孩子们，物质不丰却未失去笑容。

① 大林重阁讲堂，是佛陀住世时重要的僧院之一。

② 桑奇佛塔塔门上的猕猴献蜜雕刻。

③ 昔日的讲堂已水天一色，往日的楼阁成浮光掠影，只有法音依然回荡天际。

——猕猴池测·重阁讲堂

● 重阁讲堂僧院遗迹（Kutagarshala）与猕猴池（Markata-hrada）

在阿育王石柱附近有一座长方形的水池，据推测是为了供僧团饮水、沐浴而挖掘的。它有一个很有趣的名字"猕猴池"，这是因为在佛陀时代，附近的树林中栖息了为数众多的猴子，由于猕猴们常会群聚在池畔沐浴嬉戏，因此佛经中以此称呼。

但是关于这座池子的起源，还有另一则神奇的故事。传说有一次佛陀在这片树林间栖止游化时，住在林中的一群野生猕猴见

到世尊的庄严法相与清净神态，十分敬服，于是特地以爪掘土，就地成池，献给佛陀沐浴、饮水，因此这座池子才被称为"猕猴池"。

就在献过水池之后，有一只猕猴取走佛陀的钵，爬到树上采集了蜂蜜献给佛陀，慈悲的世尊接受了猴子真心的供养，使得这只猴子兴奋不已，它快活地在枝叶间荡来荡去，结果一个不小心失手跌下，正好落在一跟断裂的尖锐树枝上，就这样丧失了性命。对于这不幸的结局，传说最后的结尾是，由于献蜜的猕猴生前对佛陀做了虔敬供养，因此身体虽死亡，灵魂却升上天堂得到无上的福德。

这就是佛传故事中相当有名的"猕猴献蜜"。由于故事描述生动活泼，而且充分表现出连聪明刁钻、不为人所驯服的野生猕猴，也会被佛陀崇高的威仪所慑服而挖池献蜜，因此常被当做早期佛教雕、刻绘画等艺术的主题。

只是，从这个故事的内容中已可明显看出，当时的佛教修学思考，已经从世尊在世时所宣说的"知法见法后，就算立刻失去生命也无碍其解脱清凉"的内涵，慢慢转变为"尽心供养佛，即使立即逝去，亦能升天得到福报"的祭祀万能思想。后来佛教会被印度教吸收融合，自此消失在印度，或许就是因为这些早期的佛传神话，让佛教在不知不觉间改变了吧！

就在石柱与水池的南方，有一片广阔的僧院遗迹，据考证是当时的离车王族们特别为佛陀建造的大林重阁讲堂（也称为大林精舍、重阁精舍或高楼台观）。从遗迹的残砖基座看来，这座广大的精舍有着开阔的天井、走廊和一座巨大的水池，但是由于年代实在太过久远，尘土堆积、层层掩埋，目前只挖掘出一小部分。

这座经常出现于经典中的"毗舍离猕猴池侧重阁讲堂"，是佛陀经常讲学与净住之地，其中包括了去世前最后一次的雨季安居。在这里，世尊最后一次诚恳、殷切而语重心长地教示僧众们："当善学、善修、善思、善布，因而梵教可以长远住世……"期许僧众们能为世间苦恼众生的利益快乐，在佛陀过世后继续修学传法，带领世人从千古迷惑走向清明觉醒的道路。

就在这引人思念的僧院中，即将辞世的人间导师留下了慈悲无私的遗世梵音，有如千古醒钟，任凭时空如何流转，依旧清澈地回荡在佛子们心中。

● 耆那教主"大雄"出生地（Mahavira's Birthplace）

距离小村落主要道路约4公里远的孔度浦村（Kundupur），是耆那教圣者"大雄"的出生地。大雄就

❶ 耆那教圣者立像·南印度帕拉王朝·公元10世纪。

❷ 耆那大雄的出生纪念碑，上头除了梵文外，也有些佛教常用的宗教符号，显示在相同的时空下，不同宗教彼此有着不可避免的影响。

耆那教与大雄

大雄是耆那教的创建者，传说他的父母皆为耆那教徒。在31岁时父母依着耆那教传统绝食而死后，他便出家过着全身赤裸、四处漫游的生活，实行耆那教徒严厉的苦行。过了13年的苦修生活后，他宣称自己已成道，到达清净无染的独存涅槃。从此他以"耆那"（Jina）的身份出现于世，成为一大宗教门派。

大雄传教的地区主要在摩揭陀国和憍萨罗国等地，他也接触过当时的诸国君王，如频婆娑罗王、阿阇世王和波斯匿王等，由于与佛陀的传法区域重叠，因此不可避免地会相互影响。虽然佛陀并不接受耆那教的教义，但在某些戒律修持上也会彼此参考。在六师外道中，耆那教与佛陀的教义最为相近，因此佛陀总是以较宽容的态度对待他们。例如佛陀曾交代离车将军，在他离去后继续供养耆那教的苦行者，便是一个鲜明的例子。

印度人有绕行纪念物的礼敬习俗，故一般的纪念塔都会设计成圆形，并有步道供人绕行。图为耆那教大雄的出生纪念碑。

是耆那教的第二十四祖筏驮摩那（Vardhamana），他和佛陀是同一时期的宗教师，即佛典所谓六师外道中的"尼干陀·若提子"。同样身为刹帝利种姓，大雄年纪稍长于佛陀，当佛陀正觉后出来说法的时候，他已经在宗教界有一定的声望与基础了。

沿着曲曲折折的田间小路来到一小块浓荫村野中，就会看到一座简单干净的纪念碑，碑上刻了记述大雄生平事迹的铭文。石碑立在一座圆形的基台上，围绕着这台座的是一条环抱石碑的小径，供信众绕行以示礼敬崇拜。

整座纪念碑由一条铁链保护，区隔着内外，造型单纯朴实，配上周围的乡野农村风光——两头咀嚼青草的黄牛、一只艳蓝的美丽鸟儿、摇曳在绿叶间的粉红花朵和一曲唧唧不休的蝉鸣，好一片宁静轻松的景致！这儿虽然是印度典型的贫穷农村，但是那青翠美丽的景色，却叫人流连忘返。

瑰丽的秘密花园总是隐藏在村落深处，想要亲自体会这番美景，只要询问当地人，就会得到热心的回答与指引，而这也是此地美丽的景象之一。

旅人info

交通

　　吠舍离很小，最近的飞机场在巴特那，最近的火车站是距离35公里的哈吉浦（Hajipur），和巴特那及拘尸那罗间都有状况良好的公路相连接。最方便的旅行方式是从巴特那租一辆小汽车前往，虽然花费较高，但省时省力，而且吠舍离的史迹较为分散，有一辆代步的车子，在参访各遗迹时也会方便得多。

　　对于经验丰富的旅人，可以搭公共交通工具前往：首先从巴特那搭乘巴士到哈吉浦（Hajipur），然后再换当地挤得不能再挤的公共电动三轮车到附近的甘地谢提（Mahaema Gandhi Seti），从那再转另一班三轮车到吠舍离。巴特那甘地广场有直达巴士，但班次非常少，路程也很长，并不方便。

住宿

　　吠舍离的住宿选择并不多，当然也不要妄想会有热水和冷气！若是在淡季前往，住宿费总是便宜得不可思议，但是因为淡季客人少，旅馆通常不会申请电力，你必须多付100卢比，请老板特地为你一人打开发电机，而且当老板就寝时，发电机也就休息了。因此，一支手电筒是绝不可少的必备物品。

庵没罗旅社（Hotel Amrapali Vihar）

电话：(06225)229982

价位：一个床位约80卢比，双人房约300卢比

　　由比哈旅游局经营的小旅馆，房间尚称明亮舒适。

吠舍离宾馆（Rest House）

价位：约70～150卢比间

　　也在马路边，有一座小巧而可爱的花园，出门便有成排的小摊贩，是环境最好的下榻之所。整间旅社共10个房间，都附有简单的卫浴，床上罩了阿嬷时代的蚊帐，虽简陋但另有一番气氛。如需用餐，也得先向老板预约，服务和口味当然不能和大城市比，但却是当地人一般的日常饮食，没有包装、没有改良，完全融入印度乡村生活。

　　吠舍离位于巴特那北方55公里处，车程约2小时。沿途风光明媚，道路两旁尽是齐整的水田，加上不时群起振翅划过云间的鸟儿，简直就是一幅柔美、宁静的图画。

　　由于和巴特那距离很近，许多旅游书会建议在巴特那住宿，但这样却会失去许多只有在夜晚才有幸邂逅的惊喜，例如在没有电力的夜空中，银白金亮的星斗，以及草丛间沾着夜露忽隐忽现的流萤，还有在点着油灯的昏暗小摊上买一颗水煮蛋……这一切新奇有趣的经验，都值得旅人在这落后却自然的小村庄度过一晚，然后以轻松而满足的心情，迎接第二天的感动。

❶吠舍离是个令人心情愉快的小农村，在嘈杂、拥挤的印度社会，它仿佛是个被人遗忘的世界。

❷一杯香浓的奶茶，几块现烤的面饼或饼干，必要时就在这种小店中解决一餐！

拘尸那罗

Kushinagar 圣地十二

—大般涅槃—

尔时尊者阿难走入精舍，立于门楣，哭泣自念："我还只是一个学生，修学尚未圆满，而我的导师——对我如此慈悲的人，却已濒临寂灭了！"

——巴利文《大般涅槃经》

◎ 前页：卧佛殿与大涅槃塔。
◎ 本页：卧佛殿中的卧佛像。

大般涅槃

我闻彼服食铁匠准陀的斋供以后，世尊忍受几濒于死的剧痛，彼所以患此严重性疾病，因进用栴檀树耳之故。世尊于清泻后犹说："我等去拘尸那罗城。"

——巴利文《大般涅槃经》

公元前543年（北传佛教记载为公元前486年），世尊从王舍城的灵鹫山启程，展开一如往常的弘化旅程。

虽然当时世尊已届八十高龄，但是在几位弟子的陪同下，他依然以最质朴的方式——行脚托钵、随缘受供、应机说法，来实践圣洁的生命之旅。他们一路行过那烂陀及波吒厘村，然后渡过恒河到达吠舍离。这个夏天，他们一行人将在此度过雨季。

最后的供养

在吠舍离安居期间，世尊生了一场几乎夺去生命的重病，虽然幸而痊愈，但是他的健康与体力都受到了很大的折损。尽管如此，雨季结束后，世尊仍带领着弟子们继续往迦毗罗卫与舍卫城的方向前进。当他们向离车族人告别时，城民似乎隐约意识到这次分手或许将成永别，因此都依依不舍地跟在世尊身后不忍离去。据说世尊还将乞食的钵给他们作纪念，但人们仍不愿回头，直到佛陀一行人渡过干达河，人们因河水太过汹涌无法越渡，才悲伤地回到城里。

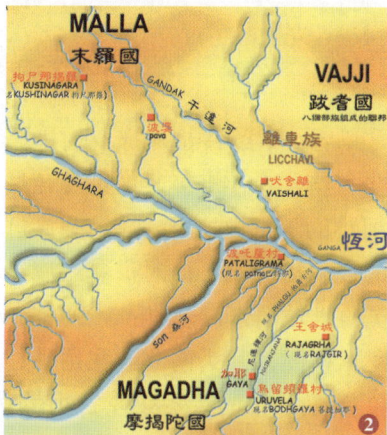

❶走遍恒河平原凡45年，一生说法不曾停歇！尊贵的佛足虽已安息，但是其智慧的足迹却依然引领着人们，走出身心迷雾的丛林。

——阿姜塔第26窟

❷佛陀最后之旅地图。

所有圣地中，最令佛弟子感伤的地方，就是拘尸那罗了！因为在两千五百多年前，佛陀就在这儿的寂静树林间平静地大般涅槃了！（Mahaparinirvana，意为"伟大的逝世"）。

在亲近得力的诸大弟子相继过世后，佛陀晚年在人间说法的脚步，似乎就寂寞了许多。自称"譬如旧车，方便修理，尚勉强可行"的佛陀，以八十岁高龄且重病稍愈的身体，远从280公里以外的吠舍离往西北方出发，脚步蹒跚却常行不歇，他们一路走走停停，最后来到了拘尸那罗的娑罗树林间，这一次，世尊终于倒下了！

在微风轻拂、树叶沙沙、寂凉的夜色中，世尊安详、平静地永远沉睡了！

渡过了干达河，就进入末罗族人（Malla）的领地。一行人来到末罗国的波婆村（Pava），便净住在铁匠准陀（Cunda）的芒果树林附近。听说佛陀已到达波婆村的铁匠准陀，欢喜恭敬地前来礼谒世尊，并请求佛陀："唯愿世尊慈允于明天与大比丘僧众赴舍间午餐。"世尊默然地接受了。

第二天佛陀依约到达铁匠准陀家中应供，准陀也很用心地准备了餐点供养僧众，在席间有一道野生的蘑菇料理似乎有问题，佛陀于食用后，便觉得不太对劲。于是他告诉准陀："准陀，凡是你所备办的栴檀树耳尽奉献与我，其他食物如甜粥等则分给比丘僧众。"而为了避免别人食用这些蘑菇而受到伤害，佛陀又告诉准陀："所有剩余的栴檀树耳应埋藏一小孔里，不要再使他人食用。"

这时，用过斋供的佛陀开始感到剧烈的腹痛，并引起严重的血痢，几乎濒临死亡。看到这个情形的准陀心中非常慌乱害怕，陷入极深的悲痛与自责之中，但是佛陀反而强打精神安慰准陀说："不要难过啊！准陀，你供养的这些蘑菇，和当初苏陀嘉供养的乳糜一样，都是出自至诚至善的心，因此这都是无上尊贵的供养啊！"听到佛陀这慈悲的话语，更使准陀生起无限的崇敬与悲伤。

佛陀稍事休息之后，等到下痢的情形稍为止住，便忍受着剧烈的腹痛毫无怨言地离去了。

离别之夜

世尊从波婆村离开后，继续往拘尸那罗前进。这段数十公里的徒步行脚，令年老体衰的世尊耗尽了最后的气力，在阿难的随侍搀扶下，才勉强渡过希连河，来到对岸的娑罗树林中。此时世尊已疲惫至极，甚至无法站立，于是他告诉阿难："阿难，请为我敷设床具于娑罗双树间，其头向北。我倦甚，欲偃卧。"阿难依照世尊的吩咐，在两棵娑罗树之间铺好了床具，世尊便将僧衣叠作枕头，右而卧，两脚相叠，心境安稳，静静地睡着了。

　　寂静的夜空，只有风吹娑罗树丛，发出沙沙的声响……

　　偶尔几颗流星划破暗夜，但旋即又消失无光……

　　世尊静静地躺卧在月光下，随行弟子们围绕在他的身旁，大家都端身跪坐，强忍着内心的悲痛，不愿发出任何一丝声响，因为诸比丘们都知道，今夜将是他们与敬爱的导师分离的时候了！

　　随侍佛陀数十年的多闻圣弟子阿难，在世尊即将辞世时，难以克制地把自己将要失去导师的惶惑不安与悲痛哀伤完全表达了出来，深知阿难心情的世尊，便召唤阿难前来，慈悲和蔼地告诉他：

　　阿难啊！不要悲伤，也不要哭泣。我于往昔不是曾告诉你万物实性就是如此，与我们最亲近者终将要与我们分别隔离？当一物既生而成形，即具分离的必然性，不要其舍离，怎么可能？且必无此理。

　　阿难，很久以来，以你慈和善良的身行、言语、意念亲近于我，心意坚定且无法计量，甚堪嘉勉。阿难啊！你当善自精勤，不久也将获得漏尽。

　　　　　　　　　　　　——巴利文《大般涅槃经》

　　世尊以病弱之躯，殷殷切切地教诲"因缘生灭，万物本然，凡条件所组成的，终将消散"，来勉励阿难与诸位随行弟子。

　　然而，世间真正能了解并接受这个真理的人，又有多少呢？大部分的人在面临生离死别时，谁不是哀哭自苦、不愿接受呢？就在佛陀对阿难开示完不久，住在拘尸那罗附近的末罗族人就携家带眷，扶老携幼地前来，参见觉明智者的最后一面。他们愁容满面，伤痛欲绝，甚至披头散发，大声哭喊："慈祥的世尊就要入灭了！世间的光明一

圣地小百科

最后的弟子

　　在佛陀生命的最后一夜，有一位年老的外道婆罗门须跋陀罗（Subhadra）正在拘尸那罗修行，听说佛陀即将于今夜入灭，心中寻思："曾经听师父与同修们提起：'正等正觉、阿罗汉、如来之出世甚为稀有。'我修行这么久了，心中仍有疑惑，如来应能为我揭示真理，我应趁如来尚未入灭之时，请他解我之惑。"于是便来到娑罗树林中，请求阿难尊者为他引见世尊。

　　但阿难不忍世尊劳累，便婉拒了须跋陀罗的请求，然而佛陀却已听见两人的对话，于是请阿难让他进来。因为这样，须跋陀罗得以提出问题，而世尊也强忍着身体的痛楚疲乏，详细地为他解说八正道。

　　听闻佛陀教法的须跋陀罗，很快就理解并信受，于是请求进入僧团，而佛陀也接受了他的请求，并旋即为他受具足戒正式出家。不久之后，坚定精勤的须跋陀罗就证得圣道，成为一位无漏心解脱的大阿罗汉。

　　他成为佛陀在生命中度化的最后一位比丘！

　　始年二十九，出家修善道，成道至于今，经五十余年。

　　三昧明行具，常修于净戒，离斯少道分，此外无沙门。

　　　　——《杂阿含经》第979经 世尊自说偈

阿姜塔第26窟内，尊者阿难独自依偎在佛足边，掩面自泣的雕刻。

会儿就从眼前消失了！"一时之间，娑罗树林中弥漫着浓浓的愁苦哀伤，嘤嘤的啜泣声应和着风儿拂过娑罗树叶的拍打声，久久不散。

圆满的寂灭

在为最后一位弟子须跋陀罗教示之后，佛陀的生命即如将要烧尽的烛火，在风中微微闪烁颤抖着，他最后的谈话只能断断续续，犹如慈爱老父对着年幼稚子，心心念念地叮咛与勉励：

"阿难，比丘中若有人有这种想法：'导师的教言已毕，我们不再有导师。'实非如此，不应作如是观。阿难，我为你们所建立的法与戒，在我去世后即是你们的导师。"

"阿难，我去世之后，对恶质怠惰比丘（恶比丘）应施行默摈梵罚；听任那比丘随意说话，诸比丘不应与之交谈，不劝告他，亦不用教训他。"

"阿难，于我去世后，若僧团同意可以舍微小戒。"

世尊这时已经没有体力再作长时间的开示了！他的身心有如油将用尽的灯，那微弱瘦小的火苗就要熄灭了！但佛陀仍不放弃那小小火苗所能发出的最后一丝光明，他提醒僧众们，如有任何疑惑，应掌握这最后的机会亲自向他咨询。

静夜之中，一片默然，在座之人无有疑惑……

世尊见无人发问，不放心地再次问道："诸比丘，如果你们是为了导师，故不发问，可令其友人互相转达。"世尊如是语已，诸比丘仍皆默然。

当确定在座的所有弟子们对佛、法、僧均已无疑惑，且将不堕恶趣而正向于解脱之境后，佛陀就不再多言了！一生对世人的关怀与对弟子的教导引领之责任，此刻已圆满完成了！

尔时世尊语诸比丘说：

"诸比丘啊！现在我劝告汝等，诸因缘皆为无常法，大家应自精勤，不要放逸啊！"

——巴利文《大般涅槃经》

这就是世尊最后的遗教了！

平凡得像娑罗树的凋叶，平凡得像拘尸那罗小村，平凡得如你我的身躯，佛陀终将进入寂灭。公元前543年，五月的月圆之夜，人间的觉者、不倦的教育家——佛陀，在这末罗国的宁静小村中，庄严安详地休息了！

平凡的佛陀，结束了他不平凡的一生！导师的躯体是确确实实地消散了，但是导师的教言与慈悲法施的心量，却为世世代代的后人们留下了一盏照亮千年暗室的明灯，为人间开启了一扇解脱无明束缚的"灭苦之门"！

舍离诸贪欲，得证净涅槃。圣者寂灭时，心安稳坚定。
心定不动摇，战胜诸痛苦。心已获解脱，犹如火熄灭。

——佛陀入灭时 尊者阿那律以偈颂之

"于是，拘尸那罗的末罗族人，携带着香、花环、各种音乐与五百套衣着，走向娑罗树林佛陀的遗体所在处。他们以歌舞、音乐、花环、名香等等，向如来的遗体致敬，并以其衣着作成天幕及编扎花环悬挂其上。"

——桑奇大塔·北门·公元前1世纪

八分舍利

于是拘尸那罗的末罗族人们以新布包裹世尊的遗体,继以新净棉,再以新细布缠之。如此,一层布,一层棉,至各有五百层为止。然后将其安放在有油之金棺内,再以另一金棺盖之;并用诸种香积作火葬台,然后将世尊的遗体置于其上。

——巴利文《大般涅槃经》

佛陀过世之后的六天里,王族和庶民不论远近,都聚集到此,向世尊的遗体表达哀思与礼敬。由于大部分弟子四散各地,都正在赶来的途中,而随侍的弟子又人手不足,遂由附近的末罗族人协助收集香末、花环、柴木、布帛等治丧物品,并依照转轮圣王的礼制,为释尊装殓遗体。

此时,率领着五百位弟子千里迢迢从波婆村赶向拘尸那罗的大迦叶尊者,正在路边一棵树下稍事休息,当他们听到世尊过世的消息后,许多比丘弟子们忍不住悲痛哭泣起来,但是却有一位年老的怠惰比丘,不在意地坐在路边,松了一口气似地说:"止止诸师,不应哭!也不应悲恼!我们从该大沙门获得解脱!他常以'当应行是,不应行是'来烦扰我等,今后我们为所欲为,其不欲者则不为!"

就是这一句话,让一向不喜多言的大迦叶尊者,决定召开佛教第一次教法结集会议。

当大迦叶尊者匆匆赶到拘尸那罗时,末罗族的领袖们正准备点燃火葬柴堆,于是大迦叶尊者就以僧团中最受尊敬的兄长身份,带领大众顶礼佛足,绕佛三匝后,举火点燃了葬火。在肃穆哀伤的气氛中,世尊的遗体,就荼毗于夜空下沙沙悲泣的娑罗树林间了!

当世尊入灭的消息像火一般迅速传遍东北印时,许多部族国王们都远从各地赶来吊唁礼敬佛陀,包括摩揭陀国的阿阇世王、吠舍离的离车族和迦毗罗卫的释迦族在内,据说共有八个部族聚集在此参加佛陀的火化仪式。然后,每一国都希望能得到这位在宗教上有强大影响力的伟大导师的遗骨舍利,以便回国建塔供养。当时阿阇世王和离车等族认为:"世尊是刹帝利,我们亦是刹帝利,我们应获得舍利一份。"而释迦族人则认为:"世尊是我族中之荣誉,我们应获得舍利一份。我们将为之起塔并兴供养。"另一方面,拘尸那罗的末罗族人却向集会的诸国说:"世尊是在我们的村地入涅槃,我们将不以佛之舍利让给他人。"

为了能分得佛陀的舍利,各国在这里发生了激烈的辩论与争执,形成几乎要以兵戎相向的紧张局面。幸好在场一位摩揭陀国的婆罗门以调停人的身份挺身而出,提醒大家:"容忍是我佛之教训。因分世尊之舍利,而起战斗、残害,实不应该。我们应融洽和好,将舍利分为八份,让佛塔远遍诸国,使人们追寻此世界之光。"

这一席中肯的话语立刻软化了现场剑拔弩张的气氛,而原本态度强硬的拘尸那罗末罗族人,也不再坚持独占世尊的遗骨,同意由这位婆罗门将佛陀的舍利平均分为八份,交由诸国各自带回一份,返国建塔供人民礼敬祭祀。

这就是佛教史上著名的"八分舍利"史事。

佛陀的入灭与舍利的分配让印度出现了一种全新的建筑形式——窣堵波(Stupa,意为佛塔)。因为各国王族回国以后,都在交通要道上,依着佛陀生前的指示,以钵碗倒扣的样式,用砖或土建造半圆形的小塔,然后将佛陀的舍利安放于其中保存供养。之后凡是诸长老圣弟子的遗骨舍利,也都以这样的方式来造塔礼敬,这可以说是印度早期的陵墓形式,也创造了一种特殊的佛教文化。

有趣的是,经典中完全没有提到有任何圣弟子出来说:"世尊为我等的导师,因此我们应分得一份舍利。"这想必是因为圣弟子们都很清楚,世尊的遗言中,要弟子们"以法为师,以戒为师,精勤不放逸",只有法与戒,才是佛陀最重要的遗产。

拘尸那罗巡礼

拘尸那罗目前的遗迹区域相当集中，不论是佛陀入灭处还是遗体火化之所，都聚集在一条主要道路上，旅人们只要悠闲地散步就可轻松到达，那里是可以静下心来细细思考佛陀圣教的好地方。

佛陀大般涅槃遗址区

就在印度考古研究所正对面，远远地就会看到白色的卧佛殿和大涅槃塔矗立在乡村矮房之间，它们是这里最重要的遗迹所在。目前出土的遗迹已被整理成为环境清幽的花园寺院，但尚有大片遗迹仍沉睡在尘土之下，因此挖掘的工作仍持续进行着。

● 僧院遗迹

一进入遗址园区，就会看到一片尚称完整、仍在挖掘中的僧院遗迹，据考证这应是笈多王朝时期所建的修行寺院。在这里曾挖掘出记载有"大涅槃塔"整修重建过程和几个寺院名称的石碑刻文，由于是佛灭后千年才建，因此在历史意义上并不是那么重要。

● 卧佛殿（Mahaparinirvana Temple）

又称为大涅槃堂或大涅槃寺，是一座白灰粉刷、四周开了小窗户的圆筒状建筑。

在阶梯下脱下鞋子，还未进入佛殿，甜腻的鲜花、香烛气味与比丘们的诵经声，就已将参访的人们带入浓浓的庄严氛围之中。

❶佛陀大般涅槃遗址区内，挖掘出不少公元5世纪左右所建的僧院遗迹。

拘尸那罗的古名为Kushinara，是古印度恒河平原上十六大国之中末罗国的一个小城镇。由于"末罗"的意思是指"力士"，因此这里又被称为"力士生地"。

这里因为是佛陀的入灭之处，而广为佛教徒所熟知并礼敬，但对于信奉印度教的印度人民而言，拘尸那罗一直是个不太重要的小村镇，长久以来它都受到忽视与遗忘，只有在玄奘、法显等朝圣者的旅行记录中，才能见到它的名字，不过，对它的描述也都是"居人稀旷，闾巷荒芜"的凄凉景象。

❷卧佛殿与大涅槃塔，右方为娑罗树。

1. MAHAPARINIRVANA TEMPLE
大涅槃寺
2. MAHAPARINIRVANA STUPA
大涅槃塔
3. RAMBHAR STUPA
佛陀火化塔
4. CHINESE TEMPLE
中华佛寺
5. HOTEL PATHIK NIWAS
帕西尼瓦旅店
6. MATHAKUAR SHRINE
玛塔庳圣殿
7. LOTUS NIKKO HOTEL
日光莲花大饭店

七笔石窟 缩製

KUSHINAGAR
拘尸那羅

❶拘尸那罗地图。

❷比丘们负责维护涅槃遗址区的一切事务，在多神教盛行的印度，他们的身影显得十分孤独！

踏入幽暗的大殿，只见一尊两米长的佛陀像安详、平稳地躺卧在眼前。这座以黑岩雕刻的精致卧佛像，全身都被虔诚的信众们贴满了金箔，并且紧密地裹上金黄色的绸布，只露出慈蔼的面容与尊贵的双脚，因此常让不知情的人以为这是金属打造的佛像。

这巨大的雕像与床座是以一块完整的巨岩雕造而成，据说在12世纪时，为了躲避伊斯兰教徒的破坏，人们将它埋入地底，到19世纪中叶考古学家将之挖掘出来时，已有多处毁损破裂，经工作人员将散布在四周的碎片重新拼合起来才勉强修复完成。

床榻基座上雕有阿难、须跋陀罗、末罗酋长瓦吉拉婆尼（Vajrapani）以及另外五位不知名的信众，人人均是双掌合十，神情哀伤。此外，床座上也刻了当初的捐献者与雕刻匠的姓名："这是摩诃寺（Maha Vihara）哈利巴拉·斯伐弥（Halibala Svami）的宗教献礼。此佛像为秣菟罗（Mathura）的地那（Dina）所造……"从雕像的形式和刻文记载看来，这应是公元5世纪时的作品。

如果驻寺的比丘不是很忙的
话，就会带着你从不同的角度来
看这座佛像："看！如果从头顶
往脚部看，佛陀的表情是微微地笑
着……如果站在中间看，就会发现
佛陀的表情转为安详的沉思……若
是从脚部往头部看，佛陀的面容又
变为庄严肃穆……"

当然，这只是光影变化与视觉
角度差异造成的结果，但人们却可
以借此想象佛陀在世说法示教时的多种面貌，也算是一种
心理安慰吧！

卧佛殿曾在公元1876年时整修过，到了1956年，适逢
佛陀入灭2500年，人们又特别重修整建，因此如今的涅槃
寺才会如此亮白显眼，和四周的遗迹废墟形成强烈的对
比。

拜访卧佛殿最好的时间是午后近黄昏时，那时，柔柔
的橘红色夕阳、鹅黄摇曳的烛火，再加上比丘们平静的吟
诵，整座寺院会沉浸在浓浓的神圣氛围中。

如果你愿意，驻锡在这里的比丘们会用心地带领诵念
经文，并为你开示，然后带着你一路介绍寺院附近的水
池、佛塔与遗迹等。如果是为了寻找宁静心灵而来的旅
人，当然也可以为自己守默禁语半天，或坐在大殿中独自
诵读佛陀的教诲，或静静思考、感怀佛陀入灭前的慈悲叮
咛，抑或聆听朝拜者人来人往、进进出出的呼吸声，宁定
地享受这份沉静……

❶卧佛殿内的佛陀雕像，佛足下方
是信众随喜供养之处。

❷卧佛殿正门有两棵娑罗树，用以
标示佛陀在此入灭之意。图中前方
砖塔，据说是国王与人民礼敬瞻仰
如来遗体之处。

● 大涅槃塔（Mahaparinirvana Stupa）

卧佛寺正后方，有一座巨大的米白色覆钟式佛塔，即
为大涅槃塔，也称为主塔，这座塔标示了佛陀入灭的确实
地点。

在挖掘过程中，考古学者曾在这附近发现了一件公元

大涅槃塔后方，有一座四方形的砖造建筑遗迹，从残余的基台可以看出这原本应是一座佛塔。驻寺比丘说，这就是佛陀确实的入灭之处，因此后人曾在此建有高塔作为标记。

❷一片绿意水泽间，米白色的大涅槃塔和卧佛殿显得特别抢眼。

5世纪鸠摩罗笈多时代的铜器，与一些刻有铭文的铜盘，刻文的内容大约是："这是哈利巴拉·斯伐弥（Halibala Svami）的献礼，这个铜盘是放在大涅槃塔内。"这篇刻文证明了这座大塔和涅槃寺内的大卧佛像是同一个施主所捐赠，而玄奘前来朝圣时所看到的"阿育王所造之塔"，应该就是这座塔的前身。

其大砖精舍中作如来涅槃之像，北首而卧。傍有窣堵波，无忧王所建，基虽倾陷，尚高二百余尺。前建石柱，以记如来寂灭之事。

——玄奘《大唐西域记》

可见在公元7世纪时，这里不但有寺院、大塔，塔前还有阿育王的正字标记——阿育王石柱。然而，不久之后，这座塔寺即遭到废弃，想来也是因为伊斯兰教徒入侵致使佛教急速没落的关系。

总之，这里有很长一段时间都是荒山野林中的废墟瓦砾，直到印度政府发现它的历史价值与观光利益，才开始进行挖掘工作。当时，一位缅甸的佛教徒吴波开（音译），筹募了近两万卢比在此建造一座新塔，于1927年

❷

完工，后来他又花费11000卢比，为新塔全身镀金，并在塔顶布置了精致的伞盖。

然而，随着岁月流水般的奔逝，这座曾闪耀着亮眼金光的大塔又在时光的摧残下，日渐斑驳毁坏，终于风采全失，再度荒芜。直到最近几年才又重新翻修整理，整座大塔被漆以米白色，简单的覆钟造型，表面光滑，全无雕刻，仅在塔顶上建了三层小小的伞盖，非常朴实单纯，如同佛陀一向的教法行止。

莲花、香茅与浮萍，千年古物融为一景！此地点是传说中，摩耶夫人哭泣佛陀入灭之处。

当地比丘说，大塔之下约6米处，埋藏着佛陀的舍利。这个说法很值得怀疑，毕竟这里曾经历过多次的破坏荒废。然而，真伪如何其实并不那么重要，因为佛陀所留下最珍贵的宝物并非遗骨，而是法教遗言。只要佛弟子们都不忘失世尊最后的教示："以法为依、以戒为师"、"自洲做自依、法洲做法依"，那么，"法"在何处被彰显，哪里就是佛陀生命延续的地方！

● 其他塔寺景点

或许是有比丘驻锡的缘故，拘尸那罗的遗迹公园整理得相当清幽、宁静，整体环境优美、整洁。雨季时，水泽丰润，生出整片荷叶浮萍，各色莲花处处挺立，不时传来的蝉唱蛙鸣，为寂寥的残砖颓墙注入一股生命力。若有时间，不妨在此散散步、静静心，将旅途中的疲累瞬间放空。

卧佛殿前种了两棵瘦高的娑罗树，但这并不是荫护佛陀入灭的两棵树，地点也不是在这里，只是因为原始的娑罗树早已消失，因此管理当局又重新种植，以便告诉世人，佛陀就是在这种树下安详入灭。这两棵树的树龄看来

圣地小百科

外围景点

距离大涅槃塔遗迹公园约三四百米的道路转角处，有一座小小的玛塔库尔圣殿（Mathakuar Shrine），据说佛陀曾在这里作了最后的教示，因此建殿以作纪念。

幽暗的圣殿中，供奉了一座约公元5世纪、黑岩雕造的坐佛，以降魔触地印代表成等正觉。圣殿门口有一潭水池，似乎是当地人汲水沐浴之处。圣殿的看守者一见到观光客或朝圣者接近便会说，如果您愿意奉献香油，可以为你打开铁门，让你进去照相。

除了这座小圣殿，这条主要道路上还密布着世界各佛教国家新建的精舍与寺院，如西藏寺、日本寺、中华佛寺，以及日本和斯里兰卡合力建造的十大弟子寺等，有时间可以一一参访。

❶涅槃遗迹园区一景。

❷拘尸那罗的中华佛寺。

❸安迦罗塔入口大门。

❹安迦罗塔曾被人在最上方挖下一个大洞并盗走古物，幸好有考古部门维修才恢复成现在的模样。

❺日本寺院沿袭世界和平塔风格，简约却庄严。

❻玛库塔圣殿就在转弯处，从路边就可看得很清楚，有兴趣可入内一看。

❼佛陀的火化之地就在安迦罗塔。这座高约10米、直径40米的"兰巴尔塔"，其建立年代应不会早于公元3世纪，塔下发现过孔雀王朝时期的小僧院与祠堂残迹，可见这是后世在更早期的佛塔上，再加盖重建的纪念建筑。朝圣者来到此地，建议可绕塔数圈，以示对佛陀的思念。

应有二三十年了，虽然它不像菩提树那么有名并受到崇敬，但不妨拾一片树叶作个纪念吧！毕竟佛陀入灭时的教言和正觉时的智语，是一样真实不虚值得佛弟子千年追思的啊！

整座卧佛殿和涅槃塔外围，尚有许多后人流传的、有关世尊入灭时的事件或神迹发生之地点，原本都造有小塔纪念，如今均只余基座。例如，在面对卧佛殿的右手边，有一座砖造遗迹，是佛陀入灭后，停棺七天供各国王族与百姓前来瞻仰礼敬之处；而在左手边，又有一座小小的佛塔残基，是佛陀的生母摩耶夫人听到佛陀入灭后，从天上下来哀痛哭泣的地方……

史实与神话掺杂，原本就是印度历史的一贯风格，也无需太在意。只是这些遗迹多散见在大片残基之中，若想详细了解确实位置，不妨请教驻寺比丘或当地人，他们会很乐意为你解答。只是这些说法都没有出土文物可供考据，因此可能每个人所说的都不一样，听听有趣就好，倒不必一定要探究真伪。

❼

安迦罗塔（Angara Chaitya）

从遗迹公园再往下走一公里半左右，会遇到另一座小小的花园，里面有一座十多米高的红砖土丘，静静地矗立在铺设整齐、花木扶疏的绕园小径中央，这就是现在被当地人称为"兰巴尔塔"（RambharStupa）的安迦罗大塔。

据说，这就是当初大迦叶尊者引燃葬礼柴堆、火化佛陀遗体的地方，而当遗体火化仪式完成时，各国王族还为了争夺佛陀的舍利遗骨，差点儿在这里引发战事，这便是佛教史上著名的"八分舍利"事件。

安迦罗塔中曾供奉安置着许多贵重物品，但如今早已被盗墓者洗劫一空。所幸印度的考古部门现在已开始着手保护这座极具历史价值的宗教遗产，使它不致继续受到更大的伤害。

目前，当地政府已清除掉盘根错节在塔上的杂草与树林，并设置围栏将之包围保护起来。不过，同时却又用现代的红砖去修补塔身破损的地方，并且在砖塔旁搭建了一些现代的人工建筑，使得整座花园的气氛有些新旧交杂。这样的维护方式对古迹而言，究竟是幸抑或不幸，确实值得讨论。

拘尸那罗被考古学者们确认是位于现今UP省哥拉浦东方约51公里处的卡西亚小村（Kasia），距离吠舍离约有280公里远。这里所有的史迹、寺院、旅馆等，都集中在拘尸那罗主要的道路——佛陀大街（BuddhMarg）上，因此对旅人们而言，可以说是非常方便。

❶印度的路边有许多卖奶茶的店，你或坐或站或躺，随心所欲。天边乌云满天，强风吹得树木歪斜，这表示待会儿将会有一阵暴雨袭来。

❷印度乡村的秋收景色。

旅人info

交通

拘尸那罗位于第28号国道上（National Highway 28），若是租车前往，只要看到十字路中央的高大亭台，上面供奉着白色的佛陀坐像，就知道目标已不远，绕过佛像后穿过一座牌楼——Buddha Dwar Gate，就进入了佛陀的寂灭处——拘尸那罗！

不想租车的朋友，可以从哥拉浦搭乘每小时一班的巴士前往，车程约两小时，车资约30卢比。拘尸那罗的巴士站距离主要道路佛陀大街约3公里，站名为拘尸那罗警察局（Kushiganar Police Post），不过大部分的公交车司机会愿意让旅人在街口的牌楼下车，因此可以在上车时先和司机说你的目的地，看他们是不是愿意帮忙，否则就得走3公里的路了！

此外，哥拉浦和拘尸那罗间也有公共汽车和吉普车往返两地，只是，两个小时的车程挤在不能再挤的车厢中，肯定不会是舒服的旅程，要有做沙丁鱼的心理准备。

食宿

由于拘尸那罗史迹区集中在一条主要街道上，占地范围不大，因此也没有太多住宿选择。有些人会选择落脚哥拉浦，再租车作一日游，费用在900到1000卢比之间。不过，不像一般的小村庄只有低价旅馆可以投宿，拘尸那罗的旅馆质量都在中等以上，房间环境都十分舒适、清幽，相当难得，不妨一试。

旅馆、餐馆

帕西尼瓦饭店（Hotel Pathik Nivas）

电话：（05564）271038

传真：（05564）272038

价位：普通房约600卢比，冷气房约1800卢比，淡季还可再打折

这是UP省观光局经营的连锁饭店，房间围绕着一座绿意盎然的花园而建，环境十分清洁。床单、浴巾等每天换洗，服务员也很亲切，缺点是热水不稳定，而且隔音很差，注意不要选离大厅柜台太近的房间，以免人来人往不得安宁！

这里附设有餐厅，同样十分昂贵，口味虽然还算可以，但比起一般的专业餐馆，终究还是差一截。不过拘尸那罗并没有太多餐馆可供选择，只能将就了。

日光莲花大饭店（Lotus Nikko Hotel）

电话：（05564）271139

价位：双人房约2500～3000卢比

这是日本人投资经营的三星级饭店，附设有日式餐厅和浴室，受到日本朝圣客和亚洲朝圣团的热烈喜爱。不过对自助旅行者而言，实在是太贵了。

皇家大饭店（Royal Residency）

电话：（05564）272338，271362~64

网址：www.theroyalresidency.net

价位：双人房约5000～6000卢比间

这是一家三星级的连锁大饭店，专门服务亚洲朝圣客，设施齐备，甚至还有一座男女分开的日式公共浴池，也附有餐厅，但收费都不便宜。

寺院挂单

和其他的佛教圣地一样，拘尸那罗也有各国寺院供朝圣旅人们挂单，其中西藏寺、日本–斯里兰卡佛教中心（Japan–Sri Lanka Buddhist Centre）及中国佛寺都有很不错的房间，只要随喜捐献（约100到200卢比）即可入住。

亚玛餐馆（Yama Kwality Cafe）

位于中华佛寺旁，据说供应的餐饮是小镇附近最好的，至少菜色选择很多，荤素皆宜，且价格合理。一大盘炒饭才30卢比，十分实惠。只是和印度其他生意好的餐馆一样，由于都是现点现准备，因此点菜后至少要等30分钟才吃得到。对饥肠辘辘的旅人来说，实在是一大考验。

蓝毗尼Lumbini	佛陀诞生
迦毗罗卫Kapilavastu	大出离
菩提迦耶Bodhgaya	成等正觉
鹿野苑Sarnath	初转法轮
王舍城Rajgir	弘法之域
那烂陀Nalanda	佛学大城
舍卫城Sravasti	祇园之声
憍赏弥Kausambi	法尽之地
僧迦施Sankisa	天上人间
巴特那Patna	孔雀之心
吠舍离Vaishali	生命之旅
拘尸那罗Kushinagar	大般涅槃

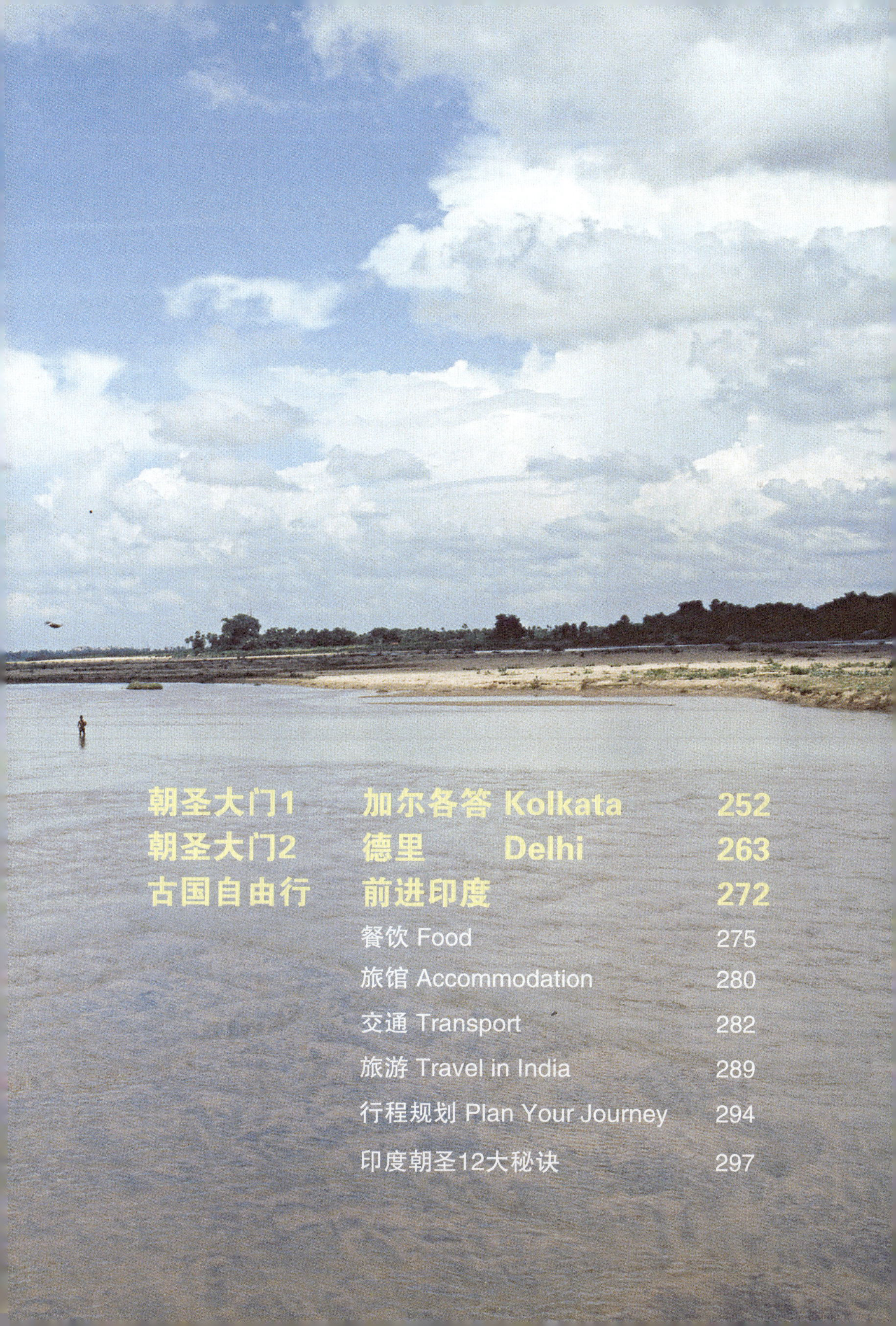

朝圣大门 ❶

❶加尔各答——新旧交织的大都市（右后方白色建筑物为印度博物馆）！

如果你的班机在深夜到达加尔各答，那么在机场通往市区的路上，就会看到这样的镜头：马路旁的人行道上，密密实实地躺满了无家可归、露地而睡的游民，街道上几乎看不到其他的车子，偶尔几头牛聚集在马路中间漫步，一阵凉风吹过，刮起一片废纸随风打转，萧条的景象会让人以为这里刚被敌军洗劫过。

然而，当清晨第一道阳光划破暗夜，许许多多不知从哪儿冒出来的人，就会精神饱满地在熙来攘往的大街上穿梭叫喝，为这个城市彩绘上活泼艳丽的颜色，使你怀疑昨晚的凄凉是否是一场梦。

这令人迷惑错乱的城市，就是赫赫有名、精神文化水平极高却又赤贫如洗的英国殖民首都——加尔各答！

❷市区电车与街景。

加尔各答

加尔各答并不像印度其他的古老城市，拥有许多往日遗迹。事实上，它的辉煌历史仅能追溯到三百年前——在英国殖民时代，它曾被立为印度的首都。但是，这光荣也只维持到本世纪初，随着英国的退出，这座华丽的文化之都也在一夕之间变为动乱、贫困的混乱城市。

英印混血的城市

公元1686年时，加尔各答只是胡利河（Hooghly）畔的一座小村落，英国商人在这里建立了一个贸易站，而为了和当时的印度伊斯兰教政权争夺贸易地盘，他们开始在这里建立要塞城堡。经过几次大小冲突后，公元1757年，著名的普拉西战役爆发，这成为英国殖民印度史上的一个重要转折点。

在这场战役中，英军彻底将伊斯兰教和法国联军击溃，正式夺得印度的殖民权，他们在加尔各答建立了一座更大、更坚固的城堡，并将此地定为英国印度的首都。从此，加尔各答迈入繁荣辉煌的岁月，许多重要的建设都在1780年到1820年间完成，经济与文化快速地成长，使其摇身成为国际舞台上亮丽而重要的角色。然而，到了19世纪末，印度独立运动如野火燎原般蔓延全印度，而加尔各答所在的孟加拉国省随即成为印度争取独立的重要据点。于是，英国在1911年决定将首都迁到德里。

虽然失去了政治的着力点，但加尔各答仍拥有经济的主控权，所以还能一直持续繁华荣景。直到第二次世界大战爆发，孟加拉国省被分割为东孟加拉国及西孟加拉国两个部分，而维系加尔各答经济命脉的贸易港口就这样被划分出去，经贸景况就此一落千丈。

雪上加霜的是，战后数以万计的难民涌入西孟加拉国省和加尔各答，这些如蝗虫压境般的难民，几乎瓦解了这个负荷过重的城市，饥荒、疫病、贫穷和死亡笼罩着整个加尔各答，困苦的人们在生死边缘挣扎。

德瑞莎修女在加尔各答创立了仁爱传道会，他们所从事的慈善济助工作，让世

人开始注意到这个严重腐朽、窒息的城市。但是，公元1971年时，印度和巴基斯坦间又爆发了激烈的斗争，加上孟加拉国的独立建国，再次引爆另一波难民潮，使得原本已经混乱的加尔各答又陷入了无尽的黑暗中。

如今的加尔各答是西孟加拉国省的省会，虽然仍未脱离悲惨贫困的处境，但在混乱的环境中，仍有许多美丽的人、事、物在暗夜里大放异彩：诺贝尔大文豪泰戈尔、慈爱悲悯的德瑞莎修女、深邃的艺术电影、梅登广场（Maidan）散放出的庄严堂皇、维多利亚纪念堂的华丽优美，以及在清晨迷蒙脱俗的胡利河边卖花的小孩……这些混合了英国风格与印度传统的多元文化，正是这神奇城市吸引旅人们驻足的神秘魔力。

市区一览

加尔各答的繁华市区位于胡利河东岸，如果是搭火车从加尔各答以西的任何一个地方到达，就一定会进入占地广阔的荷拉车站（Howrah Train Station），然后必须利用荷拉大桥（Howrah Bridge）过河进入市区。

在加尔各答，和旅人们关系较密切的地区，大概就是大桥以南的B.B.D.Bagh和乔林基区（Chowringhee）了！在B.B.D.Bagh，旅人们可以找到邮政总局（Main PostOffice）、电信局、各大银行和非常重要的火车票预售局（Railway Booking Office）。

从B.B.D.Bagh往南走，越过占地广阔的梅登广场，就会到达乔林基区。在这里可以找到许多银行、航空公司、餐厅、书店、观光旅游局以及赫赫有名的

❶ 加尔各答耆那寺的美丽庭园，显示耆那教仍活跃。

❷ 路边的小茶摊不只卖奶茶，也提供各种小点心，是印度人小憩午茶的地方。

❸ New Market内的水果摊商。

❹ 人力车夫是加尔各答这座城市中较特殊的行业之一。

❺ 人车从东南西北而来，又向四面八方而去。

❶ 印度博物馆的馆藏堪称印度之最，因此每天一大早就会有许多当地人或外国旅客汇聚至此，等着一窥圣貌！

❷ 除了艺术的飨宴外，博物馆的中庭是旅人们休憩谈心与约会之地。

❸ 印度博物馆内，首任馆长John Anderson的纪念雕像。

❹ 阿育王石柱的单一石狮柱头，就放在博物馆大门入口处，肌肉的张力与卷曲的鬃毛，显示它来自一个壮盛的帝国。

印度博物馆，同时，许多平价的旅馆也都聚集在这个热闹的地区。

值得注意的是，加尔各答的街名经常改来改去，有时地图上标示的名字和街头的路牌并不一致，为了避免混乱，这里使用的是当地车夫、司机、商家和一般百姓最熟悉的名称。如果不想迷失在这风格复杂的都会中，有些地标最好能记得。

相互交错的沙德街（ SudderSt. ）和乔林基路（ Chowringhee Rd. ）是两条重要的街道，印度博物馆雄伟的白色英式建筑就位于这两条街的交叉口旁，印度博物馆对面就是开阔的梅登广场，沿着乔林基路往北走到林赛街（Lindsay St.），可以询路找到缤纷的新市场（New Market）。从乔林基路沿着梅登广场的边界往南走，就会到达帕克街（Park St.），一些高级的饭店、餐厅、书店大都聚集于此。最后是横跨胡利河、1994年完成的新建钢索桥（Vidyasagar Setu），它在阳光下的身影十分壮阔雄伟。只要记得以上几个地名，在加尔各答活动时就多少有点概念了。

旅游重点

◎ 印度博物馆（Indian Museum）

这是印度三大博物馆之一，华丽宏伟的大门立面、占地广阔的白色廊柱式建筑，创建于1814年2月，1878年正式开放。馆内收藏丰富，以历史人文和自然科学为主，号称是亚洲历史最古老、规模最庞大的博物馆。

在入口处左手边的售票口买了门票，走进前厅，立刻便和一只巨大而且壮观的黑岩石狮柱头面对面，让旅人与古印度最伟大的艺术文明做了直接而震撼的第一次接触。

面对大厅的右手边是考古学厅，其中展示着公元前2世纪的巴呼特佛塔及围绕着佛塔的栏楯塔门，其上雕了许多圆形浮雕，内容大半是佛传和本生谈的故事，人物造型浑圆朴拙，构图丰富热闹，风格独立，自成一家，千万不要错过。

进入中庭后右转，回廊上布置了许多帕拉王朝时期的精美佛像。一路逛到第一间展示厅，里面陈列了许多犍陀罗风格的雕塑。古犍陀罗的位置靠近现今巴基斯坦，其雕刻表现技法深深受到西方希腊艺术的影响，因此佛像多有着卷发和轮廓深刻的西方面孔，在肌肉力学的表现上也相当写实，这里和本土的秣菟罗及精致的鹿野苑并列为古印度三大佛像艺术中心。

一间标示着"史前文明"的展览室中，陈列着印度河文明时期的小陶偶和陶器。在一个角落里，收藏着在毕波罗瓦（Piplawa，古迦毗罗卫）出土的佛陀舍利遗骨和舍利罐，这毫不起眼、小小黑黑的舍利，代表着人们对佛陀永不消逝的尊崇与怀念。

此外，尚有许多来自奥里沙（Orissa）、卡修拉荷（Khajuraho）及鹿野苑等地的佛像及印度教神像。入馆前最好先填饱肚子，并记得带些干粮，午餐就在中庭的花园里野宴。花木扶疏的恬静林园，潇洒翱翔于天际的飞鹰，这可是会令人终生怀念的美好经验哦！

> 交通：如果是在乔林基路和沙德街、林赛街的附近，步行前往就可以了，也可搭乘地下铁到帕克街站下车，出站后即是印度博物馆。
> 时间：周二到周日AM10:00～PM4:30，每周一公休
> 门票：印度10卢比，外国人150卢比。
> 摄影：每台相机50卢比，在前厅左手边的服务处买摄影票。

◎ 卡利女神庙（Kali Temple）

卡利女神是印度教中地位相当重要的一个神祇，印度人相信她是法力最高强的女神。

在印度教传说中，她原是湿婆神美丽温柔的妻子，因为看到恶魔横行人间，太过悲怒而化身为恐怖的破坏之神以消灭恶魔。她的形象十分鲜明：黑皮肤，张口吐出血红的舌头，颈上戴着人头骨串成的项链，耳环是两具尸体，手掌上涂满鲜血，充分显示出她破坏、毁灭的特质。

传说她死亡时，湿婆因太过悲痛而使大地震动不止，于是毗湿奴就用法器将她的尸体斩碎撒下人间，每一块尸块掉落之处就成为一个印度教圣地，而加尔各答这座卡利女神庙就是她的小拇指掉落之处。这座神庙历史悠久，每天早上都有许多山羊被带到这里屠宰献祭（据说以往是用活人献祭），在神庙庭院中可以看到用小石栏杆围起来的杀羊献祭处。

❶ 卡利女神庙的造型特殊，是当地的信仰中心。

❷ 印度博物馆内四周回廊安置着不朽的石雕艺术作品。

❶德瑞沙修女的济贫者医院，是加尔各答最温暖的爱心之地。众多无私奉献的修女，赢得了全印度人的尊敬。

❷每天都有无以数计的印度人与外国旅客，专程前来德瑞莎修女长眠之所表达感怀追思。

❸仁爱传道会小小的木门入口，里面则是德瑞莎修女生前起居及长眠的地方。

❹仁爱传道会低调地隐藏在小巷子中，就好似修女们全心奉献却不张扬的一贯风格。

进入神庙中要脱鞋，有游民会将你的鞋子收好，等你出来时再向你要保管费，大约给个2到5卢比就可以了。要注意神庙中和献祭处都禁止拍照。这里是全加尔各答最困苦贫穷的地区，旅人们在这里活动一定要小心，最好能结伴行动，天色暗下来之前务必离开，以免发生危险。

◎ 济贫者医院（Hospital for the Dying Destitute）

这是由德瑞莎修女创建的仁爱传道会（Missionaries of Charity）所设立的众多慈善机构之一，专门收容病倒路边、无亲无故的贫苦游民，并予以医疗照护。若是病患亡故于院中，则依照他生前的信仰仪式为他处理后事。

由于修女们对贫穷、生病的人给予无私的奉献，加尔各答人对这些身着白色粗布沙丽、边缘缀了一粗二细三条蓝色布边的修女们可说是敬重至极，当地人会告诉你"在加尔各答，Sister can go everywhere"，修女们到哪儿都是通行无阻的！

每天都会有许多来自世界各国的义工到济贫者医院服务，并学习付出、关怀和爱。济贫者医院不排斥让旅人们参访，但禁止拍照，以维护病患的隐私与尊严。教会并不会主动募款，只接受自发性的捐献，如果想发心捐助或担任义工，可以与医院值班的修女接洽。

最慈悲的人会住在最需要他的地方！济贫者医院就位于困苦游民最多的卡利神庙隔壁，要到这两个地方参访，最方便的办法是搭乘地下铁，在卡利河阶站（Kalighat）下车，出站后向路人询问卡利神庙怎么走，按照指示就可走到位于岔路中的神庙和医院。

◎ 德瑞莎修女之屋（Motherhouse）

在乔林基街东边不远处的AJC Bose路上，坐落着仁爱传道会小而宁静的教会，一生奉献并照顾加尔各答贫苦人们的诺贝尔和平奖得主——德瑞莎修女就长眠于此。进入黑暗的礼拜厅，入眼的是一座白色大理石的长方形高台，上头有一尊圣母像，慈爱凝视来往朝圣的人们。每天都有人以鲜花在高台上排出不同的图样，以感念修女无私奉献的一生，这就是德瑞莎修女的安息之地。楼上有一间小房间，是修女生前的住所，简单朴实一如修女仍在世。

时间：周五到周三，AM8:00～12:00
PM3:00～6:00

◎泰戈尔故居（Togare's House）

在B.B.D. Bagh北方的Rabindra Sarani 地区，有一座罗宾达大学（Rabindra Bharati University），里头保留着诺贝尔文学奖得主泰戈尔生长居住的故宅。这栋建筑现在已被改为博物馆，收藏与泰戈尔相关的手稿、文物及相片，还有一套音响设备收录着大师的吟诗之声。有兴趣可以搭22路电车前往。

印度诗人泰戈尔的雕像。

时间：周二到周日，AM10:30～PM4:30
费用：印度人10卢比，外国人50卢比，学生半价

◎新市场（New Market）

位于乔林基街和林赛街交接处北方，有一座充满色彩与活力的传统市场，蔬果区小摊上堆满了五颜六色的蔬果，鸡蛋区则堆着一座一座白色的鸡蛋金字塔，还有香料、茶叶等各种南北货品，充分展现出人们的生活脉动。

◎胡利河岸风光（Hooghly Riverbank）

如果有时间，不妨到胡利河边看看。河边有许多河阶平台，每天早晚都有络绎不绝的人们来此沐浴或举行祭仪，是加尔各答的宗教活动中心。

旅游信息

初次踏上异国陌生的城市，第一件事就是先到当地旅游局拿一份市区的详细地图，再把所有的疑问一次解决：有哪些景点、如何去、食宿数据和接下来行程中所有地点的信息，都可在旅游局得到解答。

位于乔林基区南端的印度观光旅游局，会有态度亲切的服务人员把你想要的数据打印出来。这里也有一些介绍旅游胜地的折页小册子，以及很有用的地图供旅人们索取，可多多利用。

印度观光旅游局（India Tourism）
地址：4 Shakespeare Sarani
电话：（033）22825813
时间：周一到周五AM10:00～PM6:00，周六AM10:00～PM1:00

外币汇兑

一出机场就有二十四小时服务的印度国立银行（StateBank of India），可以先换少量卢比支付进市区的车资。大部分的国际银行在加尔各答都有分行，且多集中在乔林基街上。而在沙德街上，则有许多私人的汇兑所，如希尔森旅馆（Hilson Hotel）中的LKP Forex，其汇率普遍比银行高，而且不用手续费，是比较好的选择。

来去加尔各答

◎航空

加尔各答的国际机场叫做Netaji Subhash Bose International Airport，位于市中心东北方约17公里处。一般观光客较少选择此地作为进出印度的门户，不过，对佛陀圣地的朝圣者而言，加尔各答却是最方便的大门。

新加坡航空（Singapore Airlines）
地址：1 Lee Rd.（这是位于A.J.C.Bose Rd.上的一条岔路）
电话：（033）22809898

泰国航空（Thai Airways International）
地址：229 A.J.C.Bose Rd
电话：（033）22838865

◎火车

加尔各答有两座火车站，一个是车班较少的西尔达火车站（Sealdah Station），位于胡利河东岸，往返东北地方和北部大吉岭的火车站在此起讫。另一座就是对朝圣者十分重要的荷拉车站，大部分的长途车班都由此起讫，包括往德里、孟买和迦耶的车次，旅人们购票后一定要先确定是在哪一座车站发车。由于火车是加尔各答主要的交通工具，因此荷拉车站的景况只能以人潮汹涌、一片混乱来形容，所以请务必提前半小时到达车站。

进入车站第一件事，就是找一位站务人员，请他协助确认所搭车次的月台，然后依照车票上的车厢号码，在适当的位置等待上车。

如果你购买的是普等以上的冷气车票，不妨到车站二楼，那儿有冷气车乘客专用的候车室（Waiting Room），因为要验票才能进入，因此环境较为清静，旅人们可以在里面休息，甚至做简单的盥洗沐浴。

一般而言，当你一到达车站，立刻就会有挑夫凑上来，主动要帮你搬行李，切记一定要先谈好价钱，否则不要让他碰你的行李！一般的价格是一件行李约10卢比，不过他们一定会从100卢比开始出价，只要不理他，径自提着行李往前走，价格就会自动降下来。谈定价码后，这位挑夫就会熟练地将你的行李顶在头上，带领你进车站，帮你找到站务员，确定班次、发车时间和月台，然后为你带路到二楼的

刚放学的女学生们挤在小摊上买一瓶冰牛奶。

候车室，可说是全套的服务。对初次在印度搭火车的旅人而言，十分实惠有用。

这两座车站都在地下铁的路线上，到荷拉车站在M.GRd下车，到西尔达车站在Chandni Chowk站下车。不过下车后都还要走一段距离，尤其是到荷拉车站还要走过一座荷拉大桥！最快的方式是先坐巴士或地铁到河边的BabuGhat，再搭船到荷拉车站。两座车站的旅客都很多，小偷、扒手也都十分猖獗，旅人们要多加小心自己的重要行李。

加尔各答的观光客火车票预售局在B.B.D Bagh附近的Fairlie Place，经常会排长龙，只有早上刚上班时和下午午休结束后是人最少的时段，因此尽量在这个时候来购票。这里全部是计算机作业，也有外国旅客配额票，可预先订购往后行程所需的车票，十分方便。

要特别注意的是，付款时会要求看护照和银行汇兑水单，最好事先预备好。

> **观光客火车票预售局（Foreign Tourist Bueram）**
> 地址：1St Floor, 6 Fairlie Place
> （进大门后右转上楼，为专为外国旅客服务的购票处）
> 时间：周一至周六AM10:00～PM05:00
> 周日AM10:00～PM2:00

◎巴士

一般而言，进出加尔各答，火车比巴士方便，而且价钱相差不大。如果一定要搭乘，班次也不多。朝圣的旅人要记得，往返北部的巴士通常在靠近乔林基路、梅登广场北端的Esplanade巴士站起讫，这里还有一些私人经营的巴士公司发车前往印度各大城市。

市区交通

◎机场往返

出了加尔各答的国际机场，会看到印度国立银行汇兑柜台和一个出租车预付窗口（Prepaid Taxi），出口处站满了等着拉客的司

机。预付出租车可能比较贵，但却可省杀价的时间和精力。从机场到沙德街和乔林基路附近的公定价约250卢比；如果是反方向，从市区到机场则要再贵25%左右。

若想搭巴士，机场一号大门外有151号巴士直达B.B.DBagh，2号大门外侧有30B线巴士可利用，但都很拥挤。

如果不怕麻烦，可先花5卢比搭巴士（或花40卢比搭出租车）到地下铁的终点站"达姆达姆站（Dum Dum）"，然后花6卢比搭地铁进入市区（要到乔林基路和沙德街可在Esplanade站和"帕克街站"下车），反之亦然。

◎地下铁（Metro）

加尔各答最引以为傲的，大概就是这套全印度第一条，也是唯一一条地下铁系统了！由于几乎完全是人工建造，在当初施工时，每逢雨季，大量的积水就会将之前挖掘的隧道冲毁大半，因此虽然耗资最少，却费时甚巨。

这座苏俄式设计的系统最终在1984年完工启用，列车准时于数分钟进出一班，车站干净且维护良好，不但开放冷气，而且月台上还有电视墙播放影片供等车民众打发时间。在Rabindra Sadan站的墙上，还贴了泰戈尔的诗作供旅客欣赏，每一列车厢中都会有一排座位给妇女专用，管理得十分完善。

南北纵向的路线经过加尔各答大部分的重要街道，起讫站分别是Dum Dum站（靠近机场）和"托利岗站（Tollygunge）"，途中会经过Park St.站（乔林基路、印度博物馆）、Esplanade站（乔林基路边商店街、新市场和沙德街附近）、Chandni Chowk站（B.B.D Bagh、观光客火车票预售局），以及"卡利河阶站（Kalighat）"（卡利女神庙和济贫者医院）。虽然高峰时段的乘客很多，车厢中会有些窒闷，但是这绝对是加尔各答最

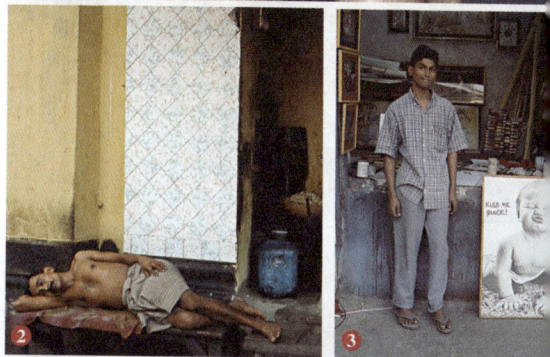

❶ 宛如澳洲大草原上的羊群，就这样在热闹的市街上行走，这就是迷人的加尔各答！

❷ 乐天知命、随遇而安的印度人民。

❸ 卖画的店家。

❹ 路边卖烟、槟榔的小摊贩，充斥在加尔各答的大街小巷，虽收入微薄但足以活口。图中栏杆上的麻绳垂下的一端，正在慢慢地燃烧，这是他们的创意打火机，供买烟人点燃香烟之用。

❺ 坐一次只要4卢比的电车，是方便的市区交通工具，不过没有站牌，上下车都要靠司机指示。

❶理发师们罗列在路边，用简陋的工具为人们打理光鲜的门面。一旁的打水帮浦是附近人们沐浴清洁的地方。

❷New Market是热闹的光观景点，也是出租车、人力车和捐客的聚集点。

❸中高价位的旅馆外围，常有街头贩卖者拿着自制的艺品或特产逢人便推销兜售，以赚取一点生活费用。

方便、快速又便宜的交通工具。

在车站与车厢内是禁止拍照的，若带有相机，切记要收藏好。曾有专业摄影师因背着摄影背包，而被车站的武装警察拦住，借故带至办公室中搜查，虽然后来平安释出，但仍令人心惊，旅人们需多加小心。

> 行车时间：周一至周六AM7:00～PM9:45，周日PM3:00～PM9:45
> 车资：最低4卢比，最高8卢比（起站到终站）

◎ 出租车

加尔各答出租车司机的素质相当高，大部分司机都愿意跳表，而不愿跳表的司机在价格谈不拢后，也不会死缠烂打不放，因此不太会遇到不愉快的情形。

荷拉车站前有一座出租车预付亭，可省下找车议价的时间。若是路上随机招车，一般政府规定的起跳价是20卢比，由于大部分的计程表都是旧的，跳表上的数字还要再对照一张换算表来计算出实际的车资，而司机绝大多数都会随口说个数字，因此一定要要求看换算表（PriceChart，2008年的行情大约是表上数字的三到四倍）。

如需开行李厢放行李，还要另外加收一些费用。

尽量不要坐拒绝跳表的车子，不只是因为价格较高，而且有的司机会先同意一个价钱，等你上车后又企图加码，否则他就将你赶下车。遇到这种情形，不必跟他纠缠，赶快下车再找另一辆愿意跳表的车子就是了。

◎ 人力拉车（Rickshaw）

加尔各答可以说是世界唯一一个还可以看到人力拉车的城市。

两只大轮胎，上面架着小小的座位，大概能容两个窈窕的女孩儿坐在上头，座位前延伸出两根长木棍，车夫就站在这两根木棍中间，佝偻着瘦小的身子，一手抓着一支木棍，手中晃着充作喇叭的小摇铃，穿梭在加尔各答的小巷弄中，这就是Tana Rickshaw——人力拉车。

人力车夫通常都十分瘦弱而且不健康，平均寿命都很短。这也难怪，雨季时必须涉足污水，旱季时得受烈日炙烤的车夫们，通常都是街头游民，无产无屋，每日收入仅能糊口，想要强壮是不可能的事。

　　虽然后来陆续有三轮车（Cycle-Rickshaw）和电动三轮车（Auto-Rickshaw）出现，但这些车夫们却坚决反对将其引进加尔各答，因为他们没有一个人买得起三轮车，而租车势必又会被车行剥一层皮。因此，在加尔各答，只有在过了胡利河，靠近荷拉车站那一边的郊区才看得到脚踏人力车和电动三轮车。不过在西岸市区，人力拉车也被限制只能在某些中央地带的小巷中活动，其中以新市场一带最为密集。

　　虽然当地居民多半坐得很自在，但是观光客大都不忍乘坐。然而转念一想，若是没人乘坐，这些身处低下阶层的贫苦车夫，势必会因为失去工作而沦落街头行乞，而且观光客出手绝对会比当地人来得大方，因此，究竟何者对他们最有帮助呢？这实在是一个两难的问题。只能说，如果决定要搭乘，乘坐的时候尽量把重心往前放，如此车夫较不费力，也较容易取得平衡，若是良心实在不安，就多给一些车资吧！

住宿

　　加尔各答的平价旅社大多集中在沙德街和乔林基路一带，不过，这儿毕竟是大都市，因此所谓的平价旅社也并不真的很低廉，而且多半很抢手，只有在中午以前到达，才比较有机会订到房间。

　　中价位的旅馆多半坐落在B.B.D Bagh附近，一般都有冷气、热水，但要外加税，只有某些店家会接受信用卡。

　　此外，当然也有一些高级饭店，价钱通常高得令人咋舌，不过设施和房间状况自然也是不可同日而语，而

❶随处可见的简易小摊，一架木柜、几只瓶罐、两盆谷物，就这么做起生意。

❷在知名的印度咖啡屋中，宛如置身于20世纪初英国殖民时期的印度。在这里会感受到一股年轻、自信却又古典的韵味，与屋外的印度社会截然不同，似乎"希望"就在这里！

❸目前印度政府考虑全面禁止人力车，许多人担心此举会让赤贫的人力车夫陷于绝境。

黄昏的加尔各答街上，更突显新旧交杂、英印混血的特殊风貌。

且大部分都接受信用卡，还可以上网预订房间。

　　建议事先上网查询，设定想要住的旅馆，可以的话事先订房，以免届时订不到。中价位的旅馆一般而言质量都还算不错，因此建议下榻在这个等级的旅馆，使旅游中的身心不致因环境变化太大而过于疲累。

印度咖啡屋（Indian Coffee House）

地址：15 Bankim Chatterjee St.（和College St.的交接口）

　　在加尔各答大学（Kolkata University）外围街上，布满了各式各样的书摊，在一片书摊中，躲藏着这么一座古老的咖啡馆。

　　小小的招牌，不起眼的入口，爬上二楼，立时人声嘈杂，满室的大学生和教授一桌一桌聚会辩论着，仿佛全印度的希望都在这二层楼的咖啡屋中。穿着英式制服的侍者熟练地穿梭在狼藉的杯盘间，空气中弥漫着复古的氛围，来到加尔各答可不要错过这个文艺餐馆。

　　不怎么样的咖啡一杯7至15卢比，简单的点心、三明治和正餐20卢比起价。每逢印度选举期间，咖啡屋外的大街上就有人搭台子评议时事，上台发言的多是年轻的大学生，看来这里还是加尔各答的民主文化中心呢！

德里

关于德里最早的记载，是在壮丽的叙事史诗《摩诃婆罗多》中，曾经提到一个叫做"因陀罗波斯塔"（Indraprastha）的国家，其国境大约就在现今的德里附近。而在正史中最早记载的是，这里曾经有一个叫做"德里"的印度教国家，到了12世纪，伊斯兰教徒入侵，之后即被伊斯兰教王朝辗转统治。17至19世纪时，旧德里成为伊斯兰教印度的首都，因此直到现在旧德里还留有许多伊斯兰教的史迹建筑。历史走到英国殖民时代，新德里被建设为皇家首都，其经过特别设计、崭新先进的面貌，和隔邻的旧德里形成强烈的对比。

现在的德里除了是一座开放而特殊的全国行政中心，也是最忙碌的商业观光大门，大量的国际航班和过境转机的旅客，都会在这里短暂交会，它也是亚洲重要的交通枢纽。

然而，来到德里的旅人中，大概没几个人会对它有好印象！严重的空气污染、漫天要价的出租车司机、神出鬼没的小贩掮客等，都令人对这座历史悠久的大城市敬而远之。不过，这里毕竟是印度最繁华的城市，许多珍贵的历史遗迹及文化遗产在这里挺立展示，为它抹上无法漠视的炫目色彩。

市区简介

德里占地广阔，重要的观光行政区都在亚穆纳河西岸，这里主要分为两部分：旧德里（Old Delhi）和新德里（New Delhi）。

◎旧德里

旧德里是17世纪时伊斯兰教王朝的首都，因此在这里可以看到残存的城门、窄小的巷道以及许多如清真寺、红堡（Red Fort）等伊斯兰教建筑，许多便宜的旅馆都聚集在这里。

旧德里重要的地标除了红堡外，就是位于城墙北端的克什米尔之门（Kashmir Gate）！在它附近有主要的洲际巴士站，而在新旧德里交界处则盘踞着新德里火车站（New DelhiStation），是相当重要的交通枢纽。这里最有名的街道是"钱

朝圣大门 ❷

❶ 德里城郊的库都米纳，有73米高，起建于1193年，被联合国教科文组织列为世界遗产。

德里，印度的第三大城、首善之都，基本上是一个性格分裂的复合城市。在这里，灯火通明的摩登大楼旁，躲藏着破旧脏乱的老市区；热心助人的善良百姓中，混杂着如嗜血鲨鱼般的奸巧掮客；进步繁荣的外表，掩盖了印度应有的古老风情……总之，这是一个会让人目眩神迷，却又气得跳脚的矛盾大都会。

❷ 旧德里钱德尼商场街外的混乱交通。

德尼商场街"（Chandni Chowk），这是一座多彩多姿的购物天堂，出售许多物美价廉的当地特产及日常用品，从早到晚都是人挤人，交通也是无可救药地混乱，和新德里形成强烈的对比。

◎ 新德里

新德里是英国殖民时期特意设计的行政首都，整齐宽大的街道、高耸入云的摩登大楼、规划完善的小区以及没有牛马只准汽车和电动车行驶的市区交通，显示这里是和一般印度城市截然不同的现代化国际大都市。

新德里最重要的地区就是"康诺特圆环"（Connaught Place），圆环中央是一座占地广阔的圆形绿地公园，周围有许多条以公园为中心的重要道路，呈放射状向外延伸，形成一个巨大的环状交通枢纽。

在层层包围着圆形公园的道路上，坐落着一排排有廊柱的建筑大楼，这群建筑结构差不多的大楼中，聚集着各式商店、银行、餐厅和航空公司，是一座十分特殊而忙碌的商业及观光中心。旅人们在新德里活动时，只要以这座圆环为中心，基本上就不太可能迷路了。

从这里放射而出的道路中，最重要的就是詹帕斯路（Janpath Rd.）了！许多重要机构及旅馆都在这条路上，迷路时只要找到它再往北走，即可回到康诺特圆环。

旅游重点

德里可以参访的地点非常多，不论是想看古迹、逛神庙还是购物，都能有丰足的收获。

◎ 德里国立博物馆（National Museum New Delhi）

位于詹帕斯路上的德里国立博物馆，是印度三大博物馆之一，馆藏十分丰富。除了雕刻精美、技法高超的各种风格佛像值得一看，这里还收藏了许多珍贵的印度河文明时期的文物，包括刻着动物及巫师图腾的印章，造型简单朴拙、可爱童趣的小陶偶等，它们是印度河流域有史前文明的唯一证明。

这座博物馆中最珍贵的收藏，要算是陈列在三楼的佛陀肩骨舍利了！大小不一的黑色舍利，被妥善地保存在一座泰式寺庙风格造型的玻璃柜中，华丽的投射灯光打在金碧辉煌的展示柜上，虽然尊荣庄严，但少了一份原始佛法的清净朴质。

❶充满印度风情的传统木偶。

❷钱德尼商场街内专卖衣饰的巷弄。

❸笔直宽敞的道路，规划完善的小区，是新德里的特色。

❹新德里国立博物馆是印度管理最专业的博物馆之一，馆藏丰富，不过费用也相对比较昂贵。

德里博物馆的隔壁就是印度考古研究所（Archaeological Survey of India），庭院中有一根从巴特那附近移过来的阿育王石柱，不可错过。

电话：011-23019272
时间：周二至周日AM10:00～PM5:00
费用：印度人10卢比，外国人300卢比

◎ 费罗—沙—寇特拉遗迹公园（Feroz–Shah–Kotla）

公元1354年，伊斯兰教国王"费罗－沙－吐拉"（Feroz–Shah–Tughlag）在这里建了一座名为"费罗萨巴"（Ferozabad）的大城池，后来这座城池在战乱中日渐倾颓，许多残砖败瓦被拆下来作为下一座城的建筑材料，而侥幸留存至今的，就是现在这座位于新旧德里间的费罗－沙－寇特拉遗迹公园。

园区中罗列着绵密的街市建筑遗迹：店面、拱门回廊、水井，以及七座清真寺。其中最大的一座，现在仍是当地伊斯兰教徒聚会朝拜的礼拜堂。一跨进大门，远远地就可以看见一根13米高的石柱矗立在一座遗迹屋顶上，虽然只是一根光秃秃的柱子，并无柱头，但是一看它光亮平滑的外表和柱身上密密麻麻的敕文雕刻，就知道这是一根阿育王石柱！这是建立这座城的伊斯兰教国王为了彰显自己的丰功伟绩而从别处移过来的。

时间：日出到日落
费用：印度人5卢比，外国人2美金

◎ 库都米纳遗迹公园（Qutb Minar Complex）

离德里市中心南方约13公里处的库都米纳大塔，是德里最著名的地标之一。它起建于1193年，并且在1193年被联合国教科文组织列为世界文化遗产。这座壮丽大塔高约73米，橘红色的塔身上刻着可兰经文，造型壮观美丽，远望已令人惊叹，近看更让人慑服。

在库都米纳大塔旁有一座廓瓦特清真寺（Quwwat–ul–Islam Masjid）遗迹，其中矗立着一根纯铁铸造的柱子，从柱上的铭文可以

❶ 半圆形的清真寺建筑是费罗—沙—寇特拉遗迹中唯一有生命的古物，伊斯兰教徒们定时会在此作神圣的礼拜。

❷ 阿育王石柱被竖立在费罗—沙—寇特拉遗址上，孔雀王朝的帝国表征被伊斯兰教帝国取而用之！

❸ 公元前两千多年前，印度河古文明的小陶偶，有小狗、牛、猴子爬树等，相当富有童趣。

❹ 典型的犍陀罗风格雕像，坚挺的鼻梁和卷曲的头发受希腊艺术影响，而眉间白毫和顶上肉髻却又是东方传说的产物，东西文化融合的痕迹相当明显，也充分显示了印度文化的多元与丰富。

库都米纳遗迹公园中的铁柱，两千年来都不曾锈蚀。

追溯到公元4到5世纪间，历经近两千年时光竟不曾锈蚀，值得一看。

时间：日出到日落
费用：印度人10卢比，外国人5美金

◎德里工艺品中心（Dilli Haat）

这是一座露天商场，全印度各地的工艺品会轮流到此展售，例如丝织品、毛毯、红陶艺品及漆器等，是一处很舒服的购物天地。里头还有许多露天美食摊子及一家知名的连锁有机店Navdanya，非常值得一逛。

博物馆内典藏的著名唐卡。
——西藏风格．公元18、19世纪

时间：AM10:30～PM10:00
费用：15卢比

旅游信息

◎印度观光旅游局（India Tourism Delhi）

德里的旅游局备有许多观光折页小册子和免费的市区地图供人索取，也提供旅游咨询服务，可以先将前往的目的地及相关问题列下来一并询问。除了市区的办公室，机场也有他们的办公柜枱台，可以多加利用。

地址：88 Janpath 电话：（011）23320008
时间：周一～周五AM9:00～PM6:00，周六AM9:00～PM2:00
电话：（011）23320008

◎外币汇兑

在德里要汇兑相当方便，你可以在这里找到所有的印度当地银行和国际银行的总行，而一些大饭店也都设有银行汇兑窗口。在康诺特圆环外围有许多私人汇兑所，通常汇率会比银行高，而且不用扣手续费，不妨一试。

位于二楼的美国运通商业银行（American Express），接受各家的旅行支票，以及办理补发遗失的美国运通旅行支票，只需备妥（1）警局报备报告复本（2）照片一张（3）当初购买水单（4）遗失的支票号码。

地址：A Block Connaught Place 电话：（011）23719506
时间：周一～周五AM9:30～PM6:30，周六AM9:30～PM2:30

◎旅游陷阱

司机和掮客——在德里，这两样东西比蟑螂还要讨厌！不但无孔不入，而且神出鬼没，随时随地都会从你身边冒出来，企图将你引诱到某一家旅行社，让他们大赚一笔。

最危险的地方就是新德里火车站前！一接

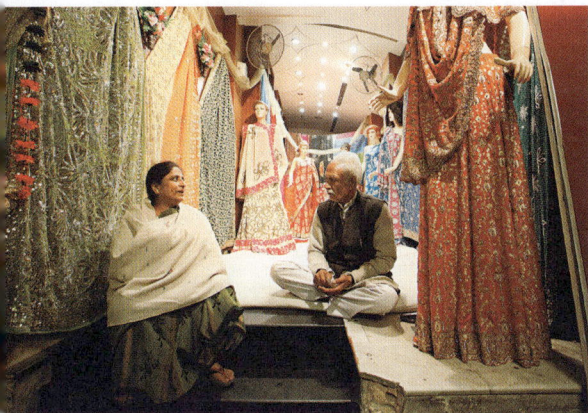

传统纱丽店会邀请妇女们入内，再一件一件摊开来任你选购，待遇很高。

近车站就会有一群掮客涌来，而在火车站对面，有一大票自称是"观光信息中心"的旅行社，故意取一些听起来很像政府机构的名字，其实全都是以营利为目的的不肖旅行社。不管你是正前往火车站预购车票或是刚从火车站出来，几乎所有的司机都会故意把车子停在这一排商店前，要你通过他们买车票或订旅馆。记得！千万不要下车，坚决地说"不"，然后命令他把车子开到你真正要去的地方。

如果不幸遇到最恶劣无耻的司机，当他发现没有办法通过旅行社赚到你的佣金时，可能会要求多付一倍的车资。这个时候，请马上下车，回到火车站前，另外再找一辆比较老实司机的车。

第二个会出现麻烦的地点就是观光商业中心——康诺特圆环！只要你一停下来看地图、看街景甚至只是随便东张西望一下，就会有人凑上来，自称是GITO热心地想要"帮助"你，结果会发现他们总是帮助你走到某一家旅行社，要你花一些冤枉钱，因此几个自保重点要牢记在心：

1.太热心、太积极的人都有问题！这些人说的话都不要相信，最好是连理都不要理，尽管赶你的路就是了。

2.如果没有信心，一出火车站或飞机场，就直接请警察协助你叫车找路。

3.如果临时需要协助，放眼望去又没有警察的身影，那么，尽量找穿西装、提公文包、看起来像上班族或知识分子的人询问。这些人的英文都比较流利，也有一定的社会地位，对国家有强烈的荣誉感，愿意借着协助外国人来做国民外交，因此不太可能会骗人。

4.当你走出饭店、招车前往火车站或巴士站时，不要告诉司机你要去车站做什么，尤其是要去购买车票时！一旦司机知道你的目的，他就绝不会让你到火车站去了！他会苦口婆心地告诉你：车站很难买到票、绝对没有位子

康诺特圆环是新德里的商业中心，银行、餐厅、航空公司都位于附近。

等，最夸张的是说"车票根本不在车站买，一定要跟他认识的'观光信息局'购买才行"。因此，为了能顺利到达目的地，也为了车程中的清静，记得绝对不要让司机知道你要去做什么！

5.不论发生什么事，你要比司机或掮客更肯定、更坚持、更凶悍，直视他们的脸，严正地下指令，如此一来，在气势上你就先赢他了。

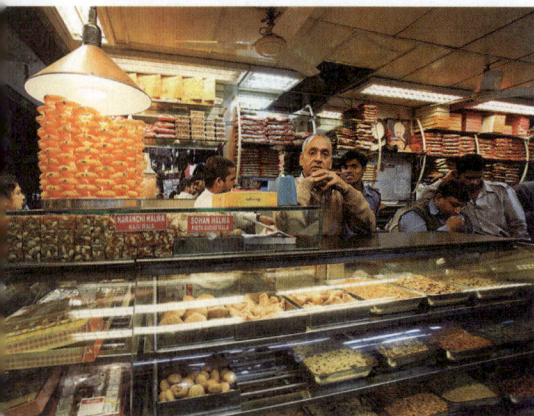
钱德尼商场街上，生意超好的食品店。

来去德里

◎航空

德里的"印度国际机场"共分为两部分：第一航空站（Terminal 1）处理国内航班，距市区约15公里，而来往国外的国际机场"第二航空站"（Terminals 2），距市区约20公里，两座机场间有免费的巴士往返载客。

入境大厅有一个24小时服务的印度国立银行外币汇兑窗口，由此入境的旅客一定得在这里换一些卢比，以便搭车进入市区；如果你是从德里出境回家，则可以在这里把剩下的卢比换成美金。另外还有一个预付出租车和旅游信息柜台，你可以在这得到一些帮助。

◎巴士

从德里出发的巴士通常挤得吓人，如果是长途旅程，搭起来绝对不会太舒服。光是上厕所就很成问题了，更别提窝在一个小位子上长达十个小时！不过，这却是最便宜而方便的方法，而且一般而言会比火车来得快一些，可能的话，尽量搭乘早上第一班车，情况会最好。

德里的巴士总站——洲际巴士站（ISBT，Inter State Bus Terminal）位于火车站北方的克什米尔之门（KashmirGate）旁边，24小时营运，有个行李寄放处，每件行李15卢比。

对佛陀圣地的朝圣者而言，更重要的是另一座洲际巴士站：沙莱－卡尔－甘巴士站（Sarai Kale Khan ISBT），它位于德里另一座火车站——尼萨穆丁车站（Nizamuddin）附近，大部分往南开的巴士都从这里起讫，包括前往秣菟罗和阿格拉的车班。

◎火车

德里是非常重要的铁路交通枢纽，几乎全印度各大城市的铁路线都在这里交会，而它的预约购票处也是朝圣之旅中最宽敞舒适的，不但有专门给外国观光客的配额票，而且因为是计算机作业，从这里可以购买全印度各城市出发的火车票，因此旅人们可以事先计划好所有的行程，然后在这里把票一次买齐，十分方便。

德里较重要的火车站有两座，一个是在旧德里北方的"德里火车站"，另一个是位于新旧德里之间，对旅人十分重要的"新德里火车

抢着拍照的印度小学生。

站"。德里的火车票预约处就在新德里火车站的二楼，进入车站大楼后，仔细看就会找到写着"International Tourist Bureau"的标示牌，指引人们登上二楼。

上楼后顺着标示牌走，就会看到计算机售票的办公室。走进大门，各国旅人们散坐在沙

发上排队购票，你可以先到小台子上拿购票申请单，利用排队时填写。如果不知道车班车次，可以先填单子，请询问处柜台人员帮你查询。轮到你买票时，将单子和车资交给办事员输入计算机，若你要搭乘的车班已客满，可以请工作人员用计算机帮你找出类似时间或前后几天的车次。

拿到车票后第一件事，就是检查上面的日期、时间、目的地及车厢等级是否正确，最好请工作人员为你解说一次。如果一切都没问题，基本上就OK了！所以外国观光客在印度买长程车票是很简单的——只要你能顺利到火车站的外国旅客购票中心！事实上，你会遇到的阻碍也只有两个：电动三轮车司机和旅行社的掮客。

往返机场

EATS机场巴士往返于机场和康诺特圆环之间，途中会经过一些主要的饭店和新德里火车站，最后停在詹帕斯路上，车程约30分钟。售票柜台在机场大厅出口处的右手边，车资每人50卢比，每一件大行李加10卢比。

如果是从市区到机场，则在康诺特圆环的印度航空公司（Indian Airline Office，F Block）门口搭车，车资一样是50卢比，可以在印航旁边的小办公室事先购票，车程约40分钟。记得飞机起飞前两小时要到达机场。

如果不想搭巴士，也可以到机场外的出租车预付亭（Prepaid Booth）叫出租车进城。不过成排的预付亭质量良莠不齐，要小心选择。

最可靠的应该就是"德里交警出租车预付亭"（Delhi Traffic Police Prepaid Taxi Booth）了，它的价格较为公道，到新德里火车站大约250卢比，晚上11点至凌晨5点是夜间加成时间，车资大约会贵25%左右。

绝对不要叫私人的出租车，他们多半都会把客人载到又贵又烂的旅馆中好好地敲一顿竹杠，如果你的班机在半夜到达，而你又必须要立刻进市区，不妨找其他的外国旅客一起共乘一辆车，彼此有个照应。

❶ 德里大街上，各种交通工具各显神通，连大象都来掺一脚，非常有趣。

❷ 位于康诺特圆环的麦当劳，是您吃怕印式料理的另一国际化选择。以印度的消费水平而言似乎贵了一点，但里面有印度特有的素食汉堡（MacAloo）值得一试！

❸ 甜品是印度日常生活不可或缺的一部分，图为旧德里钱德尼商场街上，拥有两百年历史的甜品铺所贩卖的各式甜点。

❶雪白的莲花寺（Lotus Temple） 建于1986年，环境清幽，是德里的另一个地标。

❷出租车预付亭是最安全的交易方式——由交通警察依路程远近计算车资，"先付费后享受"是印度政府遏止漫天要价的出租车歪风，所施行的有效方法。

❸德里的掮客与出租车司机是旅人的头号对手，他们让这里充满了陷阱，但也让你在旅程中留有难忘的回忆。

在网络发达的今天，建议最好在出行前订好旅馆，并请旅馆派车接机，不过接机价格当然会比较贵，大约要400到500卢比，旅人可以依自己的状况做考虑。

市区交通

德里是一个很大的城市，交通状况也不是很好。因此，虽然可以搭乘巴士做市区观光，但是首先要找到站牌、弄清楚要搭乘的车号和路线，然后冒着被扒、被偷和坐过站的危险，挤在沙丁鱼般的车厢中，这一切对一个自助旅行的生手来说，可能会太刺激了！

最舒适的当然就是搭出租车了！不过，若是只有自己一个人，从经济层面看来又不太划算，因此，电动三轮车可以说是德里最方便、价钱又还可以接受的交通工具了。

理论上，德里的出租车和电动三轮车是跳表制的，不过也有些司机一看到外国人，就会借口计程表过期或坏掉，然后随口开个价码。这时候旅人们就得拿出杀价的本领，和司机展开议价的拉锯战！谈不拢，就换下一辆车，反正德里的出租车和电动三轮车满街跑，不怕招不到！

如果不想浪费时间和精力杀价，最好到预付亭去买票招车。德里有三个主要的出租车预付亭：

帕里卡商场（Palika Bazaar）前，这座商场在康诺特圆环最内圈的街道上。

詹帕斯路上，印度观光旅游局外的安全岛上。

新德里火车站大门出口处，藏在停车场中。

预付的价格会比跳表贵一些，但绝对比叫价来得便宜。目前预付电动三轮车的行情如下（出租车的价格大约是两倍左右）：

1.新德里火车站——詹帕斯路： 20卢比

2.旅游局——费罗–沙–寇特拉遗迹公园：40卢比

如果司机爽快地答应跳表，也别高兴得太早，因为这通常表示他会绕上好几条街才把你送到目的地，到时车资会比预付价还要高。因此，除非你对路牌和方向很熟悉，否则最好拿出指北针，在他开

在马路车道中穿梭，以杂耍维生的小兄妹。

始绕圈子时制止他。

到达目的地后，付费时也要小心，印度的计程表通常都是旧式的，跳表上的数字还要对照一张换算表（Price Chart）来确定确实的车资是多少钱。不过，从来没有一个司机会主动拿出换算表来给你看，他们通常都是胡诌一个掺水的价格。因此要记得，在没有看到换算表之前，绝对不要付费，坚决地请他拿出换算表，"No Chart，No Money"，这样的威胁大都可以使他们就范。

夜晚11点到凌晨5点是夜间加成时间，车资会加25%。如果单独一个人搭车，在上车前请看清车牌号码，并且记在笔记本上，这是做给司机看的，让他有所警惕，不至于太胡来。

这样千叮万嘱，可能会让人觉得无法放松心情尽兴旅游，不过，只有在身心都平安清明的状态，才能好好地欣赏这座多元化的大都会。如果已经这么小心了，居然还是被骗，那也没有关系，"财去人平安"，可别让小损失坏了好心情哦！

住宿旅馆

在德里，品质不错的旅馆总是很快就客满，而在街上闲逛找旅馆的旅人们，通常都是掮客眼中的肥羊。他们会把你带到一个非常烂的旅馆，让你付极昂贵的价钱，好让他们从中赚取一些佣金。因此，不论德里是您旅途中的第一站还是最后一站，最好都能在到达前事先订房。

在新德里火车站的大门正对面，有一条称为"主商场"（Main Bazaar）的窄小巷道，其中聚集了许多廉价的旅馆，如果旅费有限，可以到这里来投宿。不过，因为这里属于老旧的商业区，因此环境较为复杂。

Main Bazaar再往北走一段，有一条阿罗卡香路（Arakashan Rd），里头也有不少好旅馆，如Ajanta和GrandGodwin等，都可以上网预订房间。

大部分中高价位的旅馆都集中在詹帕斯路上和康诺特圆环一带，由于德里是繁华的首都，因此旅馆价位会比其他城市高一些。不过，在旅游淡季时（五月到八月）可以要求至少五折的折扣，如果您住宿的天数不少的话，也一定要请饭店打折。

库都米那是德里著名的光观景点，图为库都米那遗迹区中的清真寺。

街道上穿梭着许多卖艺的人士，他们有些古老的看家本领，遇到光观客就要弄一番，倒也不失为一种谋生方式。

古国自由行

基本小常识

语言：印度语（Hindi）为主要语言，英语亦适用。

电压：220V～250V。

货币：印度所使用的货币为"卢比"（Rupee），简写为Rs。

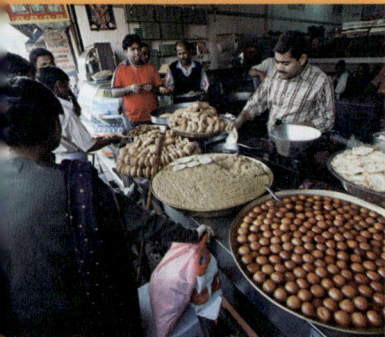

印度最常见的小吃店。最前方浸在糖水中的面球，是印度人们的最爱。后方的圆形炸饼配上咖喱酱料，非常美味。

前进印度

一般人听到印度，第一印象不外乎是：脏乱、危险、圣牛四处闲逛、教育落后却有先进的软件业；明明是金砖四国却又有赶不完的乞丐……不过，如果因为这样就退缩，那么将会失去许多品尝生命之灿烂丰美的难得机会。

事实上，正因为它落后，许多魅力四射的古国风情和传统文化才得以保存至今，正因为它未开发，许多鬼斧神工的自然景观与千年古迹才未被冒烟的工厂淹没，这些令人却步的一切，正是它神秘吸引力的来源！唾弃了它的落后，也就拒绝了它的精彩！

对于有心朝圣的旅人们而言，只要事前准备充分，途中保持谨慎，就得以亲临印度这历史悠久的古文明大陆，亲身体验千年的文化遗产。想象不如看清，就让我们追随世尊的足迹，掀开这文明古国的神秘面纱吧！

如何穿着

所有与佛陀一生有关的重要圣地都位于印度东北部，这里即使是冬天，平地的气温也不致降到太低，最冷大约在15℃至20℃，因此，棉质短袖衬衫或T恤是最好的选择，下身则以纯棉透气的长裤最为适宜（当地蚊虫嚣张，尽量避免短裤）。若是冬季前往，则加带一件外套足矣！

在民风仍偏保守的印度，女性的穿着必须谨慎，为了方便与避免危险，尽量不要穿着无袖上衣、迷你裙、窄裙以及太暴露的服装，一切以宽松舒适、活动方便为原则。当然，也不妨换上纱丽融入当地生活哦！

巡礼圣地时必须大量步行，因此一双合脚好走的步鞋或凉鞋是必要的，而印度所有的寺庙、圣地都必须脱鞋才能进入，故不要穿太难穿脱的鞋子，以免在穿穿脱脱间抓狂！

何时出发

印度气候大致可以分为三大区段：第一是每年三月底到六月的酷热旱季，此时气温最高可达45℃，烈日炙人，酷暑难当！

其次为六月到九月的雨季，这时的雨水会将海上的清凉季风和水气带入内陆，使气温稍下降。不过几乎天天降雨，惊人的雨量总是使河流暴涨甚至泛滥成灾。虽然雨季的恒河与尼连禅河会因此而更加磅礴壮观，但许多遗迹亦会淹没于水中而无法得见。同时，所有的修行圣者们，此时都在道场内安居静修而不会出外行脚，宗教气氛会淡薄许多。

最适合拜访印度的时间，要算是每年十月到翌年三月的春季了！此时雨季已过，气温适中，洪水也退得差不多，是相当完美的旅游季节。唯一美中不足的是，几乎全世界的人都会选在此时访印，于是，所有的圣地几乎都是人潮汹涌，小贩、掮客全员出动，想要安静地朝礼圣地根本不可能。而且交通食宿等各种费用都飙涨为淡季的两倍以上，即使如此，许多热门景点仍一床难求，此时，事前安排就更加重要了。

如果您正是为了寻求宁静而来，不想和一群又一群的观光团摩肩接踵，不妨九月到十月间来访，此时旺季尚未真正开始，虽然偶尔会遇到雨天，但应是最适合在静谧的圣地遗址中深思佛陀法义的季节。

入出境注意

在印度，即使是最繁华的大城市，其机场也是相当简陋。入境时只要把相关资料（护照和入境单）交给海关人员，他问什么就回答什么，不要多说话或四处乱瞄。

离开印度时则需注意，一定要在飞机起飞前两小时到达机场，而且一定要预留塞车的时间，好让自己能从容不迫地办理出境事宜。到达机场大厅找到所搭乘的航空公司后，要先到机场的X光探测机检查行李，让工作人员用封箱机把你的行李附上封条，接下来才可以到柜台排队托运行李，如果你的行李没有绑上封箱绳索，柜台人员是不会收你的行李的。

所有国际机场在出境处都会有一个印度国立银行的小窗口，如果你的机票并未附加机场税，就要这里购买后才能Check in。这里同时也是旅人们把剩余卢比换回美金的最后窗口，其中的银行人员很可能会利用旅人们回国前心情松懈的弱点，趁机敲最后一笔，因此即使是在最大的国际机场中汇兑，也绝对不能掉以轻心，一定要先问明汇率、点清数目后，再把钱交给银行员工。

❶孟买的克劳佛商场（Crawdford Market），是旅人们的购物血拼的重地。

❷印度的孩子们看到相机，永远都是这么兴奋。

❸印度的选举造势活动。

❹德里Dilli Haat中的红陶艺师和他的作品。

汇兑须知

不论在印度何处兑换货币，都要注意几件事：

先看清楚汇率牌价

必要时可向服务人员口头确定，然后自己先在心中暗算要兑多少卢比、需要多少美金。印度的银行兑币不收手续费，因此计算方式很单纯，例如：若美金与卢比汇率比例为1：38，则100元美金就能实换到3800卢比。

事先把美金点清楚

明确告诉服务人员："这里有多少美金，要换多少卢比。"（反过来要将卢比换回美金时也是一样。）

最好能换得10卢比或5卢比的小钞

这点很重要，因为不知什么原因，印度的零钱很少，可是需要量却很大，许多门票、小吃、奶茶、车票等都是2卢比、5卢比，消费时即使是10卢比的钞票都很难换开。有时小贩实在找不开，就只好放弃找钱，也有司机会借此不找钱，因此汇兑时一定要记得多换一些零钱，使用时才会方便。

一定要在柜台点清楚

10卢比、50卢比和100卢比的钞票都是一百张一捆，有时还会用很大的订书针订成一本，算钱时别忘记顺便检查钞票是否完整，若是太破旧可要求银行更换。

到市中心找正式的银行兑换大笔旅费

机场银行的钞票都很破旧，也不会给你零钱（最小面额是50卢比），可是因为一出机场坐车就会用到，因此建议可先在机场银行换少许卢比，到市区后再找大银行补充。一次不必兑换太多，只要在到达下一座大城市前够用即可。

寻找汇兑银行记得：外商银行如花旗、美国运通等绝对比印度本土银行要好得多！不但效率高、汇率实在、态度亲切、供应新钞，且主动为你准备零钱。私人汇兑站的汇率普遍比银行好，也可考虑。

妥善保存外币兑换证明书（Encashment Certificate）

最好把它和护照放在一起，因为在旅程中很多地方都会用到它，千万不要搞丢了！

餐饮 Food

印度可以说是素食者的天堂，不仅素食餐馆林立，就算一般餐厅也都会提供荤素两种选择，而且菜色通常相当多元，一本厚厚的菜单经常会让人看得目不暇给。

唯一美中不足的是，口味变化不大！不论你点什么，吃起来似乎都差不多。事实上，八九不离十都是咖喱，只是内容不同而已，而且味道相当重，多少都有些辛辣，或许是为了在炎热的气候中促进食欲吧！

主食

印度的主食是米与面饼，米饭咀嚼起来散放出一种特殊的香味，细细品尝齿颊留芳。

面饼的花样可就多了！最常见的是一种直径约15厘米的炭烤圆形薄饼"恰帕提"（Chapati），不论是在寻常百姓的厨房中，还是大街小巷的摊子上，都可以看见它的身影。商家们会准备一只炭火均匀的小炉子，把揉好的面团做成一片片大小相同的圆形小饼，然后直接放在火炉上烘烤，只见扁扁的面皮在炉火上像吹气似的慢慢胀成一个小球，翻个面再烤一次，就OK了。离开火后的面球在热度渐渐消散后，又恢复了扁平，一片片热乎乎的Chapati就大功告成了！

有一种很像"恰帕提"的面饼叫做"罗提"（Roti），不过它是加了少许油煎烤或炭烤的饼，口感比较脆。另一种面饼叫做"帕拉塔"（Paratha），一样是以炭火烘烤的饼，但其中还加了奶油，因此感觉较丰厚，口感也较柔润。有时饼里面还会包上蔬菜或马铃薯等食材，称为"Vegetable Paratha"或是"Aloo Paratha"等。有机会的话，不要错过"摩哥莱帕拉塔"（Moglai Paratha），它是将Paratha包上蔬菜和蛋皮一起油炸，配上特殊的酱料及色拉食用，其风味令人怀念不已。

此外，用密闭式炉子窑烤出来的面饼叫做"南"（Naan），偶尔也会遇到包馅的Naan，菜单上写的是Stuffed naan或Vegetable naan等。

把小面饼丢到热油中炸成大泡芙似的点心，叫做"布里"（Poori），食用方法是将poori戳一个洞，把酱汁或蔬菜塞进其中食用，或是直接撕开来蘸酱吃，口感酥脆，相当不错。

"帕帕"（Papad）是将各种谷类或豆类粉末混合，擀成小圆饼晒干后，入锅稍煎或直接炭火烘烤至冒泡泡且脆化，吃起来酥酥脆脆，略带咸味，也很受欢迎。

伊斯兰教料理

由于印度曾受伊斯兰教统治有数世纪之久，因此在饮食文化上也受到很深的影响。印度本土饮食中很少见到肉食，但蒙兀儿料理却几乎都是以肉为唯一主角。其中最具代表性的就是"田多里"（Tandoori）了！

"田多里"是一种黏土制的圆锥形烤炉，凡是以这种烤炉烹调的食物，在名字中都会有这个词，例如：烤鸡称为Chicken Tandoori，烤鱼则称为Fish Tandoori，烤饼则称为Tandoori Naan……

而卡巴布（Kabab）则是类似烤肉串的料理，例如Chicken Rashmi Kabab就是将腌得酸酸甜甜的鸡肉窑烤后，配上蔬菜食用的主菜。

在米食方面，蒙兀儿饮食的代表就是"拜亚尼"（Biryani）了！它是将米饭与各式蔬菜或肉类混合，再以丰富的酱料调味后一起煮熟。吃起来像炒饭，但风味浓郁，相当美味

中国料理

大部分餐馆都供应中式料理，虽然完全不地道，但是对于想念家乡口味的旅人们而言，总是聊胜于无。一般最常见的中式餐点即为炒饭（Fried Rice）和炒面（Chaumian），而"普劳"（Pulau）则是吃起来像炒饭的蔬菜炖饭；至于"巧普西"（Choupsay）是将细面炸过以后，再淋上由番茄酱和蔬菜烩炒而成的酱料，像酸甜味的广东炒面。如果想念台湾的汤面，就点Noodle Soup吧！印度人把它当汤喝，但对旅人而言，是难得的清淡汤面条。

配菜、点心和冷饮

窦沙（Dosa）

属于南印度料理，最常见的是香料口味的马色拉窦沙（Masala Dosa）。做法是先在铁板烤炉上用面糊烤出薄薄的饼，再把混合了蔬菜的马铃薯泥铺在上面，卷成长条形或直接对折，看起来有点像可丽饼，配合咖喱酱及优格酱食用。有的店家现烤现做，口味特殊，热乎乎的引人垂涎三尺；有的店家做出来的却是温的，馅料也不细致。根据统计，愈是小店，做出来的就愈地道；若是在高级饭店，最好就别点这种平民小吃了。

柯夫塔（Kofta）

马铃薯泥混合蔬菜及起司，揉成圆球油炸，再淋上特制的咖喱或香料酱汁。

蔬菜卷（Vegetable Roll）

类似窦沙，但体积较小，且馅料多为新鲜蔬菜。

帕科拉（Pakora）

蔬菜和青辣椒包上面粉，炸成脆脆的点心沾酱食用，一般在路边摊上都可看见。

沙摩沙（Samosa）

长得像小粽子的三角形面团，中间包裹了蔬菜和马铃薯等馅料，以热油炸成金黄色，是非常普遍的副食。

奥姆雷特（Omelette）

即煎蛋，通常会加上蔬菜及香料等作各种变化烹调。

柯雷特（Culete）

马铃薯泥混合蔬菜及起司，压成三角形的饼下锅油炸，起锅后淋上番茄酱食用，尝起来有点像是炸素排，只是更自然好吃。

奶茶（Tea）

在印度，Tea指的就是奶茶；当然你也可以用印度语叫它"Chai"。到印度如果没有喝一杯奶茶，就等于错过了最美好的经验之一！

所有的奶茶都是现煮的，将大吉岭红茶放在锅中，加入奶精粉和马色拉香料，再倒入适量的水，放在火炉上滚到香味四溢。这时摊子上早已围满了等待的人群，老板熟练地用小漏斗滤掉茶渣，把又香又浓的奶茶倒在成排的小杯子里。虽然只是小小的一杯，可是口感香醇滑温润，浓而不腻，香料加上红茶和牛奶化为难以形容的美好，正好可以让旅人一解当下的瘾头，而那留在齿间的芳香回甘，就会慢慢形成下一次的期待。

在加尔各答，大部分的茶摊都使用一种红土粗陶小杯来盛奶茶，喝完直接在路边水沟里打碎，可以说是最环保的免洗杯。还是一样，路边小摊煮出来的奶茶永远比大饭店里的香浓有味，有机会别忘了和当地人一起挤在小茶摊旁等一壶上好的奶茶哦！

拉席（Lassi）

拉席在印度是一种热门的优格饮料，先将印度特制的发酵牛奶块加水和冰块，再以搅拌棒充分搅匀成浓稠的乳状，就大功告成啦！有时也会加上水果做成水果拉席，酸酸甜甜的相当好喝。

莱塔（Raitas）

将发酵的牛奶块切碎，加上马铃薯和水果等，形成半固体的冷食。由于完全原味，因此对于不常吃原味优格的人来说，可能会不太习惯，不过，这肯定是最自然健康的减肥圣品。

名词解释

下面这些词语是菜单中的常客，只要知道它们的意思，就大概能了解这道菜了。

达尔（Dal）：扁豆

阿路（Aloo、Alu）：马铃薯

马色拉（Masala）：综合香料

巴尼尔（Paneer）：白色的起司，口感相当结实，常切成小块烩在咖喱中。

泰利（Thalis）：套餐。通常是用一只铁餐盘，上面放两片恰帕提，一堆米饭，而在餐盘的小凹槽中则分别盛上咖喱、优格酱及其他的配菜。在南印度会以自然的香蕉叶来代替铁盘，更具异国风味。小店中一份泰利要价不会超过30卢比，饭和恰帕提都是吃到饱，相当划算。

用餐须知

点菜的问题解决以后，并不保证你就能轻松愉快地享用这一餐，下面的注意事项要能谨慎落实，才不至坏了游兴。

耐心等待：印度的餐馆通常是现点现做，因此耗时甚久，从点完餐到上菜大约要等待20到30分钟，这段时间不妨看看数据，安心等待吧！如果只剩一个小时就要赶车或做其他要事，最好不要进餐馆用餐，在小摊上买些点心果腹即可，否则可能会紧张到胃痛哦！

先算钱：点菜时最好先记下每道菜的单价，自己先暗算大概多少钱。买单时一定要请侍者将你的账单拿来仔细对账，因为他们很可能会在账单中灌水，有时会灌到两倍以上，所以一定要小心。

勿生食：印度的卫生条件较差，因此尽量不要生食，如果觉得食物的味道不对劲，就不要食用，以免病从口入。

右手用餐：印度人不用餐具，只用右手！虽然老板只要看到外国人就会自动附上刀叉，不过，如果你愿意，请一定要试试用印度人的方式来进餐，因为这是最自然也最有趣的饮食文化。一般小店中都会有洗手台让客人在用餐前将手洗干净，待餐点上桌时，不论是饼还是饭，他们都可以只用右手将其揉捏成结实的小饭团放进口中。用这样无距离的方式吃饭，将能体验到不同以往的滋味。只是，要小心别被烫着了！

饭后柠檬水不要喝：用餐结束后，有的高级餐馆会送上温热柠檬水，那是供客人洗手去油用，可别当成是饭后饮料了！结账时，一般会随着账单送上一小盘香料和冰糖，让客人饭后嚼食，捻一小撮香料入口，细细咀嚼，但觉满口芳香，十分清爽，请不要错过这个体贴的服务。

小费：印度本身并没有收小费的传统，但是服务员多会对外国客人怀有期待。如果服务得还不错，不妨把找零的3、5卢比作为小费，稍微意思一下。

记得买矿泉水：印度的饮用水质量是出名的差，即使是在大饭店中用餐，也绝对不能喝他们提供的水，而旅馆中的水当然也是拒绝往来户。幸好不论是多落后的村落，一般小店中都还买得到矿泉水。不过，购买矿泉水时要注意看它的瓶盖是否密封，因为有些不肖的商人会利用空瓶装一般的水，佯装是矿泉水来牟利。

最后，如果不幸吃坏肚子，而所带的肠胃药又不管用时，请一定要立刻就医，必要时可请旅馆的老板或服务员协助。

旅馆　Accommodation

除非你愿意砸大钱住五星级观光饭店，否则就要有一点心理准备——印度即使是中高级的旅馆，在卫生清洁和附属设施方面仍落后日本与欧美国家一大截。

话虽如此，我们仍建议您选择一般的平价旅馆。除了经济的考虑外，许多大城市中的五星级饭店，都远离传统市区而独立在新兴小区中，大部分生活机能必须仰赖饭店的设施，既昂贵又不便，而且也失去了融入当地传统生活、体验古国文化风情的机会。

最重要的是，一些位于比哈省的圣地，民生水平相当落后，只有平价旅社可投宿，因此有些事一定要知道：

印度朝圣之旅的淡旺季分明，消费也截然不同。一般而言，淡季的价格可以杀到五折左右，因此，旺季时一定要事先订房，淡季时绝对要用力杀价。

一般中价位旅馆大都附有西式卫浴、热水、卫生纸和寝具等，大致算很不错了，清洁程度也可以接受。但是低价旅社（英文多称为Guest House、Bungalow、Resthouse、Vihar等）就简单得多，蹲式卫浴、无热水、卫生纸甚至寝具，总而言之，就是一张床，这时有些装备就不可不带了。

a.轻便睡袋：旅馆没有供应寝具时可充当棉被，搭乘冷气超强的卧铺火车时也少不了它。

b.金属大锁：有的旅馆会提供，但最保险的还是用自己的锁来锁门，搭火车时也可用来锁住行李。

c.手电筒：大部分的圣地电力都不稳定，一定要随身携带手电筒，以备不时之需。

d.卫生纸：平价旅馆是不会有卫生纸的，回旅馆前要记得买一捆，否则上完厕所后，你就只能用印度人的方式——水和左手来处理了！

印度旅馆的退房时间不一，确定住宿前必须问清楚：有的不论你几点进住（Check in），都必须在中午12时以前退房（Check out）；有的更夸张，要求客人早上8点前就要退房。最好的当然是24小时退房，也就是让你住满24小时，例如：若是下午两点才Check in，那么在第二天下午两点前Check out即可。

大部分旅馆都有寄放行李的服务，即使旅人们在早上8点前就Check out，仍然可以把大型行李寄放在旅馆柜台，轻便地进行当天的行程，等到要离开时再回旅馆取行李即可。有的旅馆免费提供这项服务，有的则会酌收约10卢比的保管费。

即使是旅游书上介绍得再完美的旅馆，在决定住宿前都一定要亲眼看过房间才行。除了看环境和设施是否合意外，最重要的是检查是否真的有热水、电视是否有用、冷气是否真的会冷等（如果附有这些设施的话）。一旦你Check in后，想要求换房间是很麻烦的事。

在印度Check in时，老板通常会拿出一部又厚又重的住房登记本，请你填写详细的资料，包括：国籍、护照号码、护照生效及截止日期、签证的生效及截止日期、到达印度的日期、预计离开的日期、行程的上一站和下一站、搭乘的交通工具和详细地址等。写完后老板还会要求看护照，以确定你不是胡写一通。在旅程中一再被要求做这件事，实在是令人厌烦，不过这却是一个重要的记录，因此，还是乖乖把护照准备好，打起精神来仔细填写吧！

拿到房间钥匙后，不论是否外出，房门都要上锁，在睡觉或外出时，更要用锁链锁好。外出时贵重物品不要放在房中，防止丢失。

印度的蚊虫肆虐，一般旅馆都会供应传统蚊香或电蚊香，如果房间里没有放置，可向老板索取。如果不想受蚊香的毒气熏陶，又怕被蚊虫传播疾病，最好在出外参访前先将蚊香点燃，等你回来后再把蚊香熄掉。不过，一定要小心火烛哦！

所有的中低平价旅馆都不收信用卡，因此现金会比信用卡好用。

随着经济和观光业日渐发展，一般的饭店旅馆已经开始有收小费的风气了。基本上，从事饭店服务工作的人们多半属于较低阶层，因此如果服务得还不错，不妨给他们一些鼓励，但是也不需要太多，以免让他们认为收小费理所当然。若是在饭店用餐，可把找零的3、5卢比留给服务员。住房时，若有额外服务，如保管、搬运行李或客房服务，也可以给个3、5卢比以示感谢。

不厌其烦地叮咛，似乎有些草木皆兵的紧张感。不过，事前愈紧张，准备就会愈充分，旅程中才会愈安全。有了安全，才能有丰富的旅途经验，不是吗？

交通　**Transport**

　　佛陀以一双赤足走过恒河平原，玄奘骑一匹瘦马游遍西域，而现代的旅人可选择的交通工具则快速方便得多。

火车

　　印度的铁路线不论在长度、密度、使用频率或车厢等级上，都足以傲视全球。因此，对初来乍到的自助旅行者而言，如何选择车次等级？如何预购车票？如何平安地上车、准确地下车？这些就成为一门必修的学问了！

◎买一本火车时刻表

　　印度最普遍的火车时刻表叫做"火车一览表"（TrainsAt a Glance），是一本四开大小近三百页的册子，记载了印度大部分重要铁路线的时刻及班次，相当实用。在各大城市如德里、加尔各答等火车站中都有贩卖，每个月出版一次，提供最新的资料，售价35卢比。

　　另外还有一本更详尽的时刻表Indian Bradshaw，几乎全印度大大小小的火车班次都记载在其中，不过因为资料实在是太详细复杂了，反而不容易找到自己需要的车班时刻，而且不是很好买，只有在大城市火车站中的书摊上，才能偶尔瞥见它的身影。

　　要买到火车时刻表并不困难，真正困难的是看懂它。印度的火车网络实在太发达，有的路线车程长达六七十个小时，停靠站有数十个之多，如何在厚达三百页的时刻表中找到要乘坐的车次及发车时间，并且把每一个停靠站连接起来，实在是一门不简单的功课。

　　因此，建议您一买到火车时刻表，就到当地的观光旅游局去，请那儿的工作人员帮您解说如何使用这本火车时刻表，这样会比自己摸索省事稳当得多。

◎火车等级

　　印度的火车分级很混乱，虽然大致分为头等和二等，但在两个等级之间，又细分了至少八个等级，其中又有座位和卧铺的差别，现在大致整理如下：

头等车厢

　　a.头等冷气座车（1st Class Air-con）：这是最昂贵高级的车厢，只跑一些主要的热门路线。

　　b.头等座车（1st Class）：同样只有在一些热门的短程路线上才看得到它的身

影。

c.头等冷气卧铺（1st Class Air-con Sleeper）：印度的卧铺车厢是将长长的车厢空间，分隔成好几个小房间，这级车厢在每个小房间中设置两到四个铺位，较为宽敞也较单纯。

d.双层冷气卧铺（Air-con Two-tire Sleeper）：每一个小房间中分上下两层，设置四个铺位，是相当舒适的选择，价格比头等座车要贵25%左右。

头等车厢和普等车厢之间，有上锁的铁门隔离，闲杂人等及叫卖小贩无法进入，因此环境较为单纯，行李被扒窃的风险也不那么大。不过，搭乘夜车的时候还是要记得用铁链把行囊锁在床下，以防万一。

普等车厢（介于头等和二等之间的普通车厢）

a.冷气座位（Air-con Chair car）：不但只行驶主要的热门路线，且只有日间的车班，并无夜车。价格约为头等座车的一半。

b.三层冷气卧铺（Air-con Three-tire Sleeper）：每一个小房间分上中下三层，共设置六个铺位，空间非常挤，就连坐在床上都很困难，而且就寝时还必须三层的乘客同时躺下。这个车厢的价格大约是头等座车的七折左右。

二等车厢

a.二等车厢（2nd Class）：这个等级的车厢绝对是长途旅行者的噩梦！窒闷的车厢中挤满了人、货物和大小箱笼，技术高超的小贩在窄小的走道上自由来去，叫卖各种您想象得到或想象不到的东西，许多乞丐和卖艺者来回表演讨钱，对短程的旅客而言当然是很有趣，不过如果困在车厢中的时间太长，那焦躁烦闷的气氛可能会令人抓狂吧！

b.二等三层卧铺（2nd Class Three-tire Sleeper）：它的小房间比头等或普等的小房间更为开放，也没有门帘将房间和走道隔开，拥挤窄小的空间没有寝具，没有卧垫，时常因为电力不足而导致灯光和风扇无法使用，使整个车厢成为酷热的地狱。

旅人们在预约购票时就必须决定好车厢等级，然而，光是看到这样繁复的车厢分级，就够让人头昏脑涨了，哪还能做什么决定呢？其实，事情并没有那么复杂。

如果是短程（三小时以内）的旅途，不妨试搭二等车厢或是普通冷气车，看看川流不息的小贩兜售各种货物，有得吃、有得玩、有得看，还可以深入体会当地人的生活，是非常有趣的经验。不过，一定要特别小心地看紧自己的行李，因为在那样又挤又乱的车厢中，只要稍不留神，行李就会不翼而飞了。

如果想要节省时间和旅费，最好的方法就是搭乘卧铺夜车，而对于自助旅行的人来说，最好的选择就是双层冷气卧铺（2A Berth），比较安静也比较安全，同时还提供枕头毛、毯等寝具，让旅人们可以舒适地睡个好觉。快要到站前，也会有工作人员把你叫醒，最重要的是价格还可以接受。唯一可以挑剔的是：车厢中的冷气实在是太强了，旅人们可得多要几条毛毯才行。

若是经济实在有困难，也可以试试三层冷气卧铺，价格大约是双层冷气卧铺的六折。至于二等卧铺车厢，它的人员出入实在太杂，而且经常发生扒窃事件，因此并不太建议旅人们搭乘。

相反，若是你的手头很宽松，想要见识一下当地的顶级车厢，那么，恐怕也是要失望的，因为印度最豪华的头等冷气车票非常难买，几乎都被当地的富豪权贵包揽下来，观光客根本买不到，因此也就不必想了。

◎ 预约购票

不论决定坐哪一等车厢，一定要预约购票，确定有座位或铺位才行。千万不要妄想临时会买得到票，以免被迫在车站过夜。

预约购票非常简单，印度主要的大城市如德里、加尔各答、瓦拉那西等都会有外国旅客专用的火车购票处，并且均为计算机作业，可事先买齐所有确定行程的车票。

预约购票程序如下：

索取预约购票单：详细写明欲搭乘车次的出发站、目的地、车次编号、座位或卧铺等级以及搭乘日期，如果一次要预购两张以上的车票，每一张都要分别填写。就算不会填也没关系，基本上服务人员都还蛮愿意帮忙，因此只要把这些数据准备好，拿给订票人员，再一起讨论出最适合的车次即可。如果预订要搭的车班已经客满，他们也会很乐意用计算机查出前后几天或时间相近的其他车班，使你能顺利继续旅程。

付钱：付费时只要是使用卢比，就一定会要求看护照和银行汇兑证明书，最好事先把这些文件连同大概的车资准备好，以免到时手忙脚乱。付款时一定要小心计算清楚，尤其是一次买多张车票时，一定要一一比对车票上的单价，并尽量请工作人员把总数加一次给你看，确保权益。

当场检查车票：最重要的是，拿到车票不要急着离开柜台，一定要当场检查车票上的起讫站名称、日期、时间及车厢等级等数据是否正确，如果看不懂可要求工作人员为你解说。因为印度的车站实在太多了，有的名称又很相近，一不小心就会发生打错起讫车站的意外，多付钱事小，若是被载到某个陌生的地方，迷失在广大的德干高原上，那可就大大不妙了！

候车时间：出发当天，切记要在车子发车时间的前四十分钟就到达车站，如果是要搭乘夜车，最好能在天黑之前就到车站的候车室等候发车，因为天黑以后通常比较危险，而且市区的出租车、人力车也都会涨价，相当不划算。

到站先确定月台：到达车站的第一件事，就是去询问台（Inquiry）确定你搭乘的火车是在第几号月台进出，因为车票上不会写明，车站也不一定会公布，就算公布了你也不一定找得到。

咨询柜台：每个车站都设有专为外国旅人服务的咨询柜台，有的还会体贴地挂着"May I Help You"的牌子，可多加利用。

候车：如果你买的是头等车厢的票，包括双层冷气卧铺，就可以在火车到站前待在头等车厢专用的候车室（Waiting Room）休憩等候，不但有座位和洗手间，人也比较少，不必像难民一样和一群当地人挤在大厅。

最棒的是，有的候车室设施很干净，还附有淋浴室，虽然只有冷水，但是对于搭乘夜车的旅客而言，能够在睡觉前冲个澡，洗去一天的汗水尘埃，毕竟是非常幸福的事。值得注意的是，候车室一般会分为女士专用及男女混合两种，可不要走错了。

确认车厢停靠位置：在火车到站前三十分钟，月台的布告栏会贴出这班车头等车厢（包括2A）的旅客名单，旅人们可以事先查询自己的名字是否有被登记在上面。此外，印度的火车通常非常长，如果您站错位置，从第一节车厢走到最后一节大概要花十分钟，想象一下：背着沉重的行李，穿过密密麻麻的人群，一面寻找自己的车厢，一面还要担心火车即将开动，这短短十分钟的路程，足以让心脏不够强的人紧张到休克。

因此，在火车进站前，就要先向月台上的小贩询问你的车厢大概会停在哪里，然后确定位置，以免火车进站后为了找车厢而疲于奔波。小贩是最清楚的人，不要奢望其他人会给你答案。

锁行李：上火车第一件事，就是把行李锁在座位下面。在印度搭火车，不论搭乘的是哪一等车厢，铁链都是不可或缺的必需品（大部分月台上均会有贩卖铁链和锁的小贩），已经有太多旅人在拥挤的火车上被扒被偷，因此一定要特别小心。

如果你是一个人旅行，想到候车室去冲个澡，也可以用铁链把行李锁在椅子或架子上，不过，最重要的护照和金钱信用卡等，还是一定要随身携带。

红衣脚夫：在印度的火车站里，通常都会有一群身穿红色上衣、头顶盘着红巾的脚夫，只要你一进车站（或一下火车），他们就会凑上来，主动要帮你搬行李。

不过，切记要先谈好价钱，不要就这样让他扛着你的行李走。一般而言，只要不理他，自己提着行李往前走，价钱就会自动降下来了。

一旦讲定价钱，他就会用头顶着你的行李，带你进车站，向站务员确定月台、班次和发车时间，如果你坐的是普等以上的冷气车，他还会带你到专用的候车室。对于初次在印度搭火车的人而言，相当有帮助。

过夜住宿房间：几乎所有的火车站都附设有简单的过夜住宿房间，称为Retiring Room，供停留时数较短的旅人们住宿休憩，因此一般以小时来计费。小地方车站的Retiring Room多半很便宜，不过因为地方小，房间很可能就设在月台旁，震耳欲聋的火车呼啸声和人来人往的嘈杂噪音，将使旅人们度过神经衰弱的夜晚。大城市车站的Retiring Room设备则较好一些，不过价格自然比较高，旅客也比较多，通常都必须事先订位才住得到。除非是要赶凌晨的火车或是正巧半夜到站，否则不建议在Retiring Room中过夜。

行李寄放处：一般的火车站中都会有行李寄放处（Cloak Room），如果并不准备在当地过夜，只想作一天的短程游览，可以将大行李寄放在车站，只带重要证件和随身行李轻松走访游玩，待出发前一小时再回到车站领取行李，继续下一个旅程即可。一件大约10卢比的保管费，是非常方便的服务。

不拍照：在火车站里，不论是月台还是候车室中都不准拍照，旅人们请务必遵守规定，以免惹上麻烦。

及早预购车票：近年来印度经济飞速发展，因此2A车厢不再是有钱人和外国旅人的专利，通常都早早就没有位子了。所以如果行程大都确定了，及早购票比较保险。

租车

圣地的路线如王舍城、吠舍离、拘尸那罗、迦毗罗卫等，均属较落后且偏远之处，交通非常不便。因此，若是初次自助旅行，不妨考虑租车。虽然比搭乘公共交通工具贵一些，但可省下许多换车的时间与麻烦，亦可保留许多体力，到达圣地时才能尽情朝礼游赏！

那么，租车时要注意什么呢？

选择较具有公信力的旅行社，如政府经营的I.T.D.C或旅书网络上介绍较正派、体制较完善的公司。

租车前一定要先自行规划行程并备妥地图，这样在和旅行社人员讨论时才不易受骗。

冷气车较非冷气车贵，如果不是三月到七月的酷热期，通常不必租用冷气车。

有一位司机就很足够了！旅行社都会希望你雇用当地导游，但是印度的导游素质通常良莠不齐，而且要价昂贵，因此尽量事前准备完善的数据，让自己做自己的导游。

确定司机会说英文、性情和善、开车沉稳，并且认识路。

可能的话尽量在签约前看看司机长什么样子，心里有个底。

无冷气小客车的租金大约是每公里6到8卢比，切记一定要努力杀价，反正成不成都不吃亏。

签约时要注意，谈定的所有细节都必须要求业者在契约上注明，包括里程计费、司机薪资、回程补贴之里程数、谈妥的折扣、已付订金金额等等，所有谈到想到的细节，都要一清二楚白纸黑字，因为租车大多是甲地租乙地还，有个清楚的单据可以确保在还车时，不会有不必要的困扰。

租车是以里程计费，因此在出发前、中途停靠休息前后和还车算账时，都要小心确认里程表上的数字（以防司机趁您不用车时四处闲晃）。

路途中的加油费用必须由租车者先代垫，最后再从租金中扣除，因此加油收据要妥善保存。

一般而言，租车者并不需要负担司机的食宿费用，但是在情理上不太可能和司机分开进食，因此对这部分支出要自行考虑并有心理准备，至于住宿部分则绝对是由司机自行负责。

最后要注意的是，印度的国土实在太大了，很多时候司机自己也不认识路，因此，地图和指北针是必备物品，在途中自己要随时注意方向有无偏失并给予司机做参考，以免多绕冤枉路或迷路。

出租车和电动三轮车

在印度，只要是出租的小汽车都被称为出租车（Taxi），而电动三轮车则简称为"Auto"。Auto因为比出租车还便宜，并且更加轻巧方便，因此成为主要的交通工具。

印度的出租车和Auto虽然有跳表制度（Meter），但面对外国人时，他们多半都不肯跳表而坚持以喊价方式交易，他们喊出的价格通常很离谱，需要反复杀价才会下降到勉强可以接受的程度，但仍然比跳表高出许多。

就算司机愿意跳表，也不可掉以轻心。首先要注意他的计程表是否已归零，如果没有，要立刻提醒他。其次，在行进中要仔细注意路线和方向，以免司机绕路。

最后，下车付账前一定要请司机拿出车资换算表（Price Chart）来对照车资，避免他漫天要价。

出租车和电动三轮车司机是旅程中所遇到最难对付但是又不得不面对的人，其实他们也并不是什么坏蛋，只是想多赚一些钱，过好一些的生活罢了！因此也不用太苛责他们，只要掌握几个重点：态度温和，语气坚定，指令清楚，确定到达你的目的地后再付钱，这样基本上就不会遇到太夸张的事情了！

预付亭的搭车程序

一般大城市的火车站外、机场前，以及市中心重要地标附近都会有出租车和Auto预付亭（Prepaid Booth）。

预付叫车的程序是：找到预付亭，和其中的工作人员说明要去的目的地，工作人员会告诉你预订的价格，一般亭子中也会悬挂价目表，公告重要地点的价格供旅人们参考，如果你同意这个价格，他们就会和亭子外排队等着载客的司机协调，找到愿意载客的司机，这个时候就要先把车资交给亭子中的工作人员，并取得一张收据。这张单据要由你自己保管，不要让司机拿到，一定要等确定到达目的地之后，再交给司机回去领钱。

不论是预付叫车或是路边招车，都要小心记下车牌号码，并且让司机看到你的这个动作，使他有所警惕，不至于太乱来。

预付叫车的价格由政府依据里程数统一拟定，虽然比跳表要贵，但绝对比叫价便宜，而且不用担心被敲竹杠，最大的好处是可以为旅人节省许多宝贵的时间和心力。

旅游　Travel in India

一旦踏出家门，就进入了未知的丰富旅程！

不同于欧美等先进国家，印度有着极为特殊的自我风格。在古老的文化传统背后，它有许多习俗禁忌，而落后贫困的社会则制造出许多偷骗陷阱，旅人们在印度活动时，有一些事不可不知。

◎赶不完的乞者

印度的乞者非常多，从躺在路边伸手的老者，到抱着婴儿苦苦哀求的瘦弱母亲，以及揪着你衣角不放的稚龄孩童，他们可以一直跟着你走好几个路口，念念有词地要5卢比吃饭、要1卢比给婴儿买牛奶、要圆珠笔、巧克力……

他们确实很贫困，也很可怜。但是，在你心软而欲施舍之前，请先思考可能会发生的情形：

首先，只要你施舍了一位乞讨者，立刻就会成为其他乞者的目标，所有的乞讨者会一拥而上，将你层层包围，而且绝对死缠到底！在这样一片混乱中，到底会发生什么事，没有人知道，可能等你脱困后会发现行李钱包已不翼而飞；或是在不知所措间被推挤到完全陌生的地方，迷失在城市迷宫中。

此外，施舍并不是真正帮助他们的方法。因为有许多世代以乞讨为生的家庭，知道幼童最能引起人们的怜悯，因此不让他们的孩子上学念书，反而训练他们在街头乞讨。只要他们一直讨得到钱，就不可能回到正常的教育体制中，乞讨这个行业将会代代世袭，轮回不止。

因此，建议您静静地压抑住那颗炽热的同情心吧！一旦遇到乞讨者，就闭上眼睛，快步离开吧！若您真的忍不住而要当众布施，请先想好退路，以免插翅难飞！

◎入庙请脱鞋

在朝圣行程中，不可避免地将会参访许多寺庙，不论是佛教寺院还是印度教神庙，都有一项规定——进入寺庙必须脱鞋以示尊敬。因此，请尽量穿着穿脱简便的鞋子，在该脱鞋的时候就脱鞋，以免惹上麻烦。

此外，因为印度人十分尊重"牛"，认为它们具有灵性，因此请避免携带皮革制品进入寺庙，以免引起不悦。

◎Not Allowed!

大部分的印度教寺庙都不准非印度教徒进入，在参访前请先问清楚。有些寺庙不准照相，有些则不禁止，在摄影前最好先问问庙方，以示尊重。

◎香油钱的圈套

在印度，不论大小神殿寺庙，多会有一位或一群孤苦无依的守庙人负责收取游客的奉献捐款（Donation，亦即俗称的"添香油"）。有时，他们会直接开口跟你要钱；有时，他们会带你到一只写着"Donation"的大箱子前或是佛像前放着钞票的地方，暗示你"捐点钱吧！"

最令人惊奇的方式就是，等你参访过整座寺庙后，一位工作人员拿来一本平凡无奇的笔记本，把你当做天王巨星般索求签名："我们想要做访客记录！"他们会这么说。等你受宠若惊地落下大名后，他就会把本子翻到前一页，然后你就会看到；所有落下大名的人都捐了一笔天文数字的奉献金。这时你才知道"上当了"，原来你签下的是一张空白支票！至于支票上的数字会是多少，就看各人的临场反应了！

基本上，他们最喜欢的就是东方面孔的游客了！

一来因为东方游客大多是佛教徒，对寺庙的捐献通常不手软，二来东方人好面子，就算不是佛教徒，也不好意思给太少，因此东方游客是他们绝不会放过的对象。

不过话说回来，这些人整日在寺庙中，打扫庭院、维护圣像、点灯上供、服务游客，也并非全然地无功受禄，再说这些工作都会需要经费，奉献一些似乎也是应该的。因此，在决定踏入寺庙前，就要有"多多少少捐献一些"的心理准备。

只是，不要被他们布下的圈套牵着跑！别管本子上写的是2000卢比还是100美元，只要拿出你觉得合理的数目就好。一般50至100卢比就算很丰厚了（当地人吃一顿饭不会超过30卢比），太多反而会破坏行情，把他们的胃口养大了！如果他们露出不满意的表情，不要不好意思，坚持这是你能力所及的最大数目，如果不满意就不捐了，保证他们会乖乖收钱放人。

总而言之，参访寺庙有几个重点一定要掌握好：

每入寺庙必有奉献之心。

不要理会那些太过热情招呼你入庙的当地人。

当他们向你狮子大开口时，赶快找个理由：只是学生，没钱！刚买了车票，身上带的钱已用完！或是干脆装作听不懂！记住，有的是摆明了要你钱的人，又何必不好意思？

该看的寺庙一定要看，但是一些状况不明的寺庙就别乱闯了！

◎确认公休日

印度的博物馆和遗迹公园每周都会有一天公休日，可能是周日，可能是周一，在安排行程时要注意当天是否为公休日，以免白跑一趟。

除了公休日，有的遗迹公园每周还会有一天免费参观日，一般多排在周五。虽然不用门票，但园区多半选在这一天清理古迹，于是你可能只看到密密麻麻的鹰架，和趴在上面的工人热情地请你照相。

此外，因为不用买票，附近的居民和孩童就可以大大方方地随意进出，到时的景况将会是：你一边参访圣地，后面就跟了一长串好奇的孩子，不时跑上跑下引起你的注意，只要坐下小憩，他们就立刻把你团团围住，当你是外星人一样的仔细打量，除非是定力超强的人，否则很难心平气和地融入古老的气氛中。

因此，尽量不要在免费日参访圣地！

◎行程安排宜清晨

印度地处热带气候区，即使不是夏季，正午的阳光也足以将人晒得发昏，加上有些遗迹公园并没有茂密的树荫可让人躲避，因此，尽量把行程排在清晨，避免在正午时参访大片空旷的遗迹，并且随身携带水壶，随时补充水分，以免中暑。

◎旅馆名片随身带

在印度境内活动时，记得随身携带下榻旅馆的名片，迷路时可用它来问路。

◎钱要留意

付款时尽量使用小额的钞票，切记不露财。

◎吃喝要小心

绝对不要饮用未煮沸的水，也不可饮用餐馆提供的水，一定要买有品牌的矿泉水，当然也不要买路边没有品牌包装的冰品和汽水。印度虽然很落后，但还是可以轻易买到可口可乐和百事可乐。避免吃生食，水果一定要去皮，所有食物要确定煮熟并趁热食用。

◎常见的骗术奇招

不管在哪一个国家，一定都会有偷窃扒骗的，所幸他们的招数都大同小异，只要多加小心，应可避免许多不必要的危险。

不要让陌生人有接近你的机会（有人会故意撞你；有人会假装不小心把一些东

西洒在你身上，再好心地帮你清理，然后顺便把你的钱包也清理掉）。

不要因身边发生的事而放松该有的警戒（有人会故意吵架或制造纷争，引发你的好奇心，再趁你不注意时摸走你的行李）。

帮助别人前，请先顾好自己的行李（有时歹徒会假装成需要帮助的人，向你发问或提出一些简单要求，就在你热心助人时，他的同伙可能已经卷走你的行李）。

面对"友善的当地人"千千万万、绝绝对对不可掉以轻心！不要接受陌生人的导游服务，不要搭"免费"或太过热情的车，记住天下没有白吃的午餐！善良的人一般都比较腼腆而不善言词！

人少的地方小心抢匪！人多的地方小心小偷！不论何时何地，都不可让行李离开视线，或距离自己太远。

不要让自己被一群人包围，制造歹徒容易下手的机会。

无论如何，绝对不要掏出重要的证件或卡片给陌生人！可推脱说放在旅馆中，或假装听不懂他的英文，甚至可请路人或警察帮忙！

对于异国的人、事、物不要抱有过多的期待与幻想，就算遇到令人兴奋的遭遇，也不要失去理智——好好保护自己才是最重要的事！

◎注意你的健康管理

朝礼圣地时，看得深细比看得快重要得多，因此避免在一天中排太多行程，让自己一直处于紧张的赶场状态，这样会使旅游的趣味大大减低。

虽然出外旅行很令人兴奋又期待，但也要养成定时休息和起床的习惯。睡前不要吃得太饱，也不要大量喝水，尽量选择舒适的房间和床铺，并以你习惯的模式就寝，储备足够的体力迎接明天的到来。

出门在外，健康是最重要的事，因此饮食的管理不可忽视。首先，一定要吃早餐，虽然印度并没有特定的早餐店，但是路边都会有卖传统饮食的小摊，不然就自备麦片粥等快餐。记得！一定要吃了再出门！

至于午晚餐，尽量选用多样化的食物，清淡、新鲜、高纤维、低脂肪，并大量补充水分，是基本的健康概念。有好的身体，才能有充足的意志力和愉悦的情绪，来面对旅途中可能遇到的任何状况，并沉稳地一一解决。

旅途就像人生，不可能事事如意，如果遇到不顺遂的情形，请记得两件事：

1.不要为了一桩小事把自己搞得心浮气躁、情绪失控、游兴尽失！

2.所有的事都是小事！

因此，如果你面临困境，又无法逃避，那就顺其自然吧！反正旅行本来就是要让人有机会去做那些平常不会做的事，有挫折的旅程，才是会让人记得一辈子的经验！

◎事前准备，事后轻松

最后，你愈认识印度，在旅程中的压力就会愈小。因此，不论你在国内准备得多充分，到每一座陌生的城市时，还是先到当地的观光旅游局去一趟，取得当地的详细地图和基本资料，如此将会使你更快进入状态，并尽早安心地悠游其中。

各地光观旅游局信息

新德里（New Delhi）：88 Janpath（011–3320005，3320008）
加尔各答（Kolkata）：4 Shakespeare Sarani，"Embassy"（033–2825813）
瓦拉那西（Varanasi）：15B The Mall（0542–343744）
巴特那（Patna）：a.省立旅游局BSTO——Jaiprakash Loknayak Bawan（0612–210219）
b.国立旅游局GITO——位于铁路线南方，较难找到（0612–345776）

行程规划 Plan Your Journey

所有与佛陀一生关系密切的圣地，都位于"德里"到"加尔各答"这条火车线以东的地区，因此主要的交通工具也就是火车。

初步估计十二个圣地走下来大约需要十四至十八天，由于圣地交通大都十分不便，因此若是数人同行或经济许可，建议租一辆车，最为省时省力！

如果不想租车，天数可能还会增加，因为每一地的交通转运站都相当复杂（例如，要前往拘尸那罗和舍卫城，得在哥拉浦换车，而前往迦毗罗卫和蓝毗尼园，则必须在边境城市苏诺里落脚），而且彼此之间也都有相当长的距离，因此通常会需要在转运点度过一夜，这些时间都必须计算在里面。

我们在排定行程时，会把最近的转运站也排入，下面行程中用括号【】标示的地点，即表示转运站而非圣地，可供旅行者在自行设计行程时参考。

在参考行程中的阿格拉（Agra），是世界著名的七大建筑奇景之一的泰姬玛哈陵（Taj Mahal）所在地，如果有时间和兴趣，不妨顺道前往。

此外，在安排行程时，基本上是以加尔各答和德里作为出入点，不论是由加尔各答入境、一路往北走到德里出境，还是从德里开始，往南到加尔各答出境均可。不过，若是自助旅行的生手，又是第一次到印度，建议以加尔各答作为起点会比较好，因为德里的小贩、掮客和车夫太过强势，经验不足者常常难以拒绝而受骗上当。

对于不知该如何安排行程的自助旅行新鲜人，可参考下面列出的几条基本行程：

行程A

加尔各答Kolkata →【伽耶Gaya】→ 菩提伽耶Bodhgaya → 王舍城Rajgir → 那烂陀大学Nalanda → 巴特那Patna → 吠舍离Vaishali → 拘尸那罗Kushinagar →【哥拉浦Gorakhpur】→【苏诺里Sonauli】→ 蓝毗尼园Lumbini→ 迦毗罗卫Kapilavastu → 舍卫城Sravasti →【瓦拉那西Varanasi】→ 鹿野苑Sarnath →【阿勒哈巴Allahabad】→ 憍赏弥Kausambi →【阿格拉Agra】→ 僧迦施Sankisa → 德里Delhi

这是一条最顺畅、最省时省力的路线，非常适合以租车的方式巡礼！

因为它是以逆时钟方向绕一圈，按照顺序次第拜访各个圣地，因此，不论是依照本书安排的顺序走访，或是反过来从德里入境，从加尔各答出境，都相当的顺手，只要在接驳转运点上稍作调整即可。这点很简单，只要记得，若是靠近边境，就以哥拉浦或苏诺里作为据点，靠近中部则以巴特那和瓦拉那西为转运站，这样基本上就不会有太大的问题了。

行程B

加尔各答Ｋｏｌｋａｔａ →【伽耶Ｇａｙａ】→ 菩提伽耶Bodhgaya → 王舍城Rajgir → 那烂陀大学Nalanda →巴特那Patna → 吠舍离Vaishali → 巴特那Patna →【瓦拉那西Varanasi】→ 鹿野苑Sarnath →【瓦拉那西Varanasi】→【阿勒哈巴Allahabad】→憍赏弥Kausambi →【阿勒哈巴Allahabad】→【哥拉浦Gorakhpur】→ 拘尸那罗Kushinagar →【哥拉浦Gorakhpur】→【苏诺里Sonauli】→ 蓝毗尼园Lumbini→迦毗罗卫Kapilavastu → 舍卫城Sravasti →【哥拉浦Gorakhpur】→【阿格拉Agra】→ 僧迦施Sankisa →【阿格拉Agra】→ 德里Delhi

这个行程是以瓦拉那西和哥拉浦为转运点，分别前往行程规划的各个圣地。虽然大部分的圣地都有巴士到达，但是有些地点可能只有电动三轮车或只有四轮马车（Tonga）可以利用，这由各地的落后程度以及交通状况来决定。因此，一份苦行僧行脚的热情和丰富的自助旅行经验是不可缺少的必要装备。

行程C

【加德满都Kathmandu】→【贝拉瓦Bhairawa】→ 蓝毗尼园Lumbini →【苏诺里Sonauli】→ 迦毗罗卫Kapilavastu → 舍卫城Sravasti →【哥拉浦Gorakhpur】→ 拘尸那罗Kushinagar→【哥拉浦Gorakhpur】→ 巴特那Patna → 吠舍离Vaishali → 巴特那Patna → 王舍城Rajgir→ 那烂陀大学Nalanda → 菩提伽耶Bodhgaya →【伽耶Gaya】→【瓦拉那西Varanasi】→ 鹿野苑Sarnath →【瓦拉那西Varanasi】→【阿勒哈巴Allahabad】→憍赏弥Kausambi →【阿勒哈巴Allahabad】→【阿格拉Agra】→僧迦施Sankisa →【阿格拉Agra】→ 德里Delhi

这条路线的难度更高了！它是由尼泊尔入境，以蓝毗尼园作为参访圣地的第一站，先将边境的几个圣地朝礼完毕之后，再往南以顺时针方向依序参访其他的圣迹，一路往北走，在僧迦施为圣地之旅画上句点。

对于想要同时游历尼泊尔和印度的人，这个行程是相当合适的。它的优点是可以顺道看看加德满都（Kathmandu）和尼泊尔其他地区，而且以佛陀出生的蓝毗尼园作为圣地的第一站，有其象征意义。

不过它的缺点也不少，包括：

要办两国的签证，入境后还得分别汇兑两国的货币等。

一进入印度，面对的是沉寂的边界小镇苏诺里，和混乱的边境大城哥拉浦，挑战性相当高。

只能选择从德里出境，如此将会错过亚洲规模最大的加尔各答印度博物馆，相当可惜。

上面三种行程是基本的路线安排，但是它们并非唯一的选择，旅行者仍然应该依照自己的兴趣和条件（时间、旅费、体力……），自行安排最适合的行程。

或许有人会说："我最满意的行程，是顺着佛陀的生平，从出生——蓝毗尼、成长—— 迦毗罗卫、正觉—— 菩提迦耶、初转法轮—— 鹿野苑、游化四方—— 吠舍离、王舍城、舍卫城一直到最后寂静涅槃—— 拘尸那罗，以这样的顺序走访圣地，可以吗？"

只要把地图摊开，就会知道这是一个不可能的任务！因为佛陀一生中有45年都在恒河流域的广大平原上弘法游化，其法轮辗过之范围非常辽阔，如果一定要依着佛陀生平重大事迹的发生顺序来朝礼圣地，势必会沦于不停的南北折返，这是既费时、费力又费钱的做法。不如事前先熟读佛陀的生平历史，再以较实际而方便的方式参访圣地，才是较为可行的方法。

其实，只要在旅程中保有心灵的清明与精神的宁静，又何必在乎顺序呢！

印度朝圣12大秘诀

1.检查护照效期：距离到期日至少要有六个月，若是即将到期或是已过期，尽早办新护照。

2.旅游旺季（十月到翌年三月）时，请提早订机票。

3.办理签证、结汇：美金现钞较好用，但旅行支票较保险（可挂失，不易被盗用）。

4.准备国际提款卡，提高信用卡额度，并记下信用卡、金融卡与旅行支票的全球挂失电话。

5.护照、机票、签证、身份证、旅行支票等复印一份随身备用，并多带几张照片以备不时之需。

6.印度境内所有亲朋好友的电话、地址，不管熟不熟或认不认识，只要能扯上关系就好。出门在外，也许他们就是你唯一的求助管道了。

7.可以带轻便的防身物品如哨子等，若带防身用喷雾器则需注意登机规定，避免发生意外。

8.办理旅行平安及医疗保险。

9.留一份旅游计划行程在家中，并交办出国期间国内的日常待办事项。

10.最后一次检查行李及证件：

盥洗用具（毛巾、香皂、牙膏、牙刷）、洗衣粉、梳子、刮胡刀……

个人药品（尽量勿带粉状医药，以免被误认是毒品）。

生理用品、保养品、防晒油、乳液……

换洗衣物（两三套已足够）、雨具、贴身腰包、外套或风衣……

旅游数据（地图、中英文印度资料等，可别忘了您现在正在看的这本《印度朝圣之旅·恒河十二圣地》！）

小纪念品（送给协助你的外国友人做国民外交）、个人英文名片……

相机、电池、指北针、水壶、金属安全锁（锁门及行李）、卫生纸、睡袋、针线包、小手电筒、多用途瑞士刀、汤匙、手表、小型翻译机、计算器、备用冲泡粮食、机票、护照、金融卡、信用卡、两寸照片几张……

漫长的旅途中，这些行李就靠你来背着走遍大江南北了！不过，为了你的脊椎健康着想，尽量减轻行李重量！

11.各种重要电话及号码集中在一张小纸条上分开存放：

海外遇难救助电话、回程的航空公司电话、信用卡、金融卡与旅行支票的全球挂失电话、旅支及护照号码、保险理赔手册以及本国驻外单位地址资料等。

12.出发前请不要太兴奋，维持生理时钟的正常作息，早睡早起身体好！

最后，祝福每一位旅人都能有一趟丰富而难忘的心灵之旅！